Hönig — Die Lebensfahrt auf dem Meer der Welt

D1731515

Christoph Hönig

Die Lebensfahrt auf dem Meer der Welt

Der Topos. Texte und Interpretationen

Königshausen & Neumann

für Mouia

Die Deutsche Bibliothek — CIP-Einheitsaufnahme

Ein Titeldatensatz für diese Publikation
ist bei Der Deutschen Bibliothek erhältlich.

© Verlag Königshausen & Neumann GmbH, Würzburg 2000
Gedruckt auf säurefreiem, alterungsbeständigem Papier
Umschlag: Hummel / Lang, Würzburg
Bindung: Rimparer Industriebuchbinderei GmbH
Alle Rechte vorbehalten
Dieses Werk einschließlich aller seiner Teile ist urheberrechtlich geschützt.
Jede Verwertung außerhalb der engen Grenzen des Urheberrechtsgesetzes ist
ohne Zustimmung des Verlages unzulässig und strafbar. Das gilt insbesondere
für Vervielfältigungen, Übersetzungen, Mikroverfilmungen und die Einspeicherung
und Verarbeitung in elektronischen Systemen.
Printed in Germany
ISBN 3-8260-1901-6

Inhaltsverzeichnis

6

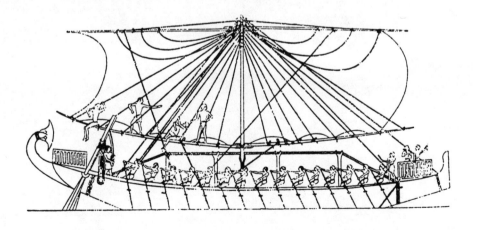

VORBEMERKUNG

Das Meer – der Sturm – das Schiff – das Scheitern – der Hafen: jedes dieser Bilder löst für sich selbst gewiß schon starke Empfindungen und lebhafte Vorstellungen aus. Insgesamt, als Konfiguration, als Topos, haben diese Bilder die Phantasie und Formulierungsfreude immer wieder neu stimuliert. Das Schiff vor allem hat man mit vielerlei Bedeutungen beladen und zum Staats–, Gesellschafts–, Menschheits–, Kirchen–, Narren–, Geister– und Lebensschiff stilisiert. Diese verschiedenen Schiffsklassen werden in der Einleitung („Zunächst einmal ...") kurz gemustert, bevor dann im Hauptteil das *Lebensschiff* eingehend untersucht wird. Es wird sich als eine unvergleichlich starke und anschauliche Daseinsmetapher erweisen, die immer wieder variiert wird – über zwei Jahrtausende hin.

Eine Auswahl von **22 Texten** zum *Topos vom Lebensschiff* ist als **Serie A** zusammengestellt und wird Text für Text interpretiert. In **Serie B** folgen – unkommentiert – ergänzend weitere **40 Texte**, die bisweilen auch verwandten Topoi (wie dem Staatsschiff) zuzuordnen sind. In der deutschen und in weiteren Beispielen aus der Weltliteratur findet sich der *Topos vom Lebensschiff auf dem Meer der Welt* in Gestalt ganz verschiedener Textsorten, in Poesie und Prosa: als religiöser Hymnus, geistliches Lied, Sonett, Liebesgedicht, Gedankenlyrik, Parabel, Briefstelle oder Tagebuchnotiz, im philosophischen Diskurs, im Drama und Roman. (Da die zitierten lateinischen Texte in den vorliegenden Übersetzungen oft eher paraphrasiert als genau übersetzt sind, wurden sie hier, wenn nicht anders angegeben, wortgetreu übertragen; denn dies ist eine Voraussetzung für die Textinterpretation.)

Es mag erstaunlich scheinen, wie viele Texte sich für den *Topos von der Lebensfahrt auf dem Meer der Welt* gefunden haben. So manches Exempel haben die gelehrten Freunde **Heinrich Mohringer** und **Klaus–Jürgen Grundner** entdeckt, und sie haben außerdem unablässig zahlreiche Einzelkorrekturen und Verbesserungen zu den Interpretationen beigetragen. Dafür sei nachdrücklich und herzlich gedankt. Freilich wird sich mancher Leser fragen, weshalb nicht noch dieses oder jenes Beispiel den 62 zusammengestellten Texten angereiht wurde. Doch diese Auswahl ist wie jede andere von subjektiven Entscheidungen wie vom Finderglück abhängig. Wenn sie zu weiteren Entdeckungen anregt – um so besser.

Es konnte hier ja nicht allein um eine ohnehin schwerlich abschließbare Sammlung gehen. Zu fragen war nicht zuletzt auch nach dem Kurs, den das *Lebensschiff* durch die Jahrhunderte nimmt. Er wird erkennbar in den Stationen der Textserie A und in den dazugehörenden Interpretationen. Schließlich aber zeigt sich: *Die Lebensfahrt auf dem Meer der Welt* hat im 20. Jahrhundert ihr Ende gefunden. Doch nicht, weil sie ans Ziel gekommen wäre. Sie hat ihr Ziel verloren.

ZUNÄCHST EINMAL...

WAS IST EIN TOPOS?

In der antiken Rhetorik war die **Topik** so etwas wie ein Vorratsmagazin zum Finden von Gemeinplätzen für die Rede. Unter **Topos** (= griechisch: der Ort, der Platz; Plural: **Topoi**) versteht man seit Ernst Robert Curtius und der modernen Toposforschung [1] feste Denkfiguren, Redewendungen und vorgeprägte Bildformeln. Die Definitionen schwanken, insgesamt aber ist festzustellen:

Topoi sind Denk– und Ausdrucksschemata, die oft schon seit der Antike als kultureller Gemeinbesitz tradiert und dabei immer wieder abgewandelt werden.

In der Antike dienten sie der rhetorischen und literarischen Produktion; heute sind sie vorwiegend ein Instrument der Interpretation. Aus der antiken Rhetorik wurden Topoi als geprägte Ausdrucksweisen weitervermittelt an die lateinische Literatur des Mittelalters, an die Renaissance und den Barock. Im 18. Jahrhundert wurde die über zweitausendjährige literarische Tradition weitgehend abgelöst vom Prinzip der Originalität: Jedes Werk, jede Formulierung sollte von nun an individuell und originell sein; Konventionelles und Klischeehaftes [2] verfiel der Verachtung. Seitdem geriet der Toposbegriff lange Zeit fast in Vergessenheit und kann nun, nach seiner Wiederbelebung, entgegengesetzte Wertungen meinen: einerseits – im positiven Sinne – die Ausdruckskraft und Beständigkeit eines überlieferten **Vorstellungsmodells**, andererseits – im negativen Sinne („bloß ein Topos") – die Ausdrucksschwäche als abgenutztes **Klischee**, als Abklatsch. Wird der Begriff als heuristischer Terminus technicus verwendet, verweist er einerseits auf die erstaunliche Kontinuität, andererseits auf die Variabilität unter den Bedingungen der einzelnen Epochen. Der gleiche Topos kann – wie sich am Beispiel des *Topos von der Lebensfahrt auf dem Meer der Welt* zeigen wird – durch verschiedene Denker und Dichter mit unterschiedlichem Geist erfüllt werden.

Seit seiner Wiederentdeckung ist der Toposbegriff allerdings zum „schillernden Schlagwort" (Klaus Bringmann) geworden. Max L. Baeumer erklärt rundheraus:

> Die gesamte auf Curtius folgende Toposforschung erscheint zu einem gewichtigen Teil als hartnäckig geführte Diskussion um eine eindeutige und klare Definition des Topos. Bisher ist kein Ende dieser Diskussion abzusehen. [3]

---

1) Man vergleiche hierzu (neben den bekannten Literaturlexika) Max L. Baeumer (Hrsg.): Toposforschung. Wege der Forschung Band CCCXCV, Wissenschaftliche Buchgesellschaft Darmstadt 1973. (Ein Forschungsbericht, der vorwiegend Detailuntersuchungen bietet und merkwürdigerweise das Buch verschweigt, das Peter Jehn im Athenäum Verlag, Frankfurt / M. 1972 unter demselben Titel herausgegeben hat und aus dem fünf Aufsätze ohne Hinweis übernommen worden sind.)

2) Das Klischee ist ursprünglich die französische Bezeichnung für die Druckplatte, von der Bilder in unbeschränkter Zahl „abgeklatscht" werden können. Daher die übertragene Bedeutung: abgedroschene, abgegriffene Redensart, billige Nachahmung. – E. R. Curtius verwendet in seiner Definition des Topos das Wort „Cliché" wertfrei.

3) Toposforschung. A.a.O., S. X

Während die Naturwissenschaften ihre Termini technici konventionell eng und streng begrenzen, tendieren Fachbegriffe im Bereich der Hermeneutik zur Eskalation. [4)] Hier kann man nicht aus einem allgemein zugänglichen Handwerkskasten ein begriffliches Werkzeug entnehmen, um damit ein Phänomen oder Problem in den Griff zu bekommen. In der Regel erweist sich das Werkzeug selbst, kaum daß man es zur Hand nimmt, als Problem. Dieses ließe sich aber wohl auf pragmatischem Wege in drei Schritten lösen:
– Der Toposbegriff müßte einen Phänomenbereich erhellen, den andere Termini nicht schon zureichend beschreiben. Dies könnte sich in der Abgrenzung zu benachbarten Begriffen zeigen.
– Der Toposbegriff müßte Texte unterschiedlicher Epochen als zusammengehörig und sich gegenseitig erhellend erkennbar werden lassen. Das geschieht im folgenden zunächst am Beispiel des Topos vom „lieblichen Ort".
– Der Toposbegriff müßte einen größeren Erkenntnisgewinn in der Textinterpretation erbringen als eine für sich stehende immanente Deutung. Dies wird sich zeigen insbesondere bei der Interpretation moderner Texte: Kafka zeigt nur den Steuermann (A 18), Brecht ein Schiff (A 19), Enzensberger das Leuchtfeuer (A 21). Hier macht der Topos–Terminus das offenbar traditionell mitgedachte Ensemble nautischer Bilder im *Topos von der Lebensfahrt auf dem Meer der Welt* sichtbar und leistet auf diese Weise eine entscheidende Verständnishilfe.

ABGRENZUNG DES TOPOS VON BENACHBARTEN BEGRIFFEN

Jede Begriffsbeschreibung ist die bewußte Setzung einer „Grenze" (das bedeutet das lateinische Wort „terminus"), eine „Begrenzung" (das bedeutet das Wort „definitio"). Sie hat sich nach überlieferten Konventionen zu richten, doch diese behalten im hermeneutischen Bereich immer einen gewissen Ermessensspielraum, den man bei Gebrauch freilich stets angeben sollte. Der fließende Übergang und die gesetzte Grenze des gedachten Territoriums zeigt sich erst, indem man auf die Nachbarn blickt.

Dem Toposbegriff stehen insbesondere die drei Termini Motiv, Metapher und Allegorie nahe. Zum Teil, so wird man sehen, überschneiden sie sich dergestalt, daß mehr oder weniger große Schnittmengen übereinstimmen.

Im Gegensatz zur amorphen Masse des „Stoffes" ist das **Motiv** (in fast wörtlicher Übersetzung) der „Beweggrund" für eine Handlung, ein „Handlungsansatz [...], der ganz verschiedene Entfaltungsmöglichkeiten in sich birgt" (Elisabeth Frenzel). Zudem hat es als „das kleinste Element der Erzählung" die Kraft, „sich in der Überlieferung zu erhalten" (Max Lüthi). In der Lyrik ist das Motiv ein Inhaltselement, das immer wieder in vergleichbarer Weise verwendet wird, z. B. Liebe, Abschied, Einsamkeit, Nacht. Hier spricht man mit gleicher Berechtigung aber auch von Themen.

---

4) Von allen möglichen literarisch vermittelten formalen und inhaltlichen Traditionselementen wird Toposcharakter behauptet: von „Motiv, Emblem, Zitat, Bild, Klischee, Symbol und Allegorie, von geprägten Formeln, Phrasen, Wendungen und technischen Anordnungs– und Darbietungsweisen" (W. Veit: Topos. In Fischer Lexikon Literatur, hrsg. von W.–H. Friedrich und W. Killy. 3 Bände, Frankfurt/M. 1965, II/2, S. 566). Ein derart eskalierender Terminus technicus erscheint wenig brauchbar, insofern er sich nicht selbst begrenzt, d. h. kaum noch definierbar ist. All den genannten sprachlichen Gebilden ist offenbar nur gemeinsam, daß sie lange Zeit tradiert wurden.

Im epischen und dramatischen Bereich gelten als Motive z. B. die „Dreiecksge-schichte": ein Mann zwischen zwei Frauen oder eine Frau zwischen zwei Männern (in Goethes „Werther"), die Liebe der Kinder verfeindeter Geschlechter (in Shakespeares „Romeo und Julia") oder der Haß zweier verfeindeter Brüder (in Schillers „Die Räuber"). Manfred Frank [5] zählt hierzu auch das *Sagenmotiv des Fliegenden Holländers*, das sich mit dem *Topos von der Lebensfahrt auf dem Meer der Welt* berührt und partiell überschneidet. Die Wiedererkennbarkeit hat das Motiv mit dem Topos gemein. Da die ziellose Fahrt des Geisterschiffs aber „einer Phanta-sie verpflichtet ist, die auf die historische Realität der großen Entdeckungsfahrten verweist" (S. 20 f.), ist dieses Wandermotiv – im Gegensatz zum *Topos von der Le-bensfahrt* – an eine Sage gebunden, die im übrigen nicht vor dem 19. Jahrhundert aufgezeichnet wurde (S. 20 und S. 77 ff.).

Die **Metapher** ist (wörtlich übersetzt) die „Übertragung" einer Bildvorstellung auf etwas anderes. Merkmale eines sprachlichen Bildes (B) werden expressis verbis übertragen auf die gemeinte Bezugsgröße (A): Es handelt sich um eine *Gleichset-zung* nach der Formel A <= B. (Beispiel: „Adenauer war ein Fuchs.") In einem ab-gekürzten Verfahren wird ein sprachliches Bild (B) ersetzt durch die gemeinte Be-zugsgröße (A), die, weil bekannt, nicht mehr genannt wird: Hier handelt es sich um eine *Ersetzung* nach der Formel B statt A. (Beispiel: „Dieser Fuchs wußte genau, wie man ...".) A und B sind stets verbunden durch einen immanenten Vergleichspunkt, das Tertium comparationis. (In unseren Beispielen ist es die Schlauheit.) Man kann zudem verblaßte Metaphern (Exmetaphern), konventionelle und kühne (poetische) Metaphern unterscheiden. Die konventionellen Metaphern (wie z. B. „Er ist ein Fuchs") sind im Hinblick auf ihre lange Lebensdauer dem Topos verwandt. Sprach-liche Bilder sollten heutzutage freilich möglichst wenig abgenutzt, also frisch sein und neu wirken. Ein Topos aber ist immer alt. Er ist zudem ein „Ort", eine „Stelle", die man immer wieder findet und wiederfinden soll. Die Kraft der Kontinuität macht erst ein sprachliches Gebilde zum Topos.

Die **Allegorie** ist ein kunstvoll verschlüsseltes Gefüge von Metaphern. Den ein-zelnen Bildelementen der Allegorie entsprechen jeweils Bedeutungen, die durch Tradition und Konvention festgelegt sind. Daher ist zu ihrem Verständnis ein Deu-tungsschlüssel nötig. Der Dichter, der eine Allegorie gestaltet, geht von abstrakten Vorstellungen aus und sucht hierfür ein passendes Programm von Bildern, in die er seine begrifflichen Vorstellungen kleidet. (Beispiele: In Lessings „Nathan" die Er-zählung von den drei Ringen – immer ungenau als „Ring*parabel*" bezeichnet; Rük-kerts Ballade „Es ging ein Mann im Syrerland".) In den hier zusammengestellten beiden Textserien (A und B) erweist sich eine Reihe von Beispielen als Allegorien, die Bildelemente des *Topos von der Lebensfahrt* in festgelegter Bedeutung jeweils neu kombinieren: A 3 (Augustinus), A 4 (Adam von St. Viktor), A 5 (Gryphius), A 14 (Tieck) sowie B 1 bis B 11 und B 27.

---

5) Manfred Frank: Die unendliche Fahrt. Die Geschichte des Fliegenden Holländers und verwandter Motive. Leipzig: Reclam 1995. Zum Begriff des Motivs besonders S. 13 f. und S. 49. Hier setzt Frank Motiv, Symbolik und Metapher in eins: „Das Motiv der unendlichen Fahrt nimmt – mit charakteristischer Transformation – die Symbolik der *Lebensreise* auf. Es handelt sich im klassischen Sinne um eine Metapher [...].“

EIN BEISPIEL FÜR POETISCHE TOPOI: DER LIEBLICHE ORT

Als Standard–Exempel für den poetischen Topos gilt seit Ernst Robert Curtius der **locus amoenus**, der liebliche Ort, der Lustort. Er ist eine Landschaftskulisse meist mit schattenspendenden Bäumen, bunten Wiesen, sanften Hügeln, frischen Bächen, leichten Winden und lieblichem Vogelgesang. Ich wähle vier Beispiele: aus der Antike, aus dem Mittelalter und aus der Romantik. [6]

Homer beschreibt in seiner „Odyssee" die liebliche Umgebung der großen Grotte, in der die flechtenschöne Nymphe Kalypso wohnt:

> Und ein Wald wuchs um die Höhle, kräftig sprossend: Erle und Pappel und auch die wohlduftende Zypresse. Da nisteten flügelstreckende Vögel: Eulen und Habichte und langzüngige Krähen, Wasservögel, die auf die Erträgnisse des Meeres aus sind. Und daselbst um die gewölbte Höhle streckte sich ein Weinstock, jugendkräftig, und strotzte von Trauben. Und Quellen flossen, vier in der Reihe, mit hellem Wasser, nah beieinander, und wandten sich, die eine hier–, die andere dorthin. Und ringsher sproßten kräftig weiche Wiesen von Veilchen und Eppich. Da mochte alsdann auch ein Unsterblicher, der daherkam, staunen, wenn er es sah, und sich ergötzen in seinen Sinnen. (Odyssee, 5. Gesang, Vers 63–74. Übersetzt von Schadewaldt.)

In einem von **Platons** Dialogen, der den Namen des Gesprächspartners Phaidros trägt, schildert Platon, wie Sokrates zusammen mit seinem jungen Freund, barfuß gehend, aus der Stadt Athen hinauswandert und, nachdem sie das Flüßchen Ilissos durchquert haben, zu einer besonders hohen Platane kommt. Der Stadtmensch Sokrates, der noch nie hier draußen war, ist von ihr begeistert:

> Sie ist so dicht und weithin verzweigt und hoch, und des Geästes Höhe und schattige Düsternis ist so überaus schön. Und wie alles gerade in voller Blüte steht, so daß es den Ort mit dem süßesten Duft erfüllt! Zudem fließt unter der Platane die lieblichste Quelle ganz frischen Wassers, wie man mit dem Fuß prüfend fühlen kann. Nach den Statuen und Bildern zu schließen, scheint hier ein Heiligtum einiger Nymphen und des Acheloos zu sein. Und du kannst dazu noch spüren, wie lieblich und überaus angenehm das Wehen der Luft hier ist, deren sommerlicher Hauch sich in den hell tönenden Chor der Zikaden mischt. Das Allerfeinste aber ist der Rasen, gerade so sanft geneigt, daß man das Haupt schön ruhen lassen kann, wenn man sich niederlegt. (Phaidros, 230 B)

Gottfried von Straßburg schildert in seinem mittelhochdeutschen Epos „Tristan" das „wunneclîche tal", den Lustort um die Minnegrotte (Vers 16879 – 16897; eine weitere Schilderung des „wunschlebens" folgt in Vers 17139–17181).

> si haeten hof, si haeten rât,
> dar an diu vröude elliu stât.
> ir staetez ingesinde
> daz was diu grüene linde,
> der schate und diu sunne,

---

6) Curtius, der den locus amoenus als Topos der Ideallandschaft wiederentdeckt hat, kennt diese Beispiele nicht, da er den „Lustort" nur „von der Kaiserzeit bis zum 16. Jahrhundert" betrachtet (Europäische Literatur und lateinisches Mittelalter. Bern und München, 5. Aufl. 1965, S. 202).

diu riviere unde der brunne,
bluomen, gras, loup unde bluot,
daz in den ougen sanfte tuot.
ir dienest was der vogele schal,
diu cleine reine nahtegal,
diu troschel unde das merlîn
und ander waltvogelîn.
diu zîse und der galander
die dienden wider ein ander
inwette unde inwiderstrît.
diz gesinde diende z'aller zît
ir ôren unde ir sinne.
ir hôhzît was diu minne,
ir vröuden übergulde [...].

Sie hatten dort ihren Hof, sie hatten alles,
wovon die Freude abhängt.
Ihr treues Gefolge
waren die grüne Linde,
der Schatten und die Sonne,
der Bach und die Quelle,
Blumen, Gras, Laub und Blüten,
die den Augen wohltun.
Ihnen diente der Vogelgesang:
Die kleine, makellose Nachtigall,
die Drossel und die Amsel
und andere Waldvögelchen.
Zeisig und Lerche,
die lagen miteinander
im Wettstreit.
Dieser Hofstaat diente jederzeit
ihren Ohren und Sinnen.
Ihr Fest war die Minne,
die glänzendste aller Freuden.

Sechshundert Jahre später endet **E. T. A. Hoffmanns** „Märchen aus der neuen Zeit", „Der goldne Topf" (1814), in der 12. Vigilie ganz ähnlich mit einer *romantischen* Vision des „Festes der Liebe" an einem *locus amoenus*. Auch hier huldigt die Natur – nun in Gestalt der vier Elementargeister – den Liebenden:

Und lauter regen sich die Bäume und die Büsche, und heller und freudiger jauchzen die Quellen – die Vögel – allerlei bunte Insekten tanzen in den Luftwirbeln – ein frohes, freudiges, jubelndes Getümmel in der Luft – in den Wässern – auf der Erde feiert das Fest der Liebe! – Da zucken Blitze überall leuchtend durch die Büsche – Diamanten blicken wie funkelnde Augen aus der Erde! – hohe Springbäche strahlen aus den Quellen – seltsame Düfte wehen mit rauschendem Flügelschlag daher – es sind die Elementargeister, die der Lilie huldigen und des Anselmus Glück verkünden. –

Es gibt ungezählte weitere Topoi, von denen nur einige wenige zur Exemplifizierung genannt seien: das goldene Zeitalter; der göttliche Wahnsinn der Dichter; das Buch der Natur; das Welttheater; die Klage über die Schlechtigkeit der Welt; der neue Mensch; Nachtigall und Lerche usw. Aber auch formelhafte Redewendungen (loci communes, d. h. wörtlich „Gemeinplätze") zählen zu den Topoi, z. B.: Alles hat einmal ein Ende. Jede Sache hat ihre zwei Seiten. Nichts ist umsonst zu haben. Usw.

BILDELEMENTE DES SEEFAHRT–TOPOS

Seit den ältesten Zeiten – seit den Epen von Gilgamesch, den Argonauten, Odysseus und Äneas – steht *ein Ensemble nautischer Bilder* bereit, die in unterschiedlichsten Variationen kombiniert und interpretiert werden können: **Meer**, Küsten, Inseln, Riffe, Klippen, Untiefen; **Heimat– und Zielhafen; Schiff**, Mast, Segel, Steuerruder; **Steuermann; Leitstern**, Leuchtfeuer, Lotse, Kompaß; **Sturm**, Windstille, **Schiffbruch/Scheitern**, Planke. Aus diesem Bildmaterial können jeweils kleine metaphorische Texte entstehen, die man wegen ihrer Überschaubarkeit und Beständigkeit **Topos** nennen kann. Der *Seefahrt–Topos* spricht eine Urerfahrung der Menschen an, auch die der meeresfern lebenden, und er hat stets mehr oder minder poetische Gestalt und philosophischen Gehalt.

Natürlich haben all die verschiedenen Varianten des *Seefahrt–Topos* zahlreiche Bildelemente gemeinsam. Ja, diese machen sie erst zum Topos. In diesem Zusammenhang wären zunächst vier *nautische Grundmetaphern* näher zu betrachten: das Meer, das Schiff, der Sturm, das Scheitern.

DAS MEER

> Hat man sich nicht ringsum vom Meere umgeben gesehen,
> so hat man keinen Begriff von Welt
> und von seinem Verhältnis zur Welt.

> (Goethe: Italienische Reise.
> Palermo, den 3. April 1787.)

Vier Elemente sind es, die seit den Zeiten ältester Naturbeobachtung das Ganze der Welt bilden. Das *Luftreich* war den Göttern vorbehalten. Sie sind es, die (nach einer stehenden Redewendung Homers) „den weiten Himmel innehaben". Noch Hölderlin spricht von „glänzenden Götterlüften". Sie waren dem Menschen so wenig zugänglich wie das Element des verzehrenden *Feuers*, das den Menschen im Ausbrechen von Vulkanen und Feuersbrünsten bedroht. Für die Zeit seines *Erdendaseins* war der Mensch ein „Sohn der starknährenden Erde" (Homer), die als das feste Land auf dem rings umgebenden Urozean schwamm. Die Grenze der bewohnbaren Welt wurde einst, so berichtet Apollodor (II, 5,10), markiert durch die beiden „columnae fatales", die Schicksals–Säulen des Herkules. Diese sind in natura der Felsen von Gibraltar und – auf der afrikanischen Seite der Meerenge – der Berg Abila im Rif–Gebirge bei Ceuta. Auf Pindar (II, C) geht der ins Lateinische übertragene altbekannte Warnspruch zurück: „Non plus ultra!" Nicht darüber hinaus! Hier nämlich beginnt das Reich des schrecklichen, unabsehbaren Urozeans, vor dem sich noch die Matrosen des Kolumbus fürchteten. Erst Kaiser Karl V., der seine Herrschaft vom Rande der Alten auf die Neue Welt jenseits des Atlantischen Ozeans ausdehnte, verkehrte die über zweitausend Jahre alte Mahnung in ihr Gegenteil. Er machte das apotropäische Abgrenzungs–Symbol zum glückverheißenden Grenzüberschreitungs–Sinnbild: Auf seinen Münzen schlingt sich um zwei Säulen ein Band mit der herausfordernden, expansiven Devise: „Plus ultra!" Darüber hinaus! (Aus diesem Münzemblem entstand in der Neuen Welt das bekannte Dollarzeichen. Die beiden umschlungenen Säulen flankieren auch noch das heutige spanische Staatswappen.)

Die *Wasserwelt* gilt bis in die Neuzeit als höchst bedrohliches Element, und nur Verwegene wagten sich hinaus in die Wasserwüste des später so genannten Mittelmeers. In Sophokles' „Antigone" (II. Akt) singt der Chor das Stasimon:

> Ungeheuer ist viel. Doch nichts
> Ungeheuerer als der Mensch.
> Denn der, über die Nacht
> Des Meers, wenn gegen den Winter wehet
> Der Südwind, fähret er aus
> In geflügelten sausenden Häusern.
> [...]

(Übersetzt von Hölderlin)

Ja, auch das Mittelmeer, das im Zentrum der antiken Welt liegt, galt lange Zeit als Sphäre des Maßlosen und Unberechenbaren, der Irrfahrten, wie sie durch die „Odyssee" und die „Äneis" jedermann vor Augen standen. Vor diesem von tiefer Angst erfüllten Hintergrund wird wohl erst verständlich, daß Vergil (in der 4. Ekloge) für das neue Goldene Zeitalter das Ende aller Seefahrt verkündet und daß dann der Autor der Apokalypse als auf die kleine griechische Insel Patmos Verbannter prophezeit, im Reiche des Messias werde es „einen neuen Himmel und eine neue Erde" geben, doch „das Meer ist nicht mehr" (Apk 21,1). Und von einem auf großer Fahrt in Ehren ergrauten Kapitän wird der Ausspruch berichtet, er glaube erst an das Paradies, seit ihm klar geworden sei, daß es dort kein Meer gebe.

Der Buddhismus betrachtet die ganze Welt als Ozean des Leidens, der nur durchschifft werden kann mit Hilfe des Hinayanas oder des Mahayanas, des kleinen oder großen Fahrzeugs der Lehre.

Hesiod (8./7. Jh. v. Chr.) weiß in seiner „Theogonie" (Vers 241 ff.) davon zu erzählen, daß es „in der Ödnis des Meeres" auch freundliche Meernymphen gibt, die durch Spiel und Tanz die Seeleute aufmuntern und ihnen in Seenot helfen. Diese Töchter des Nereus, des gütigen Meeresalten, sind groß an Zahl – es sind fünfzig –, und in ihren sprechenden Namen spiegeln sich Eigenschaften des Meeres und der Seefahrt: „Wellenspiel", „Wellengeflüster", „Farbenschimmer", „Windstille", „reißende Strömung", „wogenumrauschte Meeresherrschaft", „Meeresfrüchte", „sandige Küste", „grünende Bucht" und wie die kleinen Namengemälde auch immer in Übersetzung lauten mögen. In den „Werken und Tagen" gibt Hesiod auch praktische Ratschläge für die Schiffahrt; es ist ja die Zeit der ersten griechischen Kolonisation. Er selbst kann sich freilich durchaus nicht begeistern für die „Fahrt auf wildem Meere" – trotz all der genannten liebreizenden Meerestöchter.

Erstaunlicher– oder verständlicherweise bleibt bei einem seefahrenden Volk wie dem der Griechen das Bild des Meeres düster. Homers Odysseus wird geradezu exemplarisch in unvergeßlicher Weise von der göttlichen Verkörperung des Meeres, von Poseidon selbst, unablässig und unversöhnlich verfolgt.

In seinem Reisebuch über Korfu, Homers Insel der Phäaken („Schwarze Oliven"), berichtet Lawrence Durrell davon, daß dort die Fischer ihr eigenes Lied vom Meer zu singen wissen:

Meer, du Räuber der Jugend,
verderbenbringendes Element, Meer,
du läßt unser Inselvolk
immer die schwarzen Kleider tragen.

Hast du noch nicht genug gehabt, Meer,
in all dieser langen Zeit,
mit den Leibern, die unersättlich
deine Wogen verschlangen?

Der Blick hinaus aufs Meer war wohl immer schon bewegend und löste große, wenngleich durchaus unterschiedliche Gefühle aus. Für Ovid ist das Fluten des Meeres ein Bild der dahinströmenden Zeit:

Und wie von der Welle die Welle gejagt wird,
wie, von der kommenden selbst gedrängt, sie die vorige drängt, so
flieht und verfolgt zugleich auch die Zeit, und doch ist sie immer
neu.
(Ovid: Metamorphosen XV 180 ff.)

Heute ist „Meer" für viele ein positiv besetztes Reizwort: Millionen Menschen verbringen ihre sommerliche Freizeit am Meer und einige auch auf See. Die Urlauberperspektive ist die von Städtern, die sich nach Sonne und Sandstrand sehnen, nicht aber die von Küstenbewohnern und Seefahrern. Von der Antike bis ins 18./19. Jahrhundert hinein gilt das Meer (wie auch die Berge oder gar die Wüste) fast nur als furchterregend und lebensbedrohend. Erst die Empfindsamkeit und die Romantik entdecken eine neue Perspektive: Im Sonnenlicht scheint die See ein Spiegel der menschlichen Seele, eine unendlich weite und breite Straße hinaus in eine unabsehbare Ferne. Und unter jagenden Wolken über schäumenden Wogen zeigen sich dann die faszinierend ungeheuren Naturgewalten. Bei vielen löst die unendlich scheinende Weite des Meeres ein „ozeanisches Gefühl" aus, in dem Romain Rolland die eigentliche Quelle der Religiosität erkennen will. So berichtet Freud am Anfang seiner Schrift „Das Unbehagen in der Kultur" und erklärt, er freilich könne ein solches „ozeanisches Gefühl" nicht in sich entdecken.

Als Gleichnis des Göttlichen oder der Seele [7] ist das Meer letztlich ein Sinnbild des unfaßbar Erhaben–Unendlichen. Keiner hat dies so symbolträchtig gestaltet wie der romantische Maler Caspar David Friedrich.

Sein wohl berühmtestes Gemälde zeigt einen winzig erscheinenden „Mönch am Meer" (1810). Anläßlich der ersten Ausstellung schreibt Heinrich von Kleist darüber: „Herrlich ist es, in einer unendlichen Einsamkeit am Meeresufer, unter trübem Himmel, auf eine unbegrenzte Wasserwüste hinauszuschauen." Doch im Blick auf den Menschen, den einsamen, meditierenden Mönch, schlägt die Empfindung unvermittelt ins Gegenteil um: „Nichts kann trauriger und unbehaglicher sein, als diese Stellung in der Welt: der einzige Lebensfunke im weiten Reiche des Todes [...].

---

7) Goethes Gedicht „Gesang der Geister über den Wassern", geschrieben im Anblick eines Schweizer Wasserfalls, beginnt mit den naturmystischen Versen: „Des Menschen Seele / Gleicht dem Wasser [...]." In der Tat gilt das Wort „Seele" etymologisch als Ableitung von „See" und bedeutet „die zum See Gehörende". Denn nach alter germanischer Vorstellung wohnten die Seelen der Ungeborenen und der Toten im Wasser.

Die ambivalente Rätselhaftigkeit und die Unendlichkeit des Meeres wird auch in anderen Gemälden Friedrichs zum visionären Erahnen des Numinosen im romantischen Naturerlebnis – oder zur Begegnung mit dem kalten Grauen angesichts der von Eisschollen übertürmten Schiffstrümmer in dem Gemälde „Gescheiterte Hoffnung" (1821).

DAS SCHIFF

Das Kinn ein wenig gesenkt [...], überlegte Kapitän Whalley,
daß ein Schiff ohne Mann wie ein Körper ohne Seele war, ein
Seemann ohne Schiff aber in dieser Welt nicht vielmehr
bedeutete als ein herrenloser Baumstamm, der im Meere treibt.

(Joseph Conrad: Das Ende vom Lied)

Zum *Seefahrt–Topos* gehört selbstredend die Grundmetapher des *Schiffs*. Sie ist von ungemein hoher semantischer Potenz: ein klares und schönes Bild der Zielsuche, verbunden mit dem starken Gefühl von Gefährdung und Mut des Menschen – eine Metapher, die so alt scheint wie die des Meeres selbst.

Durch die Erfindung des Schiffs hatte sich der Mensch ein Werkzeug geschaffen, mit dem er sich vom heimatlichen Boden auf das bodenlose, unheimliche Element hinauswagen konnte. Vielleicht entdeckte er bald schon in seinem Geschöpf, dem Schiff, auch sich selbst, ein Bild seiner eigenen Existenz: seiner dauernden Gefährdung und seines ausdauernden Wagemutes. Wohl auch heute noch – nach der Eroberung der Luft durch die Erfindung von Luft– und sogar Raum-"Schiffen" – ist unter den von Menschen ersonnenen Verkehrsmitteln das Schiff das poetischste. Ja, es ist schon seit der Antike auch ein Bild für die Poesie selbst. Auf der Fahrt „durchs Meer des Daseins" besingt Dante in Versen des „Paradiso" (II, 1–9) feierlich sein eigenes *Poesieschiff* (Text B 6).

Ein Segelschiff im Hafen wird gern vom Land aus bestaunt, denn es weckt ambivalente Emotionen. Hochseesegler erleben wohl das, wovon viele Landbewohner träumen: Glücks– *und* Alpträume – die hochgestimmte Sehnsucht nach Ferne und Freiheit *und* die tiefgreifende Furcht vor unabsehbaren Gefahren.

Mehr noch als die allzu gängige Metapher vom *Lauf des Lebens*, der Lebensreise auf schwierigem Weg sozusagen über Land, hat daher das sinnfällige Bild von der *Lebensfahrt zu Schiff* seit je die Phantasie und Formulierungslust der Menschen erregt. Schon die frühesten Epen der Menschheit wissen davon zu berichten.

ARCHAISCHE SCHIFFSFAHRTEN

In den Sagen vom sumerischen Helden *Gilgamesch*, die um 1200 v. Chr. zum ältesten Großepos der Weltliteratur zusammengefaßt wurden, wird zum allerersten Mal auch eine überaus beschwerliche und abenteuerliche Reise auf dem Meer geschildert. Bei dieser geht es allein um die Suche nach dem ewigen Leben. Nach langer Wanderung, so wird im Zwölf-Tafel-Epos erzählt, erreicht Gilgamesch, „der weh–frohe Mann", „des Meeres Abgeschiedenheit" (10. Tafel), und durch „die Wasser des Todes" gelangt er schließlich zu „Utnapischtim‘ in der Ferne an der Mündung der Ströme" (11. Tafel). Dieser Uralte, dem der Noach der Bibel entspricht, besitzt, gemeinsam mit seiner Frau, als einziger Mensch das ewige Leben. Gilgamesch aber gewinnt auf seiner gefahrvollen Meerfahrt das ewige Leben nicht, und so klagt er schließlich: „Hätte ich doch das Schiff am Ufer gelassen" (11. Tafel).

Dem ältesten Bericht von einer *Lebensfahrt* korrespondiert das älteste Bild des *Lebensschiffs*: Es ist die allbekannte *Arche Noachs* (Gen 6,14). [8] Dieser große „Kasten" [9] ist ein Ursymbol der Lebensrettung vor dem Untergang in der alles vertilgenden Sintflut.

Mythenalt ist das Bild der Arche als *Lebensschiff*. Wohl ebenso alt ist das Bild vom *Todesschiff*: Der Übergang ins Reich der Unterwelt vollzieht sich nach der Vorstellung vieler in *„des Todes Kahn"* (Gryphius). Seit den frühesten Zeiten schon gab man in Ägypten den Toten Schiffe mit ins Grab, damit sie die kultische Wasserreise mit dem Sonnengott antreten konnten. Im düsteren Hades der Griechen führt Charon, der Seelenfährmann, in seinem Nachen die Toten über die Styx, den Grenzfluß des Tartaros.

Weithin berühmt sind die frühen *Abenteuerfahrten zu Schiff* wie die sagenhafte Ausfahrt der fünfzig *Argonauten* und die zehnjährige Irrfahrt des vielduldenden *Odysseus* oder die siebenjährige des trojanischen Helden *Äneas*. Nirgends ist hier auch nur ein Hauch der heute beliebten Seefahrer–Romantik zu spüren. Für Homer, Vergil und andere Schilderer von Meeresfahrten bis in die Neuzeit hinein ist die See fast immer nur die unermeßliche, unfruchtbare, graue und gefahrvolle Salzflut. So spricht z. B. bei Homer selbst der Gott Hermes die geflügelten Worte:

> Wer durchquerte denn freiwillig das so große salzige Wasser, das unsägliche?
> (Odyssee, 5. Gesang, Vers 100)

All die archaischen Ausfahrten sind letztlich nur durch vielfache Abenteuer verzögerte Nostoi: Heimkünfte. Das gilt für den „vielverschlagenen" Griechen Odysseus wie dann auch für den märchenhaften orientalischen Seefahrer Sindbad und sogar schließlich für den gänzlich unheroischen irischen Annoncenakquisiteur Leopold Bloom. In seinem Roman „Ulysses" (1921) beendet James Joyce die „Irrfahrten" seines Helden durch Dublin am Schluß des vorletzten Kapitels mit einem wie in verspielten Wellen fast endlos dahinplätschernden Wortspiel:

> Er ist gereist.

> Mit?
> Sindbad dem Seefahrer und Tindbad dem Teefahrer und Findbad dem Feefahrer und Rindbad dem Rehfahrer und Windbad dem Wehfahrer und Klindbad dem Kleefahrer und Flindbad dem Flehfahrer und Drindbad dem Drehfahrer und Schnindbad dem Schneefahrer und Gindbad dem Gehfahrer und Stindbad dem Stehfahrer und Zindbad dem Zehfahrer und Xindbad dem Ehfahrer und Yindbad dem Sehfahrer und Blindbad dem Phthefahrer.

---

8)   Wir besitzen mehrere mesopotamische Sintflutberichte, die auffallende Ähnlichkeiten zum späteren biblischen Bericht zeigen. Die Ursage wird um 2400 v. Chr. angesetzt. Das Gilgamesch–Epos berichtet auf der 11. Tafel vom Bau der Arche durch Utnapischtim und über die große Flut.

9)   Luther übersetzt das hebräische Wort korrekt mit „Kasten". Die Vulgata hat hierfür das entsprechende lateinische Wort „arca"; davon kommt unser Wort „Arche". Schon im Gilgamesch–Epos ist das Schiff würfelförmig.

STAATSSCHIFF

Sieht man sich im einzelnen nach den Schiffstypen um, die im Laufe der Zeit mit spezifischen Bedeutungen befrachtet wurden, so hat man eine ganze kleine Flotte nautischer Metaphern vor sich: das Staats–, Gesellschafts–, Menschheits–, Kirchen–, Narren–, Geister– und Lebensschiff.

Besonders weit verbreitet und uralt ist die bildliche Vorstellung, der Staat gleiche einem Schiff. [10] Als erster hat offenbar Aristophanes den Begriff „Staatsschiff" gebraucht, als er in seiner Komödie „Die Wespen" (422 v. Chr.) erklären ließ: „Thema ist nämlich das ganze Schiff der Polis" (29). Schon früher freilich wurde im 6. Jahrhundert v. Chr. das Schiff als Metapher für den Staat allegorisch ausgestaltet durch den griechischen Lyriker Alkaios (das Gedicht steht hier unter B 1) und sodann – etwa 600 Jahre später – durch den Römer Horaz (B 2). Alkaios schildert den Staat als leckgeschlagenes Schiff im Sturm, Horaz zeigt das schwerbeschädigte Staatsschiff in höchster Gefahr. Doch man könnte sich fragen: Sollte am Beginn des Staatsschiff–Topos tatsächlich die Schiffskatastrophe stehen? Wer über die Textfixierung der Altphilologie hinausblicken möchte, kann das Staatsschiff tatsächlich in aller Pracht und Herrlichkeit als Realsymbol vor sich sehen. Es sind die Königsschiffe der Pharaonen, die bereits um 3000 v. Chr., also schon seit dem Beginn des Alten Reiches, den Staat, d.h. den König, im Dingsymbol als Gottheit repräsentieren: sichtbar für das gesamte Volk, das vom Ufer des Nils aus ein unvorstellbar prächtiges Schauspiel sieht, in dessen Glanz es sich auch selbst widerspiegeln mochte. Anfangs diente das „Horus–Geleit" mit dem Prachtschiff des Herrschers alle zwei Jahre dem Umzug des Pharaos durch das ganze langgestreckte Land zur Rechtsprechung und Steuererhebung. Wir kennen zahlreiche Eigennamen der Palastschiffe wie z. B. „Die göttliche Barke des [Gottes] Re" oder „Das leuchtende Auge des [Gottes] Horus". Ramses III. rühmte sich, ein besonders prächtiges Staatsschiff erbaut zu haben: Es ist aus bestem Zedernholz; das „große Haus" des Schiffes ist von Gold, geschmückt mit kostbaren Edelsteinen; das Heck ist von feinem Gold; desgleichen sind die zwei Steuerruder mit Gold umwunden ... [11] Ein großes, wenn auch nicht prachtvoll ausgestattetes Schiff ist sogar vollständig erhalten: das über 40 Meter lange, 1954 neben der Cheops–Pyramide ausgegrabene Sonnenschiff. „Es war das Staatsschiff des Königs" (Emma Brunner–Traut).

Das Schiff kann als glänzendes Gehäuse den göttlichen Herrscher selbst repräsentieren. Jedes größere Schiff ist aber auch der überschaubare Tätigkeitsbereich einer Mannschaft, und so kann es auch das Bild einer politischen Gemeinschaft von Menschen sein, die zur Bewahrung ihrer Existenz hier in besonderer Weise auf koordiniertes Handeln angewiesen ist. Schiffsherr, Steuermann, nach Aufgaben und Rang hierarchisch gestaffeltes Schiffspersonal und dazu auch die Passagiere bieten sich geradewegs an zur Versinnbildlichung einer scheinbar natürlichen gesellschaftspolitischen Ordnung und Rollenverteilung in Herrschaftsstrukturen. So kann der Topos vom Staatsschiff je nach der Hervorhebung eines seiner Bildelemente unter-

---

10)   Vgl. hierzu Eckart Schäfer: Das Staatsschiff. Zur Präzision eines Topos. In: Toposforschung. Eine Dokumentation, hrsg. von Peter Jehn, Frankfurt / M. 1972, S. 259–292. Schäfer kann sich hier auf eine Reihe von Materialsammlungen zum antiken Staatsschiffsbild stützen, die er zitiert und auswertet.

11)   Björn Landström: Ships of the Pharaohs. 4000 Years of Egyptian Shipbuilding. London 1970, S. 120.

schiedliche Aussagemöglichkeiten und gesellschaftspolitische Konzeptionen repräsentieren. Oft dient er als Vorbild für die ideale Lenkung des Staates, oder er wird zum Solidarisierungsappell.

Bisweilen ist das Schiff als *Gesellschaftsschiff* auch ein Bild für das Oben und Unten in einer Klassengesellschaft. So zeigen es die Anfangsverse aus einem Gedicht Hofmannsthals:

> Manche freilich müssen drunten sterben,
> Wo die schweren Ruder der Schiffe streifen,
> Andre wohnen bei dem Steuer droben,
> Kennen Vogelflug und die Länder der Sterne.

Selten wird das Schiff als *Menschheitsschiff* gesehen wie z. B. bei dem Physiker Heisenberg, der freilich sogleich die Menschheit mit dem Kapitän des modernen Riesenschiffes gleichsetzt (A 22).

Als Beispiel für den *modernen* Gebrauch des *Topos vom Staatsschiff* mag ein bekanntes Bild dienen: Als Reichskanzler von Bismarck zurücktrat, erschien im März 1890 im Punch eine berühmt gewordene Lithographie mit der Unterschrift „Dropping the Pilot", in Deutschland oftmals nachgedruckt unter dem Titel „Der Lotse geht von Bord". In der Tat sah Bismarck sich auch selbst als Lenker des Staatsschiffs:

> Ich werde als Steuermann handeln, der seinen Kurs gesetzt hat und dem widrige Winde begegnen; er ändert den Kurs mehr oder weniger; er verbraucht mehr oder weniger Kohle; er macht sich die Besegelung zunutze, bald mehr, bald weniger, und paßt sich den Launen des Sturms an, aber das Ziel der Reise ändert er nie. Ich werde tun wie er, und jetzt kennen Sie es [...].

> (St. Vallier an Waddington, 8. Januar 1879. Zitiert in Fritz Stern: Gold und Eisen. Bismarck und sein Bankier Bleichröder. Frankfurt a.M. 1980, S. 258.)

In der Punch–Karikatur ist, über die Reling gelehnt, Kaiser Wilhelm II. zu sehen, wie er versonnen dem aussteigenden Lotsen nachschaut. Nach Bismarcks unfreiwilligem Rücktritt telegrafierte der junge Kaiser an den König von Sachsen:

> Das Amt des wachhabenden Offiziers auf dem Staatsschiff ist Mir zugefallen.
> Der Kurs bleibt der alte: Volldampf voraus!

Der verbitterte Bismarck sieht dann in seinen „Gedanken und Erinnerungen" geradezu prophetisch den Kaiser

> in der Lage eines Schiffscapitäns, dessen Leitung bei der Mannschaft Besorgniß erregt, der aber mit brennender Cigarre über der Pulvertonne sitzt. (3. Buch, 10. Kapitel)

Das alte griechische Wort für Steuermann, *„kybernétes"*, gebraucht schon Cicero als „gubernator" für Konsuln und Senat, und in der Neuzeit ist es als „Gouverneur" und „Governor" eine staatsrechtliche Amtsbezeichnung. Seine alte metaphorische Bedeutung kann allerdings auch wieder reaktiviert werden: Die Steuermannsmetaphorik war im Personenkult Maos geradezu Pflicht für jedermann. So gehörte „Das Lied vom Steuermann" wie das Lied „Du bist die Sonne" seinerzeit zu den „beliebtesten revolutionären Liedern zum Ruhme unseres großen Führers" [12]:

> Das Schiff der Revolution, Wind und Wellen trotzend, läuft einer hellen Zukunft entgegen!
> Großer Oberbefehlshaber, großer Steuermann, hochverehrter und geliebter Vorsitzender Mao!
> Dich zum Führer, verlieren die revolutionären Volksmassen niemals die Richtung.
> Sturm jagt über die fünf Erdteile und die vier Meere, bringt Freiheit und Befreiung.

Der traditionelle Posten des Steuermanns ist nun also neu besetzt, der Sturm bringt nicht mehr Gefahr, sondern Freiheit, und auch das Schiff gewinnt eine neue, eine globale Dimension: Es ist nicht mehr der begrenzte Raum einer Staatsgemeinschaft, sondern Heimstatt der Weltrevolution – ein universaler, geradezu religiöser Anspruch.

KIRCHENSCHIFF

Schon in den frühchristlichen Katakomben dient das Schiff als Symbol der Lebensfahrt zu dem einen Ziel, das als Leuchtturm oder Christusmonogramm erscheint. Durch den Einfluß profaner Staatssymbolik – noch im 4. Jahrhundert tragen römische Münzen das Motiv des Staatsschiffs mit Victoria oder Isis am Steuer – entwickelt sich das Schiff zum Symbol für die Kirche mit Christus am Steuer. Im Mastbaum erkannte man das Zeichen des Kreuzes wie auch im Anker. Das *Kirchenschiff* ist zugleich auch vorgebildet durch die Szene des Evangeliums, in der Jesus im Schiff auf dem See Tiberias einen Seesturm stillt. Gryphius hat dieses Ereignis in einem Sonett dargestellt (Text B 7). Für den Kirchenvater Ambrosius von Mailand (339 – 397) ist die Kirche das Schiff, „das da sicher auf hoher See fährt, mit den Segeln am Mastbaum des Kreuzes, die sich blähen im Sturmwind des Heiligen Geistes" (De virginitate 18,118). Nach einem anderen bei den Kirchenvätern beliebten Bild wird die Kirche durch die Arche Noachs präfiguriert, die allein aus der großen Flut zu retten vermag. (Vgl. auch die Texte B 4. Ezzo: Das Schiff des Glaubens, und B 5. Johannes Tauler (?): „Es kommt ein Schiff geladen".)

Die Schiffs–Allegorie erweist sich auch im Blick auf die römische Kirchenhierarchie als ausbaufähig. [13] In den Pseudo–Clementinen, einer christlichen Unterweisung in Romanform aus der ersten Hälfte des 3. Jahrhunderts, wird die Kirche mit einem hierarchisch geführten Schiff verglichen. Christus ist der Steuermann, der Bischof der Untersteuermann, die Presbyter sind die Matrosen, die Diakone die Rudermeister, die Katecheten die Zahlmeister. Die Laien werden als Passagiere des Schiffes betrachtet. „Die Seereisenden sollten ruhig und fest auf ihren Plätzen sitzen, damit sie nicht durch unordentliches Benehmen gefährliche Schiffsbewegungen und Schlagseiten verursachen", heißt es wörtlich. (Zitiert nach Franz–Josef Thiemermann.) An Bord des Schiffes Petri sieht man der ganzen Kirche zu beim Segeln: Hier die hierarchisch genau nach Ämtern und Aufgaben gestaffelte Mannschaft der Prie-

---

12) Vers 7–10 des Liedes „Du bist die Sonne", zitiert nach Klaus Mehnert: China nach dem Sturm. Stuttgart 1971, S. 332.
13) Vgl. Hugo Rahner: Symbole der Kirche. Die Ekklesiologie der Väter. Salzburg 1964.

ster und da die zahlenden Laien als Passagiere, die offenbar nur fachgerecht in den rettenden Hafen gesegelt werden sollen.

Schließlich – das ist in ganz Europa, ja weltweit zu sehen – wird in der Kirchenarchitektur der gerichtete Langbau wie ein Schiffskörper angelegt und „Kirchenschiff" genannt: eine Stein gewordene Schiffs–Metapher aus ältester Tradition.

NARRENSCHIFF

Das Schiff kann die Gesellschaft als Staatsverband oder als Kirchengemeinde zeigen – oder als einen bunten Haufen Narren, die in ihrer Narrheit schließlich alle gleich sind. So geschieht es in der gereimten Moralsatire *„Das Narrenschiff"* (1494) des Straßburger Humanisten Sebastian Brant, die einst der größte europäische Bucherfolg vor Goethes „Werther" war. Die höchst anschaulich in 112 Verskapiteln samt kunstvoll realistischen Holzschnitten karikierte Gesellschaft erweist sich unterschiedslos als die von Sündern und Narren, die sich, so zeigt es das Titelbild, allesamt eingeschifft haben nach Narrenland, „ad Narragoniam". In didaktischer Absicht werden über hundert Narrentypen vorgeführt. Von den Fährnissen der Schiffahrt ist erst im 108. Kapitel („Das Schlaraffenschiff") die Rede. Es zeigt, wie sehr wir alle doch irren auf der Suche nach Häfen und Ufern und daß wir nie die Kaimauer finden, wo sich landen ließe, weshalb denn unser närrisches Herumirren kaum einmal aufhört:

> Wir faren umb durch alle landt
> All port durchsuchen wir, und gstadt
> Wir faren umb mit großem Schad
> Und künnent doch nit treffen wol
> Den staden do man lenden sol.
> Unser umbfaren ist on end
> Dann keyner weisz, wo er zu lend
> Und hant doch keyn ruw tag, und naht
> Uff wiszheyt unser keyner acht.

Auf diese Verse dürfte sich (nach Charles de Tolnay) Hieronymus Boschs Gemälde „Das Narrenschiff" (zu datieren zwischen 1500 und 1516) beziehen. Hier hat der pflichtvergessene Steuermann sein Ruder im Stich gelassen, um wie die anderen törichten Fahrgäste gierig nach dem Kuchen zu schnappen. Der Narr hockt wie eine Galionsfigur trinkend überm Heck. Als Mast dient ein Maibaum in diesem Kahn, der ziellos umhergetrieben wird: Das Traumschiff für Vergnügungsreisende.

GEISTERSCHIFF

Sebastian Brant und Hieronymus Bosch, die spätmittelalterlichen Dichter und Maler, müssen das närrische Treiben und das ziellose Sichtreibenlassen als schuldhafte menschliche Torheit verurteilen. In der Neuzeit erscheint die Ziellosigkeit durchaus nicht mehr bloß verantwortungslos, wenn auch lachhaft – nein, jetzt ist sie ein grauenhafter Fluch. Der „unendlichen Fahrt" des *Geisterschiffs* hat Manfred Frank eine eigene Untersuchung gewidmet, die den wechselnden geschichtlichen Konstellationen des weitverbreiteten, durch Richard Wagner berühmt gewordenen Sagen–Motivs nachgeht. [14] Seiner „Grundthese" entsprechend stellt er drei „Motivkomplexe" heraus: „Mit dem Untergang einer unbefragt geltenden höchsten Wertordnung ('Tod Gottes') ging einher das Bewußtsein einer 'transzendenten Obdachlosigkeit' (Lukács). Die Lebensreise kommt nicht mehr in ihr Ziel – nicht, weil der Kompaß falsch gestellt ist, sondern weil Ziele, die die Sehnsucht eines Lebens stillen, aufgehört haben dazusein" (S. 10). Unter den zahlreichen Texten insbesondere der Neuzeit, die er zitiert und im Sinne seiner Grundthese interpretiert, dürften die Verse Vicor Hugos [15] in besonders eindrucksvoller Weise repräsentativ sein, die Frank anführt und übersetzt:

> Auf den Meeren zuckt statt des Leuchtturm–Scheins nicht selten der Blitz in den Lüften, und auf dem Wasser, das sich aufbäumt, erscheint im Wetterleuchten die Geister–Schaluppe. Dann erzittert! [...] Das ist der Holländer! die Barke, auf die der Flammenfinger hinzeigt! Das bestrafte Schiff! Das ist das verruchte Segel! Das ist der finstre Pirat des Unendlichen! Gestern noch war er am Pol, und nun ist es hier! Grab und Gefängnis in einem, fährt es dahin ohne Ziel. Judas sinnt, ohne zu beten, auf dem Vorderschiff, und am Heck träumt Kain.

DER STURM

Bei welcher Seefahrt würde nicht von einem Sturm berichtet? Das Mittelmeer, durch das der Grieche Odysseus und der Troer Äneas irren, ist auch heute noch berüchtigt für seine tückischen Seestürme. **Homer** erzählt über das Wüten Poseidons:

> Er führte Wolken zusammen und wühlte das Meer auf, mit den Händen den Dreizack fassend, und erregte alle Wirbel von allfachen Winden und verhüllte mit Wolken Land zugleich und Meer, und herein vom Himmel her brach Nacht. Und zusammen fielen der Ost und der Süd und der West, der schlimmwehende, und der Nord, der aus hellem Himmel geborene, und wälzte eine große Flut auf. Da lösten sich dem Odysseus die Knie und das liebe Herz [...]. Es schlug eine große Woge von oben auf ihn herein, eine furchtbare, anstürmende, und wirbelte das Floß herum. Und weit weg fiel er selber von dem Floße und ließ das Ruder aus den Händen fahren. Und mittendurch brach ihm den Mastbaum der furchtbare daherkommende Wirbel der sich mischenden Winde, und weit weg fielen Segel und Rahe in das Meer. Ihn hielt es lange Zeit untergetaucht, und er vermochte nicht gar schnell wieder emporzukommen unter dem Druck der großen Woge. [...] Doch auch so vergaß er nicht des Floßes, so erschöpft er war, sondern ihm nachstrebend in den Wogen ergriff er es und setzte sich mitten auf ihm nieder und entging dem Ziel des Todes.

(Odyssee, 5. Gesang, Vers 291 – 326. Übersetzt von Schadewaldt.)

In der „Äneis" malt **Vergil** ein noch gewaltigeres Sturmgemälde. Wie Odysseus von Poseidon verfolgt wird, so Äneas von Juno, in deren Auftrag der Windgott Aeolus den Seesturm entfacht:

---

14) Manfred Frank: Die unendliche Fahrt. Die Geschichte des Fliegenden Holländers und verwandter Motive. Leipzig: Reclam 1995
15) Victor Hugo: Les paysans au bord de la mer III. (XXXVII. Stück der Légende des Siècles. Bibliothèque de la Pléiade, Paris 1950, S. 519)

[...] Los stürmen die Winde im Zug wie ein Kriegsheer,
wo sich die Pforte erschließt, durchbrausen im Wirbel die Lande,
stürzen hernieder aufs Meer, und ganz von den untersten Tiefen
wühlen Eurus und Notus es auf, wild wirbelt im Sturmwind
Africus her, sie wälzen zum Strand weitwogende Fluten.
Jäh tönt drein der Mannen Geschrei, das Knirschen der Taue,
Wolken reißen sofort den Himmel des Tages hinweg den
Augen der Teukrer: Nacht fällt schwarz herab auf die Wogen.
Donnernd krachen die Pole, es flammt von Blitzen der Äther,
nah, ganz nah umdroht mit Tod rings alles die Mannen.
Lähmender Frost durchkältet sogleich bis ins Mark den Aeneas,
laut aufstöhnt er, hebt zu den Sternen empor beide Hände [...].
Während er also klagt, stürzt knirschender Wirbel von Norden
hart ins Segel und türmt die Fluten empor zu den Sternen.
Ruder zerkrachen; dann wendet der Bug sich, bietet den Wogen
dar seine Flanke; ein Berg von Wasser prasselt darüber.
Hier hängt hoch auf Fluten ein Schiff, dort öffnet die Woge
klaffend andern den Boden des Meers. Sturm wütet im Sande. [...]
Eines – die Lykier trug's und trug den treuen Orontes –
trifft vor Aeneas' Augen herniederprasselnd des Meeres
Wucht aufs Heck; den Steuermann packt's und kopfüber rollt er
weg über Bord; das Schiff aber dreht dreimal auf der Stelle
wirbelnd die Flut; dann schlingt's hinab ein reißender Strudel.
Schwimmer treiben vereinzelt empor aus Wogengewühle,
Waffen der Mannen und Planken und Trojas Schätze im Meere. [...]
    Unterdessen bemerkt Neptun das Toben des Meeres,
wie da Sturm hinbraust, wie empor aus untersten Tiefen
strudeln die Wasser des Grundes. Da packt ihn Sorge und weithin
schaut er aufs Meer und hebt sein ruhevoll Haupt aus der Woge.
Überall sieht er verstreut des Aeneas Flotte im Meere,
sieht von Fluten die Troer bedrängt und berstendem Himmel.

(Äneis, 1. Buch, Vers 81–93; 102–107; 113–119; 124–129. Übersetzt von Götte.)

Andreas Gryphius gestaltet das „Andenken eines auf der See ausgestandenen ge-fährlichen Sturms", den er als 22jähriger Student vor Rügen durchlebte, in einem Sonett, das hier im Kommentar zu Text A 5 abgedruckt ist.
Joseph Conrad, Kapitän der britischen Handelsflotte und Dichter, in dessen Ge-schichten die Urgewalten der Elemente Mitspieler des Geschehens sind, schildert in seiner Erzählung „Jugend" (1902) die Fahrt eines Segelschiffes, das in einen Sturm gerät.

Nach zwei Tagen hatten wir Sturm. Die „Judea", beigedreht, rollte im Atlanti-schen Ozean wie eine Nußschale. Es blies Tag um Tag: schneidend, ohne Unterlaß, unbarmherzig. Die Welt war nichts als eine Unendlichkeit schäu-mender Wogen, die gegen uns anstürmten, unter einem Himmel, niedrig ge-nug, daß man ihn mit der Hand greifen konnte, und schmutzig wie eine ver-rauchte Stubendecke. In dem sturmzerrissenen Raum rings um uns war eben-soviel Gischt wie Luft. Tag um Tag und Nacht um Nacht umtobte das Schiff das Heulen des Windes und der Wogen und das Donnern der Sturzseen auf Deck.

DAS SCHEITERN

Si bene calculum ponas,
ubique naufragium est.

Wenn man richtig Bilanz zieht,
so ist überall Schiffbruch.

(Petronius: Satiricon, 115,16)

Ein stolzes Schiff auf großer Fahrt – das ist gewiß ein herzerhebendes Bild. Ins Gedächtnis der Menschheit aber hat sich vornehmlich der schreckliche Aspekt eingeprägt. Alle Welt ist beispielsweise noch immer bewegt vom Untergang der „Titanic", des stolzesten Passagierschiffes unseres Jahrhunderts, dessen Name schon geradezu in mythischer Größe die Hybris und deren schicksalhaftes Scheitern beschwört. [16]

In der kollektiven Erinnerung blieb das Toben der Elemente, das Wüten von Orkanen über Ozeanen, obschon es doch nur vergleichsweise wenige erlebt und überlebt haben. „Nordsee – Mordsee": Große Sturmfluten des Mittelalters und der Neuzeit führten zu diesem Beinamen. Sturm- und Springfluten waren es, die Tote und Trümmer an der Festlandküste, auf Inseln und Halligen hinterließen. Hunderte von Schiffen strandeten im Bereich der nordfriesischen Inseln. Auch der junge Student Andreas Gryphius geriet, wie oben erwähnt, in der Ostsee in einen Schiffbruch und berichtete über dieses grauenhafte Erlebnis in einem Sonett.

Schon in dem antiken Abenteuer- und Schelmenroman „Satiricon" erzählt **Petronius** (+ 66 n. Chr.) höchst anschaulich von einem Schiffbruch:

> Während wir so schwatzten, wurde die See rauh; Wolken zogen von überall heran und verfinsterten den Tag. Die Matrosen rennen aufgeregt an ihre Posten auseinander und reffen die Segel vor dem Sturm. Aber der Wind, der die Fluten aufgerührt hatte, zeigte keine bestimmte Richtung, und so wußte der Steuermann nicht, welchen Kurs er halten sollte. Bald blies von Sizilien her der Schirokko, ein ums andere Mal drehte der Nord, der über Italiens Küste herrschte, den Kiel wie einen Spielball kreuz und quer herum, und was gefährlicher war als alle Böen: das Licht war plötzlich einer so dichten Finsternis gewichen, daß der Steuermann nicht einmal den ganzen Bug sehen konnte. [...]
>
> Unterdessen setzt der Sturm die Weisungen des Verhängnisses fort und erobert alles, was von dem Schiff noch übrig ist. Kein Mastbaum war mehr da, kein Steuerwerk, kein Tau oder Ruder, sondern sozusagen rohes und unbehauenes Holz trieb auf den Wogen.

(Petronius: Satiricon, 114, 1–13. Übersetzung nach K. Müller und W. Ehlers.)

Letztlich liegt im Anblick der wütenden See – jenseits aller sensationellen Katastrophendramatik – eine Faszination, die an seelische Tiefenschichten rührt. Wie ge-

---

16) Hans Magnus Enzensberger hat 1978 „Eine Komödie" geschrieben mit dem Titel „Der Untergang der Titanic", die im Zusammenhang mit der Interpretation seines Gedichts „Leuchtfeuer" (A 21) besprochen wird.

bannt starren die Urlauber, wenn in die Badeferienstimmung eine Sturmflut einbricht, von der gesicherten Strandpromenade oder Mole hinaus auf das Tosen und Rollen und Brechen der Wogen. So ähnlich betrachtete schon der Römer **Lukrez** (97–55 v. Chr.) in seinem Lehrgedicht vom sicheren Port aus den Schiffer in Seenot:

> Suave, mari magno turbantibus aequora ventis
> e terra magnum alterius spectare laborem;
> non quia vexari quemquamst iucunda voluptas,
> sed quibus ipse malis careas quia cernere suavest.

> Wonnevoll ist's, bei wogender See, wenn der Sturm die Gewässer
> Aufwühlt, ruhig vom Lande zu sehn, wie ein andrer sich abmüht;
> Nicht als ob es uns freute, wenn jemand Leiden erduldet,
> Sondern aus Wonnegefühl, daß man selber vom Leiden befreit ist.

> (Lukrez: De rerum natura / Von der Natur der Dinge. 2. Buch, Vers 1–4.
> Übersetzt von H. Diels.)

Hans Blumenberg wählte aus den zahlreichen überlieferten nautischen Metaphern diese Konfiguration unter dem Titel „Schiffbruch mit Zuschauer" als „Paradigma einer Daseinsmetapher" (Frankfurt a.M. 1979/1997). Blumenberg ästimiert die Perspektive des epikureischen Betrachters, der wie vom Sessel des Fernsehzuschauers aus in guter Ruh sich die Katastrophen des Welttheaters besieht, welche das Leben draußen auf hoher See in Sturm und Scheitern inszeniert. Lukrez' Warnung vor dem Überschreiten der Grenze vom festen Land aufs Meer hinaus ist der locus classicus, dessen Rezeptionsgeschichte Blumenberg ausbreitet. Als „Figur einer philosophischen Ausgangserfahrung" (S. 15) verfolgt er deren Transformationen bei Horaz, Montaigne, Goethe, Nietzsche, Fontenelle, Voltaire, Herder, Schopenhauer, Heine, Burckhardt, Du Bois–Reymond. Auch in der Ode des Horaz vom Staatsschiff (B 2) ist ja beispielsweise der Dichter in der nicht unkomfortablen Position des Zuschauers, der das von Stürmen zerzauste Schiff draußen auf dem Meer poetisch und politisch betrachtet. „Die Ästhetik und Moral des Zuschauers" ist gewiß ebenso wie die Schiffbruchmetaphorik generell nicht ohne den makabren Reiz der freilich nur virtuellen Katastrophen, die man vom Lesesessel aus beschaut und bedenkt. Die grauenhafte Realität freilich sieht anders aus.

Der Apostel **Paulus** z. B. berichtet, daß er auf seinen Missionsreisen oftmals bedroht war von „Gefahren auf dem Meere":

> Dreimal erlitt ich Schiffbruch. Eine Nacht und einen Tag habe ich in den Meereswogen zugebracht. (2 Kor 11,25)

In der Apostelgeschichte (27,13–44) schildert **Lukas** ausführlich und eindringlich Sturm und Schiffbruch, die er auf der Seereise von Caesarea nach Rom gemeinsam mit dem gefangenen Apostel Paulus durchlebte: Das Schiff wurde an der Südküste Kretas vom Nordost–Sturm ins Meer hinausgetrieben. „Mehrere Tage sah man weder Sonne noch Sterne, und der Sturm umtobte uns so heftig, daß der letzte Rest von Hoffnung auf Rettung schwand" (Apg 27,20). Schließlich strandete das Schiff nach vierzehn Tagen mit 276 Personen an Bord an der Küste Maltas. – Den großen, präzisen Bericht des Lukas hat man „das wertvollste nautische Dokument der ganzen Antike" genannt.

Schiffsuntergänge haben oft keine Augenzeugen. Der Kampf ums Überleben, die Szenen der Verzweiflung spielen sich meist in furchtbarer Einsamkeit ab – im Toben der Elemente, oft bei Nacht. So werden Berichte Überlebender um so eindrucksvollere Zeugnisse vom Ungeheuren, zumal wenn dies einmal in einem gewaltigen Bild, einem riesigen Kunstwerk, Gestalt annimmt, das – beinahe wie eine heutige Breitwandverfilmung – einst weltweit Erschütterung hervorrief.

Théodore Géricault (1791–1824) malte „Das Floß der 'Medusa' " 1818/19 (7,16 m x 4,91 m, im Pariser Louvre): das Ende eines Schiffbruchs. Dem liegt das folgende Ereignis zugrunde. Die französische Regierung hatte 1816 eine Expedition zu Frankreichs neuer Kronkolonie Senegal ausgerüstet. Die Fregatte „Medusa" lief vor der westafrikanischen Küste auf eine Sandbank und zerbrach. Etwa die Hälfte der über vierhundert Mann, darunter alle Offiziere, gingen in die nur sechs Rettungsboote. Die übrigen Schiffbrüchigen bauten sich aus den Schiffstrümmern ein Floß, auf das sich 149 Menschen retteten. Sie hatten nur einen Sack Zwieback sowie sechs Tonnen Wein und zwei Tonnen Trinkwasser bei sich. Nach 13 Tagen und Nächten der Qual, in denen die meisten starben, wurde das manövrierunfähige Floß von einer Fregatte entdeckt, die die 15 Überlebenden aufnahm.

Géricault malte mit expressivem Realismus die Gestalten der wie tot Hingestreckten und die der Letzten, die noch fähig waren, sich emporzurecken und um Hilfe zu winken. Géricaults Faszination durch die extreme Situation der nackten Verzweiflung, die in den Liegenden und den Sich–Aufbäumenden Gestalt wird, und die am Horizont kaum sichtbar auftauchende Hoffnung überträgt Peter Weiß in seinem Roman „Die Ästhetik des Widerstands" [17] auf seine eigene Entwicklung zum politisch engagierten Künstler. Die Leiden der auf dem Floß Ausgesetzten, das Ausgeliefertsein, das Grauen des Todes im Schiffbruch wird begriffen als Sinnbild einer abgründigen Menschheitserfahrung, die ihm zum Anstoß für künstlerisches Gestalten und politische Aktivität wird.

Die große Zeit der Segelschiffe war auch die Zeit ihres Scheiterns. Noch um 1870 war die Segelschiff–Flotte der Welt viermal größer als die Dampfer–Flotte. Die riesige Zahl der Schiffsverluste im 18. und 19. Jahrhundert vermindert sich jedoch kaum im hochtechnisierten 20. Jahrhundert. Auch die Geschichte der großen Dampfer ist zum Teil eine Geschichte der „Lost Liners". [18] Ganz abgesehen von den großen Verlusten im Krieg (1945 gingen z. B. mit den versenkten Passagierschiffen „Cap Arcona" und „Wilhelm Gustloff" jeweils über fünftausend Menschen zugrunde), erschütterten zahlreiche Schiffskatastrophen in diesem Jahrhundert die Menschheit. Unvergessen ist der Untergang der britischen „Titanic" zu Beginn des Jahrhunderts: Das größte, sicherste und luxuriöseste Schiff seiner Zeit kollidierte bekanntlich auf seiner Jungfernfahrt 1912 mit einem Eisberg und riß 1503 Menschen mit sich in den Tod. Gegen Ende des Jahrhunderts, 1994, kenterte das estnische Passagierfährschiff „Estonia" in der Finnischen Bucht im Sturm. Bei dieser größten Schiffskatastrophe der Nachkriegszeit fanden 852 Menschen den Tod in der Ostsee.

Schiffsuntergänge verbreiten von jeher die Faszination des Schreckens. Die außerordentliche existentielle Situation gewinnt wie selbstverständlich die metaphori-

---

17) Frankfurt a.M. 1975–1981, 2. Band, S. 7–17 und 21–32
18) Vgl. hierzu Robert D. Ballard: Lost Liners. Von der Titanic zur Andrea Doria. Glanz und Untergang der großen Luxusliner. München 1997, sowie Peter Pedersen: Strandung und Schiffbruch, Hamburg 1996.

sche und literarische Dimension des Scheiterns schlechthin. Von Shakespeares Drama „Der Sturm" bis zu Joseph Conrads Erzählungen „Jugend" und „Lord Jim" ist das Motiv des Schiffbruchs symbolisch gestaltet worden. Im Scheitern des untergehenden einzelnen oder des Schiffes mit einer Gesellschaft in der Nußschale scheinen sich letztlich sogar die großen Untergänge von Staaten oder gar der Welt zu spiegeln. Hölderlins Hyperion z. B. spricht vom „Schiffbruch der Welt", da er weiß, „der Himmel ist ausgestorben, entvölkert, und die Erde [...] ist fast wie ein Ameisenhaufe geworden" (1. Band, 2. Buch). Aber der Schiffbruch bleibt oft auch das Bild für persönliches Scheitern. Da scheint es verwunderlich, daß Goethe, der vielen doch als der über alles erhabene Olympier gilt, lebenslang so oft das Bild vom Schiffbrüchigen benutzt und variiert. (Vgl. hier die Texte A 7 bis A 13.) Dem Hamburger Diplomaten Carl Sieveking gesteht der fast Sechzigjährige einmal (am 20. 4. 1809):

> Wie der Schiffbrüchige müßten wir uns an der Planke halten, die uns rettete,
> und die verlorenen Kisten und Kasten uns aus dem Sinne schlagen.

Ein Schiffbruch konnte sogar zum Ausgangspunkt einer neuen Philosophie werden. Diogenes Laertius erzählt (VII 1,2): **Zenon** (ca. 333–264 v. Chr.) kam einst mit einer Ladung Purpurwaren aus Phönikien und erlitt in der Nähe des Piräus Schiffbruch. Auf diese Weise gelangte er nach Athen, wo er zufällig bei einem Buchhändler Xenophons „Erinnerungen an Sokrates" vorlesen hörte. So wurde er selbst Philosoph und zum Begründer der stoischen Philosophie – durch einen Schiffbruch. Darum soll er gesagt haben:

> Jetzt, da ich Schiffbruch erlitten habe, bin ich gut in Fahrt.

ZUM KURS DER LEBENSFAHRTEN – EIN ÜBERBLICK

Im nautischen Bildbereich kreuzt, so zeigte es sich, seit alters eine kleine Flotte bedeutungsbefrachteter Schiffe: das Staats–, Gesellschafts–, Menschheits–, Kirchen–, Narren–, Geister– und Lebensschiff. Sie ließen sich in zwei Klassen einteilen: Bei allen dient die Schiffsbesatzung als überschaubares Gesellschaftsmodell – bis auf das Lebensschiff. Hier handelt es sich offenbar um Einhandsegler. Im *Topos von der Lebensfahrt auf dem Meer der Welt* wird das Schiff mit Steuermann zur Daseinsmetapher des Menschen schlechthin.

Hier ist das Bildensemble – Meer, Schiff, Steuermann, Zielhafen – von so elementarer und klarer Selbstverständlichkeit, daß es jedem vor Augen steht, auch wenn nur ein oder zwei der maritimen Metaphern genannt werden: sogleich ist das Ganze des Topos gegenwärtig. Ja, gerade darin erweist sich eine seiner Kerneigenschaften: die Kraft der Kontinuität. Wie auch immer der *Topos von der Lebensfahrt* abgewandelt wird, er steht über zwei Jahrtausende hin vor uns als ein starkes, leicht überschaubares Bild, dessen Elemente stets gegenwärtig und zugleich auch so ausbaufähig sind, daß sie immer wieder neu mit Bedeutungen befrachtet werden können. Denn es ist eine uralte existentielle Erfahrung im Blick auf das Ganze des Menschenlebens, seine Schicksalsgefährdung und seine Bestimmung, die hier in *einer* Konfiguration anschaulich werden.

Im folgenden werden **22 Texte als Serie A** vorgestellt *und* interpretiert. In **Serie B** sind **40 weitere Texte** zusammengestellt. Will man den Kurs, den die verschiedenen Lebensfahrten hier nehmen, im Überblick verfolgen, ist jeweils ein Blick auf die einzelnen Bildelemente des *Topos von der Lebensfahrt auf dem Meer der Welt* angezeigt.

Das **Meer** ist stets ein Bild der Welt: unüberschaubar, von trügerischer Glätte, aufgewühlt von **Stürmen**, den Schicksalsschlägen, voller verborgen lauernder **Klippen** und **Riffe**, den Fährnissen des Lebens.

Das **Schiff** entspricht in seiner Körperlichkeit meist dem Leib des Menschen. Das **Segel** versinnbildlicht den Antrieb, das **Steuerruder** die Lenkung des Lebensschiffes.

Der **Steuermann** ist das Ich, der Wille oder die Seele, der Geist, aber auch – personifiziert – die Philosophie oder der Glaube.

Seltener ist die Rede vom **Leitstern**, vom **Leuchtfeuer** oder vom **Kompaß**, die der Orientierung dienen.

So weit ist der Bildbestand mit seinen Bedeutungen leicht überschaubar. Und dies ist ja nicht zuletzt ein Grund für die Evidenz und Kontinuität dieses Topos. Heißt das nicht aber auch beständige Wiederholung und Variation des Immergleichen, also: der Topos als Klischee? Doch da ist noch ein Bildelement auf irritierende Weise offen: Es ist „**die Hafenfrage**" (Benn, Text B 37). Gibt es für das Lebensschiff – wie für jedes Schiff – einen Bestimmungshafen? Wenn ja: Welches ist das Ziel der gefährlichen Fahrt durch das Weltmeer?

Das Streiflicht eines Leuchtturms erhellt im großen Bogen für Augenblicke ein Stück des Meeres und gegebenenfalls auch den Hafen. So könnte auch in der „Hafenfrage" immer wieder ein Streiflicht fallen auf ein Hauptproblem der europäischen Geistesgeschichte: die existentielle Frage des Menschen nach seinem eigenen Ich als Steuermann, nach dessen Kurs durch die Welt und nach dem Ziel – dem Wer, Wohin und Wozu.

Die römischen Staatsmänner und Philosophen **Cicero** und **Seneca** (A 1 und A 2) ziehen sich, nach turbulentem Lebenslauf, in ihre Landhäuser zurück, um in der endlich erreichten Gemütsruhe den unverrückbaren Leitstern ihrer Lebensfahrt, die Philosophie, zu bedenken und zu preisen. Sie ist es, die am Steuerruder ihres Lebens steht, und sie ist zugleich der rettende Hafen. Gewiß, Cicero wurde grausam ermordet, Seneca mußte sich selbst töten. Das Endziel aber ist – ein Vorbild für viele folgende Generationen – die Schau des Ewigen im Platonischen Himmel.

Auch die Christen **Augustinus** und **Gryphius** (A 3 und A 5) kennen, weiß Gott, die stürmische Lebensreise: Der eine stirbt zur Völkerwanderungszeit in Nordafrika, der andere lebt zur Zeit des Dreißigjährigen Krieges in Deutschland. Beide sind sich auf ihrer Lebensfahrt des unablässig zu erstrebenden und endlich erreichbaren Festlandes, des Gottesreiches in Herrlichkeit, absolut sicher.

Für den jungen **Schiller** (A 6) und auch für **Goethe** – von „Werther" bis „Tasso" (A 7 und A 11) – wird wohl erstmals das Scheitern zur existentiellen Erfahrung: Es gibt nun keine letzte philosophische Gewißheit mehr, keinen Trost im christlichen Jenseitsglauben. Erst die regressive Utopie von der idealen Antike – „Jeder sei auf seine Art ein Grieche! Aber er sei es!" – scheint den Dichter–Dioskuren eine Zeitlang festen Boden zu bieten. Für den Naturforscher Goethe ist dies zunehmend seine „Weltfrömmigkeit" (A 12). Und als Dichter rettet sich der ständig vom Scheitern Bedrohte, wie er gesteht, seit je „ in ein Bild, ein Gedicht". „Die Gabe hierzu war wohl niemand nötiger als mir, den seine Natur immerfort von einem Extreme in das andere warf." (Dichtung und Wahrheit, HA, Bd. 9, S. 283)

Die Romantiker wissen sich im Meer der neuzeitlichen Ungewißheit sozusagen auf Inseln zu retten. **Tieck** folgt hier dem Leuchtfeuer der Kunst, die ihm zur Religion geworden ist (A 14). **Eichendorff** hat auf seiner Lebenswanderung den Weg des Christentums nie aus dem Blick verloren (A 15 und A 16). Andere Romantiker wurden (wieder) katholisch, zurückkehrend in den Hafen der alten „allgemeinen", d. h. katholischen Kirche.

Nietzsche aber sucht das Uferlose, das offene Meer selbst als Ziel – als könnte Kolumbus endlos navigieren, als wäre der mit seinem Geisterschiff ewig die Meere kreuzende Fliegende Holländer nicht ein Verdammter, sondern ein Entdecker (A 17). Bei **Kafka** (A 18) ist von einem Ziel, einem Bestimmungshafen ebensowenig mehr die Rede wie bei **Brecht** (A 19) und **Loerke** (A 20): Es ist nun überhaupt kein Land in Sicht; die Fahrt auf dem Meer scheint jetzt fraglos zum Untergang bestimmt; alles endet wohl in einer „trunkenen Flut" (Benn). Selbst wo es denn doch ein Leuchtfeuer gäbe, hätte es für **Enzensberger** nichts mehr zu bedeuten (A 21). Es orientiert nicht, ja, es warnt nicht einmal mehr vor dem Scheitern an den Klippen. Nicht ein Poet oder Philosoph, der Physiker **Heisenberg** ist es, der vor der Orientierungs– und Ziellosigkeit warnt (A 22). Er schlägt „Mittel und Wege" vor, „die Richtung des Schiffes zu bestimmen". In seiner Fassung des *Topos von der Lebensfahrt auf dem Meer der Welt* nennt aber auch er keinen Bestimmungshafen, obwohl er ihn für sich selbst sehr wohl kennt.

Der physische Richtungssinn des unumkehrbaren Zeitpfeils, dem auch die Lebenszeit des Menschen zu folgen hat, findet nun kein metaphysisches Ziel mehr; das moderne Lebensschiff weiß jetzt von keinem Bestimmungshafen, es fährt ins Blaue, ins Nichts oder (was letztlich dasselbe ist) wie bei der Rundfahrt eines Vergnügungsschiffs im Kreis.

Der Paradigmenwechsel zur Moderne zeigt sich in den Ausformungen des *Topos von der Lebensfahrt auf dem Meer der Welt* schon seit Schillers kühnem *und* mutlosem Gedicht „Die Größe der Welt" (A 6) und dem erschütternden Schluß von Goethes „Tasso" (A 11): „Zerbrochen ist das Steuer [...]. Berstend reißt / Der Boden unter meinen Füßen auf!" Ist dies „modern"? Ja. Zweifellos artikuliert sich hier (wie auch in anderen Bildern Goethes vom Schiffbruch) eine tiefgreifende Erfahrung des Paradigmenwechsels, des Zerbrechens eines geschlossenen Weltbildes.

Doch steht das Scheitern des Helden, der Schiffbruch der heroischen Fahrensleute, von denen die alten Epen erzählen, denn nicht schon am Anfang der abendländischen poetischen Tradition? Gewiß. Das gilt für Homers Odysseus wie für Vergils Äneas. Aber – dies ist das entscheidende Andere – das Fahrtziel, der Bestimmungshafen, bleibt hier bei allen Katastrophen unbeirrt im Blick. Ja, von ihm her finden die Scheiternden die Kraft der Rettung – *und* von den allgegenwärtigen Göttern. Odysseus, dessen Floß schließlich in der Brandung birst, erreicht schwimmend mit Hilfe einer Schutzgöttin das rettende Ufer: die selige Insel der Phaiaken, und von dort aus endlich im Traumschlaf sein Ithaka, die Heimat. Äneas, der trojanische Königssohn, gleichfalls im Mittelmeer umhergetrieben, gelangt schließlich unter langwierigen Kämpfen nach Italien, in das Land seiner Bestimmung als Ahnherr des Römischen Reiches. Die Staatsmänner und Philosophen Cicero und Seneca scheitern, doch sie wissen von einem Platonischen Ideenhimmel als ewiger Wohnstätte der Seele. (Vgl. z. B. Senecas 65. Brief an Lucilius, 20 f.) Die Christen Augustinus und Gryphius wissen desgleichen von ihrem ewigen Vaterland. Bei all diesen Irrfahrten bleibt der Blick auf das gültige, endgültige Lebensziel, und sei es noch so fern, unbeirrbar.

Irren und Scheitern gehören also seit je zum *Topos von der Lebensfahrt*. Daß jedoch für das Lebensschiff kein Bestimmungshafen mehr in Sicht ist, daß der Mensch sein Daseinsziel unglücklich verloren oder desinteressiert vergessen hat, darin zeigt sich der Paradigmenwechsel in der Moderne. Schiller kann als kühner Astronaut auf seinem Gedankenflug nicht mehr „Anker werfen" am „Gestade Seiner Welt": der Welt Gottes (A 6). Nietzsches „neuer Columbus" parodiert mit dem Mut der Verzweiflung den berühmten Ruf des Matrosen im Ausguck: „Vor mir Meer – und Land? – und Land? —" In den folgenden der hier zusammengestellten Texte (A 18 bis A 22) ist in der Tat nirgends mehr „Land in Sicht". Ja, es werden auch die übrigen Bildbestandteile des traditionellen Topos destruiert: der Steuermann (A 18), das Schiff (A 19), das Leuchtfeuer (A 21). Der *Seefahrt–Topos*, der doch einst ein dramatisches Bild der Lebensreise und Lebensrettung war, wird nun zum Sinnbild der Sinnlosigkeit.

Dies kann ein Vergleich zweier Szenen nach dem Schiffbruch zeigen: Homers Odysseus und Enzensbergers Ich schwimmen um ihr Leben.

Soeben hat Poseidon das Floß des Odysseus zerschmettert.

> Aber Odysseus schwang sich auf einen Stamm, wie auf einem Reitpferd reitend, und zog die Kleider aus [...] und spannte sich sogleich das Kopftuch unter die Brust [das ihm eine Göttin gegeben hatte] und stürzte sich selbst kopfüber in die Salzflut, die Arme ausgebreitet, bestrebt zu schwimmen. [...] Da trieb er zwei Nächte und zwei Tage umher auf dem starken Gewoge, und viel sah ihm sein Herz den Untergang voraus. Doch als nun den dritten Tag die flechtenschöne Eos vollendet hatte, da hörte der Wind auf, und es wurde Meeresglätte, still vom Winde, und nahe vor sich sah er das Land, als er gar scharf nach vorn blickte, als eine große Woge ihn erhob. (Odyssee, 5. Gesang, Vers 370–393. Übersetzt von Schadewaldt.)

In „Der Untergang der Titanic" (1978; vgl. die Interpretation zu A 21) sieht Enzensbergers Ich im „Dreiunddreißigsten Gesang", wie beim Schiffsuntergang die Passagiere alle „langsam versinken". Die letzten Zeilen der „Komödie" sind ein Monolog des Schiffbrüchigen, des – ohne Hilfe von anderen oder von oben – in Nacht und Meer ziellos, sinnlos Schwimmenden, Verschwimmenden:

> [...] Ich schwimme und heule.
> Alles, heule ich, wie gehabt, alles schlingert, alles
> unter Kontrolle, alles läuft, die Personen vermutlich ertrunken
> im schrägen Regen, schade, macht nichts, zum Heulen, auch gut,
> undeutlich, schwer zu sagen, warum, heule und schwimme ich weiter.

In absoluter Einsamkeit, im Dunkel der Nacht, heulend und orientierungslos treibend auf dem Weltmeer – dieses Bild entspricht letztlich auch dem der „unendlichen Fahrt", wie es Manfred Frank in seiner Motivgeschichte des „Fliegenden Holländers" gezeichnet hat. Auch in diesen „Motiv–Untersuchungen zur Pathogenese der Moderne" (a.a.O., S. 11) wird in den zitierten und interpretierten nautischen Motiven eindringlich eines deutlich: der „Verlust einer transzendenten Ökonomie des Heils und der Heimkehr", sowie „die Unendlichkeit eines Unterwegs–Seins, dem es an einem absoluten Ziel mangelt" (a.a.O., S. 242).

Ziellose Sehnsucht, heilloses Irren, „transzendentale Obdachlosigkeit" (Lukács) – das darf als ein Merkmal, ein Stigma modernen Bewußtseins gelten. Wer aber *heutiges* Lebensgefühl, *gegenwärtige* Strömungen am *Ende* des 20. Jahrhunderts im Blick hat, muß sich fragen: Ist das *noch* modern? Hat den abgrundtiefen Schmerz über den Sinnverlust nicht längst die Lust am Untergang wettgemacht? Schon 1931 zitiert Gottfried Benn in seiner „Rede auf Heinrich Mann" als Motto dessen Deklaration:

Nihilismus ist ein Glücksgefühl.

Was auch immer die Nihilisten ernstlich gemeint haben mögen – die Hedonisten der zweiten Hälfte des 20. Jahrhunderts lassen sich ihr globales „Glücksgefühl" durch nichts nehmen. Dieser Gesellschaft wird fast alles zur Unterhaltung, die Spaß machen muß. Der Untergang der „Titanic" z. B. gilt heute nicht mehr als Menetekel – er ist im erfolgreichsten Film aller Zeiten zum Heulen *schön.* Und ein Geisterschiff, wie das des verfluchten Holländers, kann heute doch kein Kind mehr erschrecken – der Geisterfahrer weckt bloß einen wohligen Schauder. Die Gottverfluchten und infernalisch Bestraften, der moderne Holländer und der mythische Sisyphos etwa, erzeugen – nunmehr ganz ohne moralisches Pathos und tiefsinnige Philosophie – im heutigen Konsumenten bloß ein angenehm prickelndes Gefühl. Vor nicht allzu langer Zeit bewirkte das Absurde noch bodenlose Irritation. Jetzt bringt Trash die Quote. Scheitern und Schiffbruch sind heute wirklich nicht mehr erschütternd. Sie sind nur „journalistisch", d. h. für den Tag von Interesse – und rasch vergessen, überspült von den anderen täglich anfallenden Neuigkeiten, nicht mehr als ein momentanes Highlight im herrschenden Infotainment. So war der Untergang der „Estonia" 1994 eine schreckliche Nachricht über menschliches und technisches Versagen, ein Medienereignis, aber wahrhaftig kein Symbol mehr. Verfilmt bringen Schiffsuntergänge im Nachmittagsprogramm des Fernsehens für Gelangweilte den nötigen Thrill. Zu bedeuten haben sie nun längst nichts mehr.

Ja, das berühmte, einst bestürmte, schwankende *Lebensschiff* ist längst zum lustig schaukelnden *Narrenschiff* geworden, und die Moralisten, die da mit drohendem Finger gern noch auf die Toren deuten möchten, finden sich unversehens selbst unter den Passagieren, tolerant vereinnahmt als nicht einmal besonders komische Vögel in der globalen Narrenzunft. Unter der werbewirksamen Flagge des allein seligmachenden Konsums segeln sie nun allesamt als bunte Gesellschaft auf dem riesengroßen, hochmodernen *Menscheitsschiff,* von dem Werner Heisenberg 1955 noch mit überaus ernstem Bedenken sprach (A 22). Ein literarischer Text für die Endphase des *Lebensfahrt–Topos* scheint zu fehlen: Am jetzigen Jahrtausendende fährt – mit verrückt spielendem Kompaß – das *Traumschiff* munter im Kreis.

Als Rundfahrt mit dem *Vergnügungsdampfer:* so endet die lange und große *Fahrt des Lebensschiffs auf dem Meer dieser Welt.*

BEILAGE:
MARITIME METAPHERN IN ALLTAGSREDEWENDUNGEN

Unter den seefahrenden Nationen ist Deutschland nicht allzu bedeutend. Dennoch besitzt unsere Sprache eine beträchtliche Anzahl redensartlicher Sprachbilder aus der maritimen Welt, die landläufig geworden sind. So begleiten sie – ganz unauffällig – im Alltag unser aller Lebensfahrt.

Hier eine kleine Kollektion.

steuern
das Steuer / Ruder herumwerfen, übergeben, nicht aus der Hand geben
ans Ruder kommen, am Ruder sein / bleiben
aus dem Ruder laufen
zurückrudern
lotsen
der Lotse (geht von Bord, einst auf Bismarck bezogen)
Kurs nehmen auf, Kurs halten, vom Kurs abkommen
Kurswechsel
abschleppen
jemanden ins Schlepptau nehmen
bugsieren
aufkreuzen
etwas / Klippen / umschiffen
Fahrt aufnehmen

stranden
ein gestrandeter Tourist
schlingern, ins Schlingern geraten
Schlingerkurs
Schlagseite haben
ein Leck (z. B. beim Geheimdienst)
leckschlagen
abdriften
sich / etwas / treiben lassen
festliegen
etwas in den Sand setzen
auf dem Trockenen liegen
untergehen
absaufen

landen, bei jemandem nicht landen können
Landung (Flugzeug)
an Land gehen
Land sehen
der rettende Hafen, der Hafen der Ehe
(wieder) auftauchen
von Bord gehen
jemanden ausbooten

klar **Schiff**
das Staatsschiff [Topos]
ein sinkendes Schiff, die Ratten verlassen das sinkende Schiff
Schiffbruch mit etwas erleiden
jemand ist ein Wrack
abgewrackt
das Flaggschiff (des Konzerns)
Flagge zeigen
das Boot ist voll
jemanden mit ins Boot nehmen
wir sitzen alle im selben Boot
auf dem falschen Dampfer
wieder an Deck sein
die Schotten dicht machen
sich abschotten
über Bord gehen, etwas über Bord werfen
einen Schuß vor den Bug geben / bekommen
etwas verankern
vor Anker gehen
ein Rettungsanker [Emblem der Hoffnung]
in etwas (voll) hineinsegeln
davonsegeln
Segel setzen
mit vollen Segeln
dem Gegner den Wind aus den Segeln nehmen
die Segel streichen
eine auf– / abgetakelte Dame, alte Fregatte (alle Schiffe sind weiblich)
als Galionsfigur dienen
Heulboje
etwas vom Stapel lassen
wieder flott machen

in schwere **Wasser** geraten
in ruhiges Fahrwasser kommen
in gefährliches Fahrwasser geraten
sich über Wasser halten
eine Flut von ... (Plagen [Shakespeare])
Ebbe (in der Kasse)
die Wogen glätten, Öl auf die Wogen gießen
es wogt
(hohe) Wellen schlagen
eine Welle (der Gewalt)
ein Fels in der Brandung
es herrscht Flaute
vor sich hindümpeln
etwas ist seicht

frischer **Wind**
ein günstiger Wind (für unsere Sache)
im Aufwind sein
im Windschatten (des ...) segeln
hier weht ein anderer / schärferer Wind
jemandem weht der Wind ins Gesicht
Gegenwind bekommen
sturmerprobt
Sturm der Leidenschaften
eine windige Sache, ein windiger Typ
es herrscht Flaute

Kapitän der Landstraße, Flug–, Industriekapitän
Luftpirat
Wasserratte
anheuern
entern

nach etwas **fischen**
im Trüben fischen
ins Netz gehen
einen großen Fang machen
etwas an Land ziehen
ködern

INTERPRETATIONEN DER TEXTE SERIE A

> Wollt ihr Moralien zugleich,
> So geb' ich von den frischen.

Goethe: West–östlicher Divan

Ein Topos ist ein haltbares und zugleich elastisches sprachliches Gefäß für häufig wiederkehrende, immer wieder neu gewonnene Lebenserfahrungen. Wer nun aber wissen will, was im *Topos von der Lebensfahrt auf dem Meer der Welt* die Bilder des „Sturms" und des „Hafens" bedeuten, der muß doch wohl ein wenig wissen von dem, was die Lebensfahrt des jeweiligen Autors an Schicksalsschlägen mit sich brachte.

Unter diesem Aspekt beginne ich daher die ersten vier Textinterpretationen mit einigen biographischen Recherchen über diese älteren, wohl weniger bekannten Autoren. Manchem mögen Namen wie Cicero, Seneca, Augustinus und Gryphius gar nichts bedeuten; für andere sind sie bloß so groß und hohl wie eherne Denkmäler oder so leblos–langweilig wie Lexikonartikel.

Es gibt übrigens einige merkwürdige Übereinstimmungen. Die genannten vier Geistesgrößen erreichten jeweils das höchste Amt, das seinerzeit Nichtadligen offenstand, *und* sie wurden in existentielle Katastrophen gestürzt. Alle waren sie juristisch und rhetorisch geschult.

Vielleicht könnten die folgenden kleinen biographischen Skizzen diesen bedeutenden Namen etwas von dem erregend Existentiellen ihres Lebens zurückgewinnen, das einst abenteuerlich umgetrieben wurde von den Stürmen des Schicksals. Und diese waren dann offenbar auch die Auslöser für eine immer wieder neue Ausgestaltung des alten *Topos von der Lebensfahrt auf dem Meer der Welt.*

A 1. Cicero (106 – 43 v. Chr.): Die Philosophie als rettender Hafen (45 v. Chr.)

Schon von frühester Jugend an haben mich mein Wille und mein Studium in die Bucht der Philosophie getrieben, und unter den gegenwärtigen schwersten Schlägen, von großem Sturm durchgerüttelt, habe ich mich in denselben Hafen geflüchtet, aus dem ich ausgelaufen war. O Philosophie, du Lenkerin des Lebens [...]!
(Gespräche in Tusculum. 5. Buch, 5. Geschrieben 45 v. Chr.)

ZUM BIOGRAPHISCHEN HINTERGRUND

Wer war **Cicero**? [19] Seit zweitausend Jahren gilt er als einer der bedeutendsten Männer der römischen Antike. Vor allem durch seine fast tausend erhaltenen Briefe wird seine Persönlichkeit lebendiger als die irgendeines anderen antiken Menschen. Sein einstiger Feind, der Feldherr und Diktator Julius Caesar, sagte über ihn, Cicero habe den höchsten Ruhm gewonnen; denn es bedeute doch weit mehr, „das Territorium des römischen Geistes erweitert zu haben als das des römischen Reiches" (nach Plinius d. Ä.). Seine große geistesgeschichtliche Wirkung auf das Mittelalter und die Renaissance beruht vor allem auf der Humanität und Urbanität seines Denkens, Schreibens und Handelns. Und dieses erwuchs aus einem Leben, das – im Zentrum der Weltmacht – „durch alle Wechselfälle des Schicksals gejagt" wurde (Petrarca).

Was war das für ein Zeitalter, das er durchlebte und geistvoll mitzugestalten suchte? Man nennt das Jahrhundert vor der Friedenszeit der Pax Romana unter Kaiser Augustus und vor Christi Geburt **das Jahrhundert der Bürgerkriege**. Horaz nannte es rückblickend einfach ein einziges „delirium". Die kraftvolle altrömische Gesellschaft, die Rom zum Weltreich gemacht hatte, zerfiel zusehends. Straßenschlachten, Terror, Korruption, Intrigen waren an der Tagesordnung. Zwischen 133 und 31 v. Chr. zählte man nicht weniger als zwölf Bürgerkriege mit zahllosen politischen Morden und Massenschlächtereien: 3000 Anhänger der beiden Gracchen, die das Reich zu reformieren suchten, werden ermordet; 6000 Anhänger des Spartacus, der einen Sklavenaufstand anführte, werden an der Straße von Rom nach Capua gekreuzigt; 7000 samnitische Gefangene werden vor dem versammelten Senat abgeschlachtet. Fast alle großen Namen der Epoche wurden grausam ausgelöscht. Einer letzten Proskription fällt schließlich auch Cicero zum Opfer – ein Jahr nach der Ermordung Caesars.

Cicero stammte aus dem römischen Ritterstand, war also ein homo novus, ein Emporkömmling, ein Selfmademan. Er wurde Jurist und studierte in Griechenland Philosophie und Rhetorik. In der römischen Ämterlaufbahn stieg er bis zum höchsten Amt auf, das die Republik zu vergeben hatte: Obwohl er nicht adlig war, wurde er Konsul. Doch seine Appelle zur moralischen Erneuerung der Republik gingen unter im Korruptionssumpf des Senats und scheiterten an der Skrupellosigkeit einzelner Machtmenschen.

---

19) Ich stütze mich vorwiegend auf Theodor Haecker: Vergil, Vater des Abendlandes. In: Vergil: Hirtengedichte. Fischer Bücherei. Frankfurt a.M. 1958. Marion Giebel: Marcus Tullius Cicero, mit Selbstzeugnissen und Bilddokomenten. Rowohlts Monographien. Reinbek 1977, 10. Aufl. 1995.

Der Endkampf der römischen Republik begann. Cicero mußte gleich nach seinem Konsulat als Geächteter ins Exil fliehen. Der aufgeputschte Pöbel zerstörte sein Haus in Rom und seine Villa in **Tusculum**. Der jähe Absturz von der höchsten Höhe des Konsuls und „Vaters des Vaterlandes" in die tiefe Erniedrigung des Verbannten war furchtbar. Er wurde zwar bald ehrenvoll zurückberufen, doch da rissen drei Männer als Triumvirn die Macht an sich: die Feldherren **Caesar** und **Pompeius** sowie der reiche Geldgeber **Crassus**. Ciceros Rolle in der Republik schien ausgespielt.

Da er sich immer wieder zwangsweise von der **vita activa** in eine **vita contemplativa** zurückziehen muß, versucht er, auch als philosophischer Schriftsteller das Denken der Menschen zu bewegen. Verhindertes Handeln wird umgelenkt in Reflexion. [20] Er, der zeitweise nicht mehr als glänzender Redner in der Öffentlichkeit wirken kann, stellt in Büchern **die Kunst des Redens** dar. Während er als Staatsmann kaltgestellt ist, philosophiert er „**de re publica**", d.h. über **die Republik als gemeinsame Sache aller freien Bürger**. In einer Zeit der brutalen Machtpolitik schreibt er sein Buch über **das pflichtgemäße Handeln** *(„De officiis"),* in dem er vor der zerstörerischen Gefährlichkeit politischer Gewaltstrategien warnt und das Bild des wahren republikanischen Staatsmannes beschwört. Und ihm gelingt es schließlich als erstem, die große griechische Philosophie und das römische Denken zu verschmelzen zur **Geisteshaltung der humanitas, des Humanismus**.

Wiederholt muß er aus den aktuellen Wirren der Wirklichkeit fliehen, meist in sein geliebtes Landhaus in Tusculum. Als skeptischer Weiser forscht er dort nach der cognitio causarum, der Erkenntnis der Ursachen. Doch immer wieder kämpft er auch aktiv für die freie res publica auf der Basis der concordia omnium, der Eintracht aller: Als Jurist bringt er einen korrupten, mächtigen Provinzgouverneur (Verres) vor Gericht; als Konsul läßt er eine Gruppe einflußreicher Verschwörer, die unter Führung Catilinas einen Staatsstreich geplant hatten, hinrichten; als Senator kämpft er schließlich im Hexenkessel Rom – **nach der Ermordung Caesars** (44 v. Chr.) – in vierzehn Reden gegen Caesars potentiellen Nachfolger, den skrupellosen Feind der Republik, Konsul **Marcus Antonius**.

Da vereinbaren die Rivalen **Antonius** und **Octavianus** zusammen mit **Lepidus** kaltblütig ein neues Triumvirat. Auf der Schwarzen Liste derer, die jetzt enteignet und verbannt oder ermordet werden sollen, steht obenan der Name des großen Verteidigers der Republik, des 63jährigen Cicero. Genau zwanzig Jahre, nachdem der Konsul Cicero als Retter Roms gefeiert worden ist, kommen die Mörder. Sein Haupt und seine rechte Hand werden abgeschlagen und an die Rednertribüne des Senats genagelt; denn sein Mund hatte gegen Antonius gesprochen und seine Hand gegen ihn geschrieben (so berichtet Plutarch): **Macht und Ohnmacht des Geistes**.

Zum Text

Häufig wählt der römische Staatsmann und berühmte Redner Cicero die Metapher vom *Staatsschiff* für die res publica. Dabei konzentriert er sich vornehmlich auf das Bild vom Steuerruder und den Steuerleuten, den „gubernatores", mit denen er die Konsuln und den Senat gleichsetzt. Das Einsteigen in die Politik ist für ihn das Besteigen des Schiffes; der seiner Aktionsmöglichkeiten beraubte Politiker geht von

---

20) In vergleichbarer Lage schreibt der Florentiner Politiker Machiavelli das erste politologische Buch: „Il principe" / Der Herrscher (1513).

Bord. Als Konsul des Jahres 63 v. Chr. hat Cicero selbst das Staatsruder geführt. Nachdem er durch Cäsar politisch isoliert worden ist, schreibt er an seinen Freund Atticus:

> Schon längst ekelte es mich an, das Steuer zu führen, auch als ich es noch durfte. Jetzt aber, wo man es mir aus der Hand gerissen hat – freiwillig habe ich es ja nicht fahren lassen – und mich zwingt auszusteigen, möchte ich ihrem Schiffbruch vom Lande aus zusehen. (An Atticus 2,7,4)

Auch für die Rhetorik verwendet Cicero gern nautische Metaphorik, so z. B. in einer philosophischen Diskussion in Tusculum (4. Buch, 9), wenn er fragt, „ob ich sofort die Segel meiner Rede ausspannen oder sie zuerst ein wenig mit den Rudern der Dialektiker vorantreiben soll". E. R. Curtius weist darauf hin (Europäische Literatur und lateinisches Mittelalter, Bern und München, 5. Aufl. 1965, S. 138 f.), daß die römischen und mittelalterlichen Schriftsteller die Abfassung eines Werkes häufig einer Schiffahrt vergleichen.

Ciceros oft gebrauchtes Bild vom *Staatsschiff* hat sich im ausgewählten Text (A 1) unmerklich in das des eigenen *Lebensschiffes* verwandelt. Die harten Schicksalsschläge seines Lebens erscheinen ihm wie furchtbare Stürme auf dem Meer des Weltgeschehens. So flüchtet er sich in die „Bucht", in den „Hafen" der Philosophie. Besonders gern zieht er sich nach Tusculum bei Rom in sein Landhaus zurück, um mit Freunden zu philosophieren und um zu schreiben. Im sprichwörtlich gewordenen „Tusculum" findet er die Muße, sich „all die Schläge zu vergegenwärtigen, mit denen das Schicksal mich hart geplagt hat" (Gespräche in Tusculum, 5. Buch, 3). Seinem Bruder schreibt er: „Dieses herrliche Gefühl durchströmt mich erst jetzt, daß dieses ganze Elend des Staates und die Willkür dieser Unverschämten [der politischen Feinde], die mich bisher so empfindlich verletzen konnte, mich nun überhaupt nicht mehr berührt."

Die Philosophie ist ihm die „Lenkerin des Lebens" überhaupt, nicht nur der sichere „Hafen". Letztlich ist dann der „Hafen" aber auch ein Bild für das Lebensende des älter und reifer Gewordenen. Im Buch „Cato maior de senectute" / Über das Alter heißt es:

> Indem ich dem Tode näherkomme, glaube ich gleichsam Land zu sehen und endlich nach langer Seefahrt in den Hafen zu gelangen.

A 2. Seneca (4 v. Chr. – 65 n. Chr.): Die Philosophie am Steuerruder (ca. 62 n. Chr.)

A 2.1
Die Philosophie sitzt am Steuerruder, und durch die Gefahren der Wogen lenkt sie den Kurs.
(Seneca: An Lucilius, Briefe über Ethik. 16. Brief, 3. Geschrieben ab 62 n.Chr.)

A 2.2
Die Philosophie [...] erhält uns auch angesichts des Todes heiter und bei beliebigem Zustand des Körpers tapfer, fröhlich und unermüdlich, selbst wenn der Körper versagt. Ein richtiger Steuermann fährt auch mit zerrissenem Segel. Und wenn er die Takelage verloren hat, hält er trotzdem den Rest des Schiffes auf Kurs.
(A.a.O., 30. Brief, 3)

A 2.3
Vorbeigesegelt sind wir am Leben, und wie auf dem Meer (so sagt unser Vergil) „die Länder und Städte in der Ferne verschwinden", so verlieren wir in diesem rasenden Ablauf der Zeit zuerst die Kindheit aus den Augen, dann die Jugendzeit, dann alles, was zwischen Jugend und Alter liegt und an beide grenzt, dann die besten Jahre des eigentlichen Altseins. Zuallerletzt zeigt sich langsam die Grenze des Menschenlebens.
Für eine Klippe halten wir sie, wir Dummköpfe. Ein Hafen ist sie – manchmal erstrebenswert, niemals abzulehnen. Wer schon in jungen Jahren dahin verschlagen worden ist, der kann sich nicht mehr beklagen als einer, der in schneller Fahrt dorthin segelte. Denn, du weißt ja: Flaue Winde treiben ihr Spiel, halten den einen fest und machen ihn müde durch Ärger über die völlige Flaute; den andern treibt eine gleichbleibende frische Brise ganz schnell vor sich her. Genauso geht es uns, mußt du dir vorstellen. Die einen hat das Leben schnellstens dorthin gebracht, wohin sie gelangen mußten, auch wenn sie zögerten; die andern hat es mürbe gemacht und weich gekocht.
(A.a.O., 70. Brief, 2–4)

ZUM BIOGRAPHISCHEN HINTERGRUND

Das grauenvolle Jahrhundert der Bürgerkriege beendet **Octavius** (Octavianus), indem er einen Ausgleich zwischen Republik und Monarchie findet. Hierfür erhält er den Ehrennamen **Augustus** und wird schließlich (als Großneffe und Alleinerbe des ermordeten Caesar) selbst **Caesar**, d.h. **Kaiser**. Endlich herrscht – als Jesus in der Provinz Judaea geboren wird – Frieden (die pax Augusta) fast im ganzen Weltreich. Das **Augusteische Zeitalter** gilt als die klassische Zeit des Römertums und der römischen Dichtung, die nun zur Weltliteratur wird. **Vergil** dichtet das Nationalepos „Aeneis"; **Horaz** verfaßt „Carmina" (Oden), Satiren und Episteln; **Ovid** dichtet die „Metamorphosen" (Verwandlungsgeschichten) und „Amores" (Liebeselegien).

Zur Zeit dieses Wende– und Höhepunktes des römischen Reiches wächst **Seneca** [21] auf. Sein aktives Leben erlebt und durchleidet er in der **frühen römischen Kaiserzeit**, die bald schon vor allem durch den Schreckensnamen **Nero** (54 – 68) verfinstert wird.

Im Hinblick auf umfassende Bildung, Vielseitigkeit der Interessen, politische Macht und persönlichen Reichtum gilt Seneca als einer der größten Römer – ranggleich mit Cicero. Seine Prosaschriften (vor allem in Gestalt von Dialogen und Briefsammlungen) gehörten bis zum 18. Jahrhundert in ganz Europa, vorwiegend in Italien und Frankreich, zur meistgelesenen philosophischen Literatur. Seine acht Tragödien waren die Vermittler zwischen Antike und Moderne und beeinflußten das neuzeitliche Drama von Shakespeare, Corneille, Racine, Gryphius und Lessing stärker als die seinerzeit fast vergessenen griechischen Originale, nach deren Stoffen er sie gestaltet hatte.

Wie Cicero kam Seneca aus dem Ritterstand, studierte Philosophie und Rhetorik, wurde ein erfolgreicher Jurist und entschied sich dann für die römische Ämterlaufbahn. Der grausame Kaiser **Caligula** fühlte sich durch ihn (offenbar grundlos) provoziert und wollte ihn zum Tode verurteilen. Nur der Hinweis seiner Tante, der schwindsüchtige junge Mann werde ohnehin bald sterben, rettete ihm das Leben. Mit 17 Jahren hatte er Tuberkulose bekommen und war so krank geworden, daß er sich das Leben nehmen wollte. Nur die Liebe zu seinem Vater hielt ihn, wie er später sagt, davon ab. Lebenslang hatte er zudem Asthmaanfälle – Erstickungszustände, die ihn immer wieder in die Situation eines Sterbenden brachten. [22]

Nachdem Caligula ermordet worden war, traf Seneca der zweite Schicksalsschlag. Auf Betreiben der Gattin des Kaisers **Claudius**, der nicht zuletzt wegen ihrer Schamlosigkeit berüchtigten Kaiserin **Messalina**, wurde er des Ehebruchs bezichtigt; und darauf stand die Todesstrafe. Der Kaiser wandelte sie in unbegrenzte Verbannung um. Auf der wüsten Insel Korsika litt Seneca, von der Weltstadt verbannt, unsäglich. Dennoch schrieb er hier für seine Mutter ein Trostbuch.

Nach grauenvollen Wahnsinnstaten wurde Messalina hingerichtet. **Agrippina**, die neue Kaiserin, rief Seneca nach achtjährigem Exil zurück und machte ihn zunächst zum zweithöchsten Staatsbeamten (Praetor) sowie zum Lehrer und Prinzenerzieher für ihren zwölfjährigen Sohn **Nero**. Sie vergiftete ihren Gatten, Kaiser Claudius, ließ ihren unmündigen Sohn zum Kaiser ausrufen und übernahm gemeinsam mit Seneca und Burrus die Herrschaft. Als Konsul war Seneca fünf Jahre lang sozusagen Premierminister: **der mächtigste Mann im römischen Weltreich**.

Bald wurde Nero immer weniger berechenbar. Um ihn zu beeinflussen, schrieb Seneca ein Buch „De clementia" / Über die Milde. Doch Neros unfaßbare Grausamkeit, für die er noch heute berüchtigt ist, tobte sich immer schrecklicher aus. Im Zuge

---

21) Ich stütze mich vorwiegend auf Gregor Maurach: Seneca. Leben und Werk. Darmstadt, 2. Aufl. 1996

22) „Alle Arten körperlicher Beschwerden und Gefahren habe ich am eigenen Leibe durchgemacht", sagt Seneca (im 54. Brief an Lucilius, 2), ohne sie im einzelnen zu benennen, außer dem lebenslangen Asthma, das die Ärzte als „meditatio mortis", als Einübung des Todes, bezeichnen, und (im 78. Brief, 1) dem chronischen, mit Fieber verbundenen Nasenkatarrh, der ihn dazu bringt, sich selbst geradezu „in Schnupfen aufzulösen und auf das äußerste abzumagern". Diese Qualen trieben Seneca, wie gesagt, fast zum Selbstmord.

der ersten Christenverfolgung in Rom wurden auch die Apostel Paulus und Petrus als Märtyrer hingerichtet.

Zwei tiefe Lebenskrisen hatte Seneca hinter sich: Erst die fast tödliche Erkrankung, dann die Verbannung. Nun – auf dem Höhepunkt der Macht – stürzte er in die dritte Krise, die seinen Tod bedeuten sollte.

Die Entwicklung seines ehemaligen Schülers Nero zum blutgierigen, wahnsinnigen Tyrannen konnte der alte Seneca auf keine Weise mehr verhindern. Er zog sich auf sein Landgut ins Privatleben zurück und schrieb zahlreiche philosophische und dramatische Werke, die seinen Weltruhm begründeten.

Gewiß, Seneca hatte bei stoischen Philosophen studiert, seine Philosophie aber ist Lebensphilosophie im wahren Sinne des Wortes: erwachsen aus tiefsten Tiefen und höchsten Höhen eines großen Lebens.

Seneca ist Millionär – und lebt bescheiden, ohne an seinem Besitz zu hängen, ein einfaches Leben. Er ist zeitweise Lenker eines Weltreiches – und rät in seinen berühmten Briefen an Lucilius dringend zum Rückzug vom Amt in ein freies Leben der schöpferischen Muße. Er erlebt ständig mörderische Intrigen, Skrupellosigkeit bis zum Wahnsinn – und fordert ein Leben, das allein der „virtus", der mannhaften Tugend, verpflichtet ist. Er durchlebt schreckliche emotionale Wechselbäder – und rät unbeirrbar zur stoischen Gelassenheit, die nichts an sich herankommen läßt. In seinen Tragödien herrschen übergewaltige, überwältigende Gefühle, sturmflutgleiche Leidenschaften, das Grauen vor dem Entsetzlichen, das der Mensch dem Menschen anzutun vermag – so hat er es doch auch immer wieder selbst erlebt. Seine philosophischen, gesprächstherapeutischen Schriften lehren ebendeshalb das Freisein von Leidenschaften, die Besänftigung der Gefühle, die unbeirrbare innere Ruhe auch bei Katastrophen. Er, der als Erzieher Neros furchtbar gescheitert ist, will seine Kunst, die Weisheit zu lehren, – Tag und Nacht schreibend – schließlich allen Menschen, zumal der Nachwelt zuwenden:

> Den rechten Weg, den ich spät erst erkannte, müde vom Irren, den zeige ich
> jetzt anderen. Ich rufe: Meidet, was immer der Masse gefällt!
> (8. Brief an Lucilius, 3)

Da beschließen Verschwörer unter Führung von **Piso**, den größenwahnsinnigen Nero zu beseitigen. Als Nachfolger soll **Piso** oder **Seneca Kaiser** werden (so berichtet Tacitus). Nero kommt dahinter und befiehlt seinem nun 69jährigen ehemaligen Lehrer und Premierminister, sich selbst zu töten. Durch sein Sterben besiegelt Seneca, was er immer gelehrt hat: die stoische Philosophie als Lebenshaltung. Ähnlich wie sein großes Vorbild Sokrates läßt er sich – frei von Todesfurcht – die Adern öffnen und nimmt Schierlingsgift. Von Schmerz gepeinigt, ruft er Schreiber herbei, die die letzte Rede des nur sehr langsam Sterbenden aufzeichnen. Daß seine Frau aus Treue gemeinsam mit ihm stirbt, weiß Nero noch zu verhindern. Den Freunden, die ihn in der letzten Stunde nicht verlassen haben, untersagt Seneca das Weinen. Er vermacht ihnen, wie er sagt, das Wertvollste, was er besaß: die „imago vitae", das Bild seines Lebens.

ZUM TEXT

Auch für den Stoiker Seneca ist, wie für Cicero, die Philosophie die wahre Lenkerin des Lebensschiffes, das durch das Meer der Welt gesteuert werden muß (**Text A 2.1**).

An anderer Stelle baut er das Bild vom Schiff nun aus (**Text A 2.2**). Es wird mit dem Körper gleichgesetzt, der im Alter hinfällig wird wie ein Schiff, das im Sturm seine Segelausrüstung verloren hat. Der wahre Philosoph hält trotzdem Kurs. (Seneca denkt hier an einen damals berühmten, altgewordenen Historiker namens Bassus.)

Der Anfang des 70. Briefes Senecas an Lucilius (**Text A 2.3**) zeigt dann einen anderen Aspekt der Lebensfahrt: die vorbeieilende Zeit. Wie auf einer Schiffsfahrt Länder und Städte hinter uns verschwinden, so verlieren wir „im rasenden Ablauf der Zeit" unsere Lebensabschnitte von der Kindheit bis zum Alter aus den Augen. Die „Grenze des Menschenlebens" ist dann aber nicht, wie die Dummköpfe meinen, eine gefährliche „Klippe", an der man zum Schluß endgültig scheitert. Nein, sie ist der „Hafen", in den man früher oder später von widrigen oder günstigen Winden getrieben wird.

Hier ist also – wie bei Cicero – der „Hafen" nicht mehr nur der Zufluchtsort (das „Tusculum") für ein philosophisches Leben in möglichst ungestörter Muße, eine „Bucht" am Rande des stürmischen Weltmeeres. Gelenkt von der Philosophie, die den richtigen Kurs durch das rauhe Meer des Lebens weiß, wird schließlich auch der letzte „Hafen" angesteuert, der Heimathafen eines ganzen Lebens.

Der Stoiker Seneca sagt uns hier freilich nichts über die Beschaffenheit des Festlandes *hinter* dem Hafen: im Jenseits. Wir hören immer wieder, wie gefährlich die sturmgepeitschte Lebensfahrt ist, daß die Philosophie als Lenkerin stets den Kurs weiß und daß man lernen sollte, ohne Todesfurcht den Endpunkt des Lebens als den Zielhafen zu erreichen. Doch was ist dahinter? Was kommt danach? Kommt etwas danach? Philosophieren heißt für ihn, wie schon für Sokrates, sterben lernen: zurückkehren zur ursprünglichen Heimat – zur platonischen Schau der ewigen Wahrheit.

Der letzte große Stoiker, **Kaiser Marc Aurel (121 – 180)**, notiert ganz trocken, äußerst lakonisch:

> Du stiegst ein, du fuhrst aus, du landetest: steig aus.
> (Wege zu sich selbst, 3.6. Geschrieben zwischen 170 und 178.)

Der Topos steht ihm offenbar so klar vor Augen, daß er ganz verzichten kann auf die damals schon alten Bilder von Meer, Schiff, Sturm und Hafen. Die drei emotionslosen, lapidaren Kurzsätze zielen allein auf den Tod als den Endpunkt allen Lebens. Er wird ihm zum selbstbewußten, stoischen Imperativ: „Steig aus."

A 3. Augustinus (354 – 430): Nur der Sturm verschlägt uns ins Land des glücklichen Lebens (386)

Vom Hafen der Philosophie aus hat man Zugang zum Festland des glücklichen Lebens. Wenn dahin ein von der Vernunft bestimmter Kurs und der Wille allein führte – ich weiß nicht, ob ich dann ohne weiteres sagen könnte, daß weit weniger Menschen dort ankämen; denn auch jetzt gelangen, wie man sieht, nur ganz wenige ans Ziel.

Gott oder die Natur, das Schicksal oder der Wille [...] hat uns zufällig in diese Welt wie in ein stürmisches Meer geworfen. Wie wenige Menschen würden da erkennen, woran sie sich halten sollen und auf welchem Wege sie zurückkehren müssen, wenn nicht irgendwann ein Sturm – den die Toren für ein Unglück halten – die unkundigen Irrfahrer gegen ihren Willen und Widerstand ins heißersehnte Land verschlagen würde?

Unter den Menschen, denen die Philosophie Aufnahme gewähren kann, lassen sich, wie mir scheint, etwa drei Arten von Seefahrern unterscheiden.

(1) Die einen sind eben in dem Alter, da man der Vernunft mächtig ist. Sie flüchten sich mühelos mit leichtem Ruderschlag aus nächster Nähe in den Hafen, bergen sich an diesem Ort der Ruhe und richten dort das Leuchtzeichen irgendeines eigenen Werkes auf, das – soweit es möglich ist – die übrigen Bürger dazu bringen soll, sich zu ihnen zu begeben.

(2) Andere aber haben es im Gegensatz zu den eben Genannten vorgezogen, aufs hohe Meer hinauszufahren, getäuscht von dessen höchst trügerischer Oberfläche. Sie wagen es, fern ihrer Heimat umherzuschweifen, und vergessen sie dabei oft. Wenn diese – ich weiß nicht auf welch dunkle Weise – ein scheinbar günstiger Rückenwind vorantreibt, gelangen sie in tiefstes Elend. Sie sind dabei jedoch hochgestimmt und froh, da der trügerische Glanz von Vergnügungen und Ehren sie allenthalben umschmeichelt. Wahrhaftig, was ist denen anderes zu wünschen in dieser Lage, in die sie heiteren Sinnes verstrickt sind, als widriges Wetter und – ist das zuwenig – sogar tobender Sturm und Gegenwind, um sie zu echten und beständigen Freuden hinzuführen, mögen sie dabei auch weinen und klagen. [...]

(3) Zwischen beiden gibt es eine dritte Gruppe von Menschen. Ganz am Ende ihrer Jugend oder trotz langer und vieler Irrfahrten erblicken sie dennoch gewisse Wegzeichen, und sozusagen noch auf hoher See erinnern sie sich ihrer teuren Heimat. Sie kehren dann entweder zu ihr mit direktem Kurs durch nichts getäuscht und ohne weitere Verzögerung zurück, oder – was häufiger vorkommt – sie irren länger umher, weil sie entweder bei schlechter Sicht vom Kurs abkommen oder sich an sinkenden Gestirnen orientieren oder – von so mancher Verlockung gefangen – die Zeiten guter Fahrt verstreichen lassen. Sie geraten sogar oft in Gefahr. Auch diese verschlägt in den Wogen des Schicksals häufig eine Katastrophe, ein Sturm gleichsam, der all ihren Anstrengungen feind ist, in das heißersehnte ruhevolle Leben. [...]
(De beata vita / Über das glückliche Leben. Anfang. Geschrieben 386 n. Chr.)

Zum biographischen Hintergrund

Wie kein anderer hat **Aurelius Augustinus** die geistige Grundlage für das nachantike westliche Europa gelegt. [23] „Augustin ist ein Genie – der einzige Kirchenvater, der auf diesen prätentiösen Titel moderner Persönlichkeitswertung ungescheut Anspruch erheben kann" (Hans v. Campenhausen). Aufgrund seiner überaus zahlreichen Schriften und Briefe, seiner „**Confessiones**" / Bekenntnisse und einer zeitgenössischen Biographie gilt er tatsächlich als der am besten bekannte Mensch der Antike. Sein Leben an der Wende vom Altertum zum Mittelalter war „**ein Leben in der Krise**" (Hans Küng). Er hatte **drei Krisen** zu bestehen: zunächst die Krise in seinem Leben, dann die Krise seiner Kirche, schließlich die Krise des römischen Reiches.

Im römischen Nordafrika ist er 354 als Sohn eines heidnischen Vaters (eines kleinen Landeigentümers) und seiner frommen christlichen Mutter **Monika** geboren und aufgewachsen. Wie sein Vater bleibt er Heide. Er studiert Rhetorik im Kreise junger Karrieristen und lebt seit seinem siebzehnten Lebensjahr 13 Jahre lang mit einer jungen Frau aus einfachen Verhältnissen zusammen, von der er bald einen Sohn bekommt, den er **Adeodatus** („der von Gott Gegebene") nennt. Er wird Professor für juristische Rhetorik in der kaiserlichen Residenzstadt Mailand. Hier erfährt er durch den berühmten katholischen Bischof **Ambrosius**, wie antike Kultur und christlicher Glaube glanzvoll miteinander vereinigt werden können. [24]

Im August 386 erlebt Augustinus im kleinen Garten eines Hauses in Mailand die radikale Wende seines Lebens. Die Bekehrung zum Christen beschreibt er selbst eindringlich in seinen „**Confessiones**" (8. Buch, 8. und 12. Kapitel). Innerlich zutiefst aufgewühlt, spricht er hier vom „**Sturm** in meiner Brust". Und dieser „gewaltige Sturm [...] trieb einen gewaltigen Regenguß von Tränen heran".

Nach seiner Bekehrung bricht er mit dem auf Genuß und Erfolg ausgerichteten Leben und wählt die strengste Form des Christseins: Verzicht und Askese.

> Deum et animam scire cupio. Nihilne plus? Nihil omnino.
> Gott und die Seele möchte ich verstehen. Sonst nichts? Gar nichts.

Augustinus ist der erste, der – in moderner, existentieller Weise – die Abgründe des Menschseins erfahren und im persönlichen Gespräch mit Gott artikuliert hat:

> Unter dem Blick Deiner Augen bin ich mir selbst zur Frage geworden, und das bis zur Erschöpfung. (Bekenntnisse, 10. Buch, 33. Kapitel)

Im November des gleichen Jahres 386 führt Augustinus an seinem 32. Geburtstag im Landgut eines Freundes am Comer See mit einigen Gefährten ein philosophisches Gespräch darüber, was denn ein wahrhaft glückliches Leben sei. Der Dialog wird

---

23) Ich stütze mich vorwiegend auf Hans Küng: Große christliche Denker. München, Zürich 1994. III. Kapitel: Augustin: Der Vater aller lateinisch–westlichen Theologie, S. 79 – 116. Henri Marrou: Augustinus in Selbstzeugnissen und Bilddokumenten. Rowohlts Monographien 1958 u.ö.

24) Es war übrigens der in Trier geborene Kirchenvater Ambrosius, der als erster in vielen seiner berühmten Kirchenhymnen den Endreim einführte. Von da an verbreitete sich der Endreim, der schließlich in der Karolingerzeit – seit Otfried von Weißenburg – auch die deutsche Dichtung vollständig prägt. Der Reim, der uns heute geradezu als selbstverständliches Erkennungsmerkmal für Poesie erscheint, war in der gesamten antiken Versdichtung unbekannt!

von einem Stenographen („notarius") mitgeschrieben und dann von Augustinus, stilistisch bearbeitet, veröffentlicht unter dem Titel **„De beata vita" / Vom glücklichen Leben**. Das Buch beginnt mit einem ausführlich ausgestalteten Bild von der **Lebensfahrt auf dem Meer der Welt**, wobei der **„Sturm"**, von dem er in seinem Bekehrungserlebnis wiederholt sprach, eine ganz neue, entscheidende Rolle spielt. Dieser Abschnitt ist hier abgedruckt (**Text A 3**).

In der Osternacht des folgenden Jahres, 387, läßt sich Augustinus gemeinsam mit seinem Sohn vom Mailänder Bischof Ambrosius taufen. Fortan lebt er unter Verzicht auf Privateigentum mit gleichgesinnten Freunden zusammen, um gemeinsam zu philosophieren und die Bibel zu studieren, um zu diskutieren und zu beten. Bei einem Besuch in seiner Heimatprovinz wird der inzwischen berühmt Gewordene in der großen Hafenstadt **Hippo Regius** (**Bôn/Annaba** im heutigen Algerien) im Jahre 391 von den Gläubigen gewaltsam vor den dortigen Bischof geschleppt mit der Forderung, ihn zum Priester zu weihen. Fünf Jahre danach wird er hier selbst Bischof.

Nachdem er seine **Lebenskrise** in seinen „Bekenntnissen" mit noch nie dagewesener Offenheit dargestellt und so überwunden hat, wirkt er nun als Bischof und Theologe mit an der Lösung der **Krise der jungen Kirche**, die damals in gefährlichen Streit um fundamentale Probleme der Theologie und der katholischen, d.h. der „allumfassenden" Volkskirche geriet und von Spaltung bedroht war. Als Bischof hatte er ein gewaltiges Arbeitspensum zu leisten: ein Leben der Aktion, nicht mehr wie zuvor ein Leben in Kontemplation. Trotz allem fand er die Zeit, eine höchst erstaunliche Anzahl umfangreicher und tiefgründiger Werke zu schreiben. Hierfür beschäftigte er ständig mehrere Stenographen, denen er diktierte, und Schreiber, die alles ins reine schrieben und vervielfältigten.

Zu seinen Lebzeiten geriet das alte **römische Weltreich** in die letzte **Existenzkrise**, die das Ende der Antike und den Beginn einer neuen Epoche, des später so genannten Mittelalters, bedeutete. In dieser Zeit der **Völkerwanderung** bedrängten längst schon die asiatischen Hunnen und die germanischen Goten und Vandalen das römische Reich. 410 wird Rom, das auch die Christen „Roma aeterna" / das ewige Rom nannten, vom Westgotenheer Alarichs erstürmt und tagelang geplündert. Das ganze Reich wird von Angst erfaßt: Wenn die uralte Hauptstadt der Welt fallen kann, was in aller Welt ist da noch sicher? In seinem Riesenwerk **„De civitate Dei" / Der Gottesstaat** versucht Augustinus als Zeitzeuge des Untergangs der alten Welt erstmals den Sinn der Geschichte zu deuten. (Vor ihm gab es in der Antike weder eine Geschichtsphilosophie noch eine Geschichtstheologie.)

Indessen kommt das Unheil unmittelbar auf ihn zu. Die noch heute berüchtigten Vandalen („Vandalismus") ziehen durch ganz Europa bis nach Spanien („[W]andalusien"), dringen im letzten Lebensjahr Augustins entlang der nordafrikanischen Küste vor und verheeren alles. Während der fünfundsiebzigjährige fieberkranke Augustinus im Sterben liegt, wird im Jahre 430 seine Bischofsstadt **Hippo Regius** belagert. Kurz bevor die Vandalen den Verteidigungsring durchbrechen, stirbt er.

„Die römische Weltherrschaft war jetzt auch hier zusammengebrochen, Augustins Theologie aber sollte auf einem anderen, dem europäischen Kontinent Weltgeschichte machen" (Hans Küng).

ZUM TEXT

Augustinus, der berühmte Rhetor und Stilist, beginnt sein Buch „Vom glücklichen Leben" mit dem *Topos von der Lebensfahrt auf dem Meer der Welt*. In genau bedachter Bildersprache gestaltet er eine **Allegorie**, d.h. eine Folge von Metaphern, von denen jede eine präzise Bedeutung hat. Ich stelle sie zunächst einmal im Überblick zusammen.

„Der Hafen der Philosophie" ist der „Ort der Ruhe"; hinter ihm liegt „das Festland des glücklichen Lebens". Der „Kurs" des Lebensschiffes sollte bestimmt sein durch „Vernunft" und „Wille". Das „stürmische Meer", dessen Oberfläche trügerisch glatt oder stürmisch bewegt sein kann, ist „diese Welt". „Gegenwind" oder gar „Sturm" sind keine „Katastrophe", kein „Unglück". Im Gegenteil: „Günstiger Rükkenwind" führt zum „trügerischen Glanz von Vergnügungen und Ehren"; „widriges Wetter" und „tobender Sturm" dagegen führen letztlich zu „beständigen Freuden". „Die unkundigen Irrfahrer" sind die suchenden Menschen. Man kann sie einteilen in „drei Arten von Seefahrern", die sich in manchem unterscheiden. „Leuchtzeichen", „gewisse Wegzeichen" sind philosophische „Werke". „Sich an sinkenden Gestirnen orientieren" heißt, sich an den alten Göttern oder an der seinerzeit herrschenden Philosophie der Skeptiker bzw. der Neuen Akademie ausrichten.

Wie zuvor schon bei Cicero und Seneca ist für Augustinus also die Philosophie „der Hafen". Doch Augustinus geht hier schon einen Schritt weiter: Der Hafen ist der Zugang zum „Festland des glücklichen Lebens". Sodann aber ist der Topos in einem wesentlichen Punkt anders gestaltet. Anscheinend gelangen „nur ganz wenige" an dieses Ziel, auch wenn ihr Kurs durch die Philosophie – ihre Vernunft oder ihren Willen – gesteuert wird. Wir alle sind „zufällig in diese Welt [...] geworfen" – eine Formulierung, die wörtlich von den Existentialisten unseres Jahrhunderts stammen könnte. Als „unkundige Irrfahrer" auf dem „stürmischen Meer" des Lebens werden wir – vielleicht – gerettet, jedoch auf höchst merkwürdige Weise. Alle, die – dem traditionellen Topos gemäß – den Sturm auf dem Meer für ein Unglück halten, vor dem man sich fürchten muß, nennt er – offenbar aufgrund eigener Erfahrung – „Toren" [25]. Denn für ihn sind es gerade die Stürme, die Schicksalsschläge, die die „unkundigen Irrfahrer gegen ihren Willen und Widerstand ins heißersehnte Land verschlagen". Also nicht einfach die philosophische „Vernunft" oder der eigene „Wille" führen zur Rettung; allein der von allen gefürchtete „Sturm" könnte die wahre Lebenswende bringen. So erfuhr es Augustinus ja wenige Monate zuvor selbst in der tiefen Erschütterung seiner Bekehrung, die er in den „Bekenntnissen" (wie oben zitiert) als „gewaltigen Sturm" erlebte. Man kommt also gerade nicht, wie noch Cicero und Seneca glaubten, auf vernünftige Weise und bloß mit gutem Willen zum „Festland des glücklichen Lebens"; nein, erst durch Schicksalsschläge wird man dahin verschlagen – eine erstaunlich moderne Variante des damals schon alten Topos. Und in der Tat zeigt die Lebenserfahrung, daß der Mensch das für ihn Wesentliche oft erst erkennt, wenn Schicksalsschläge und Schmerzerlebnisse ihn aus dem oberflächlichen Dahinleben in einer hedonistischen „Spaßgesellschaft" herausgerissen haben. Ja, erst dann gelangt er zur menschlichen Reife, vielleicht gar zur Größe.

---

25) Seneca hatte alle, die „die Grenze des Menschenlebens für eine Klippe halten", als „Dummköpfe" bezeichnet (Text A 2.3).

In unserer heutigen Gesellschaft, in der man sich gegen alles und jedes versichern lassen kann, ist diese Sturm–Erfahrung Augustins von überraschender Bedeutung. Doch in der Tat: Erst wenn ein Sturm die oberflächliche Sicherheit hinweggefegt hat, werden „**Grenzerfahrungen**" (Jaspers) möglich, die zur Entdeckung höherer, wahrer, unverlierbarer Werte führen können. Darin sind sich letztlich auch viele Philosophien sowie die großen Religionen einig

Augustinus beobachtet drei Arten von philosophischen „Seefahrern":
(1) Die einen bleiben von vornherein in Küstennähe, verzichten auf das Abenteuer des Lebens und richten im ruhigen Hafen ein Leuchtzeichen auf; das heißt, sie verfassen in ihrer stillen Studierstube ein Werk, das die Leute aufmerksam machen und sie auf ihre Seite bringen soll.
(2) Andere, Mutigere, lassen sich von der glatten Fläche der See problemlos aufs „hohe Meer" hinauslocken und vergessen dabei bald ihre wahre Heimat, die Philosophie. Ein günstiger Rückenwind führt sie zu trügerischen Vergnügungen und Erfolg. Ihnen wäre Gegenwind und Sturm zu wünschen, um sie – mögen sie dabei auch weinen und klagen – doch noch zu echten und beständigen Freuden hinzuführen.
(3) Eine dritte Gruppe – zu ihr zählt sich Augustinus selbst – erblickt nach vielen Verirrungen „gewisse Wegzeichen". Trotzdem kommen diese Seefahrer oft vom Kurs ab, weil sie sich nicht am einzigen festen Richtpunkt, dem Polarstern, sondern „an sinkenden Gestirnen orientieren". Dies sind offenbar Metaphern: einerseits für den einen und beständigen Gott, um den sich der ganze Kosmos dreht, und andererseits die langsam versinkenden alten Götter. Durch Verlockungen und Ablenkungen aber verpassen viele die „Zeiten guter Fahrt".

Augustinus weiß wahrhaftig, wovon er spricht; seine Biographie zeigt es. Doch auch als gläubiger Christ und später als katholischer Bischof kann er nicht im ruhigen Hafen der Philosophie und des Glaubens vor Anker gehen und ein Leben der Kontemplation führen. Die katastrophalen Zeitläufte und sein intellektuelles Temperament lassen das nicht zu. Immer bleibt sein „Herz unruhig, bis es" am Ende der stürmischen Lebensreise (so heißt es am Beginn seiner „Bekenntnisse") „Ruhe findet in Gott".

A 4. Adam von Sankt Viktor (um 1112 – 1177 oder 1192): Maria, Stern des Meeres (12. Jh.)

I
Ave, virgo singularis,
Mater nostri salutaris,
Quae vocaris stella maris,
  Stella non erratica.

II
Nam in huius vitae mari
Non permitte naufragari,
Sed pro nobis salutari
  Tuo semper supplica.

III
Saevit mare, fremunt venti,
Fluctus surgunt turbulenti,
Navis currit, sed currenti
  Tot succurrunt obvia:

IV
Hic sirenes voluptatis,
Draco, canes cum piratis;
Mortem paene desperatis
  Haec intentant omnia.

V
Post abyssos nunc ad caelum
Furens unda fert phaselum,
Nutat malus, fluit velum,
  Nautae cessat opera.

VI
Contabescit in his malis
Homo noster animalis;
Tu nos, mater spiritalis,
  Pereuntes libera.

Maria, Stern des Meeres

I
Sei gegrüßt, einzigartige Jungfrau,
Mutter unseres Heilands!
Du wirst genannt Stern des Meeres,
  unbeirrbarer Stern.

II
Laß uns darum im Meer dieses Lebens
nicht Schiffbruch erleiden,
sondern flehe für uns
   zu deinem Heiland immerdar.

III
Es wütet das Meer, es brüllen die Stürme,
die tobenden Fluten erheben sich.
Das Schiff jagt dahin, doch so viele Widrigkeiten
   widerfahren seiner Fahrt!

IV
Hier sind die Sirenen der Wollust,
der [Meeres-]Drache, die Hunde[-Ungeheuer], dazu die Seeräuber:
all dies bedroht die fast Verzweifelten
   mit dem Tode.

V
Aus dem Abgrund trägt nun
die wütende Welle das Boot hinauf zum Himmel.
Es schwankt der Mast, das Segel fliegt davon,
   des Seemanns Kunst ist am Ende.

VI
In diesen Übeln schwindet
unser sterblicher Leib dahin.
Du, vom Heiligen Geiste erfüllte Mutter,
   befreie uns, die wir untergehen!

IV 1: Die Sirenen sind bei Homer drei weibliche Meeresdämonen, die vorüberfahrende Seeleute durch unwiderstehlichen süßen Gesang anlocken, um sie zu töten. In der moralisierenden christlichen Mythendeutung verkörpern sie die zu Sinnenlust verführenden Reize dieser Welt.

IV 2: Der „draco" ist als Meeresdrache die aus der Odyssee bekannte Charybdis: ein höchst gefährlicher Strudel. Die „canes" sind die Skylla: ein krakenartiges Meerungeheuer mit sechs Hundsköpfen, das sechs Gefährten des Odysseus ergriff und verschlang.

Zwischen Skylla und Charybdis hindurchsteuern bedeutet sprichwörtlich: zwischen zwei gleich tödlichen Übeln wählen zu müssen.

Maria wird in Hymnen und Litaneien immer wieder über die Jahrhunderte hin „stella maris", „Stern des Meeres" genannt. Wer sich dafür interessiert, könnte sich darüber wundern: Die Mutter Jesu hatte doch nie etwas mit dem Meer zu tun. Wie kommt sie dann aber zu diesem beliebten Beinamen? Es gibt hierfür eine durch die mediävistische Forschung erschlossene Erklärung sowie eine nicht geläufige Begründung mit Hilfe der Ikonographie.

Im Mittelalter galt die Etymologie, das Herausfinden der Herkunft einer Wortbedeutung, als ein wesentliches Mittel zur Erkenntnis. Das „Etymon" erschien als die „wahrhafte", weil ursprüngliche Bedeutung. Und kaum etwas faszinierte die Denker im Mittelalter mehr als das Entdecken verborgener Sinnzusammenhänge.

Heute heißt es, der Name „Mirjam" (hebräisch) bzw. „Maria" (latinisiert) sei wortgeschichtlich nicht zu deuten. Seit ältester Zeit aber brachte man diesen Namen etymologisch mit „maris stella" in Verbindung – eine sogenannte Volksetymologie oder, wie man nunmehr sagt, eine Eindeutung. Sie wurde letztlich auf eine hebräische Grundbedeutung zurückgeführt: „mar iâm" = „Tropfen des Meeres". Aus „Tropfen" (lateinisch „stilla") wurde „Stern" (lateinisch „stella"). Dies führte zu der Etymologie von „Maria" = „maris stella". Man bezog sie aus der berühmten 20bändigen „Etymologie" des heiligen Isidor von Sevilla (um 560 – 636), die das enzyklopädische Wissen seiner Zeit enthielt. Ursprünglich aber geht der Beiname schon zurück auf den heiligen Hieronymus (um 347 – 420) und sein „Liber interpretationis hebraicorum nominum" / Buch der Deutung hebräischer Namen (ed. Lagarde, S. 14). Berühmt wurde dieses Attribut Mariens dann durch einen um oder nach 800 entstandenen, weitverbreiteten Hymnus eines unbekannten Autors, der mit den Worten beginnt: „Ave, maris stella", allerdings noch ohne das Stern–Bild mit dem Topos vom Lebensmeer zu verbinden.

Mit der philologischen Herkunftsgeschichte dürfte sich, so scheint mir, eine andere, weniger orthodoxe, also leicht zu übersehende, ikonographische Geschichte verbinden. Als Stern wurde einst die Göttin Venus verehrt, die wir noch heute als Abend– und Morgenstern kennen. Dann wird auch die Madonna als „stella matutina", als Morgenstern, gepriesen, z. B. bei Venantius Fortunatus und in der Lauretanischen Litanei. Ähnlich wie antike Statuen der Aphrodite den „Venusstern" auf der Kopfbedeckung tragen, trägt die Madonna bisweilen einen Strahlenkranz aus zwölf Sternen um das Haupt, und zwar gemäß der biblischen Vision von der Frau als dem großen Zeichen am Himmel in der Apokalypse (12,1). Hinzu kommt ihr himmelblauer Sternenmantel, der zum Schutzmantel wird.

Aus etymologischer, ikonographischer und biblischer Quelle speist sich also das Bild Mariens als Stern. [26] Daraus entfaltet sich ein kosmisches Bild der Madonna als regina coeli, als Himmelskönigin. „Stern des Meeres" – diese Formel ist eine urbildliche Doppelmetapher von hoher poetischer Potenz. In ihr verbinden sich: *Himmel* und *Meer*, die beiden großen Naturbilder, aus denen die Menschheit den Begriff des Unendlichen abstrahierte; *oben* und *unten* als eine gegenbildliche Grundvorstellung des Menschen [27]; unbeirrbares *Strahlen* aus der Ferne von oben und bedrohlich wogendes *Dunkel* bei uns unten; konnotationsreiche *Poesie* und so etwas wie eine na-

---

26) Im Mahayana–Buddhismus und im lamaistischen Pantheon gehört **Tara** zu den mächtigsten und populärsten Göttinnen, die in 21 verschiedenen Formen erscheint. Das Sanskrit–Wort „Tara" bedeutet „Stern" und auch „Retterin". Als der weibliche Aspekt des göttlichen Erbarmens ist Tara eine Erlösungshelferin vom Range eines Bodhisattvas, d.h. eines „Erleuchtungswesens".

27) Wie in zahlreichen alten Sprachen bedeutet das lateinische Adjektiv „altus" zugleich „hoch" und „tief". Freud spricht in diesem Zusammenhang vom „Gegensinn der Urworte" und von „Gefühlsambivalenz".

türliche *Theologie*. Zu all dem zeigt der „Meerstern" die *wegweisende Bedeutung* „unserer lieben Frau" oder „notre Dame", wie sie das Volk einst liebevoll nannte. Demgegenüber mußte das Bild der „stella matutina", des Morgensterns, verblassen und dem unzweideutigen Bild der „stella non erratica", des unbeirrbaren Sterns, weichen; denn sie ist kein „Wandelstern", kein „Planet". Im Mittellateinischen wurde „stella maris" auch einfach zum Namen des Polarsterns, der feststeht, während alle anderen Sterne ihre Bahnen ziehen. [28]

Zahllos sind „die Sinnbilder und Beiworte Mariens in der deutschen Literatur und lateinischen Hymnenpoesie des Mittelalters" [29], und „Meerstern" ist einer der bevorzugten Beinamen. Doch erst Adam von Sankt Viktor entfaltet dieses Epitheton ornans für Maria, indem er es mit dem Lebensmeer–Motiv verbindet und so im Sinne des traditionellen *Topos von der Lebensfahrt auf dem Meer* ausgestaltet.

Adam von Sankt Viktor (um 1112 – 1177 oder 1192) stammte aus der Bretagne oder Britannien und war Augustiner–Chorherr der Abtei Sankt Viktor in Paris und als deren Kantor geistlicher Dichter und Komponist. Seine zahlreichen lateinischen *Reimsequenzen* wurden in ganz Europa gesungen. So erklang sicher lange Zeit auch diese in den Kathedralen und Kirchen des Abendlandes.

Sie besingt Maria als „Stern des Meeres" und Retterin auf der Lebensreise. Geziemend beginnt sie mit der Begrüßung Mariens als Jungfrau und Mutter (I), und flehend endet sie mit dem Gebetsruf um Rettung durch die Mutter (VI 3/4). Drei der sechs Strophen schildern die gefährliche Fahrt auf dem „Meer des Lebens" (II 1). Es wütet und jagt das Schiff durch viele „Widrigkeiten" (III). Hierfür dienen – offenbar erstmals in einem christlichen Hymnus – Bilder aus der mittelalterlichen lateinischen Nacherzählung der Irrfahrten des Odysseus, die seit Clemens von Alexandrien bei den Gebildeten bekannt war und dann auch christlich gedeutet wurde. Die Sirenengesänge möchten zur Wollust verführen; die Charybdis als teuflischer Meeresdrache und die Skylla als Seeungeheuer mit sechs Hundsköpfen (IV) drohen die tapferen Seefahrer zu verschlingen. Außerdem lauern überall Piraten. Im Sturm reißen die Wellen das Boot von tief unten himmelwärts nach oben, Mast und Segel versagen ihren Dienst, „des Seemanns Kunst ist am Ende" (V). Allein der Meerstern als unbeirrbare Orientierungshilfe aller Schiffer, allein die Mutter, nach der ja viele Menschen in Todesnot rufen, ist es, die bei der Lebensfahrt aus Todesgefahr befreien kann.

---

28) Der erste abendländische Philosoph, Thales (625 – 545), war es, der einst die Bedeutung des Polarsterns im Kleinen Bären für die Nachtseefahrt erkannte, so berichtet Aristoteles.

29) Dies ist der Titel eines Buches von Anselm Salzer. Nachdruck der Ausgabe von 1886/1894: Wissenschaftliche Buchgesellschaft Darmstadt, 1967. – Mit theologisch-poetischer Variationsfreude wurde der stellare und maritime Aspekt Mariens in weiteren Beinamen ausformuliert, z.B.: „stella rutilans" = goldfunkelnder Stern, „lucis almae stella" = des segenspendenden Lichtes Stern, „Maria inluminatrix" = Maria, die Erleuchterin; „Simonis navicula" = Schifflein Petri (das ist die Kirche); „portus navigantium" = Hafen der Schiffer. – Die hier vorgelegte Reimsequenz des Adam von Sankt Viktor ist – soweit ich sehe – der einzige Hymnus, in dem nicht nur, wie so oft, der Name Mariens als „stella maris" angerufen, sondern mit einer dramatischen Darstellung der Lebensfahrt verbunden wird. Der lateinische Text ist abgedruckt in Joseph Szövérffy: Marianische Motivik der Hymnen. Ein Beitrag zur marianischen Lyrik im Mittelalter. Leyden 1985, S. 49.

In einer altdeutschen Predigt [30] wird Maria als Meerstern adhortativ erklärt:

> Maria daz sprichet „ain mersterne": siu haizet da von mersterñe, daz ir iren hailigen namen sült an sehen. Wan alz daz sich diu scheff, diu uf dem mer varend, nach dem sterne rihtent, untz daz si uz den fraisen choment, also süllen wir iren hailigen namen an rueffen und an sehen, untz daz si üns uz den fraisen helfe und bringe dirre welt, daz si üns zuo stad bringe, daz si nu besezzen haut, daz ist daz hailig paradyse.

> Maria, das bedeutet „Meerstern". Sie heißt deswegen Meerstern, damit ihr ihren heiligen Namen betrachten [und dadurch verstehen] sollt. Denn wie die Schiffe, die auf dem Meer fahren, sich nach dem [Polar-]Stern richten, damit sie den Gefahren entrinnen, so sollen wir ihren heiligen Namen anrufen und betrachten, damit sie uns aus den Gefahren helfe und [zurück-]bringe dieser Welt, [und] damit sie uns an jene Stätte bringe, wo sie [selbst] schon wohnt, nämlich zum heiligen Paradies.

Ein Sonett von Giovanni Boccaccio (1313 –1375) preist zu Beginn Maria als „stella in mar" mit den Versen:

> O Regina degli angioli, o Maria,
> Ch'adorni il ciel con tuoi lieti sembianti,
> E stella in mar dirizzi e naviganti
> A port'e segno di diritta via.

> O Königin der Engel, o Maria,
> den Himmel zieret deines Anblicks Gnade,
> du zeigst auf See den Stern, der führt den Schiffer
> als Leitbild zu dem Port auf sicherm Pfade.

Damit ist in der Geschichte des *Topos von der Lebensfahrt auf dem Meer der Welt* eines der Bildelemente ganz neu gestaltet. Immer schon war ja die beängstigende Erfahrung, daß der Mensch den Wechselfällen des Lebens schicksalhaft ausgeliefert ist, ein Grundmotiv dieses Topos; und dementsprechend lebenswichtig war die Suche nach einem unbeirrbaren Leitbild und einem unverrückbaren Endziel. Für Cicero und Seneca war beides die Philosophie. Nun, im christlichen Mittelalter, ist der Leitstern das große, visionäre Zeichen der Frau – in ihrer archetypischen Erscheinung gleichzeitig als Jungfrau und Mutter, zumal als Gottesmutter –, unvergleichlich, unverrückbar und unvergänglich strahlend als Stern hoch über allem im nächtlichen Dunkel der gefahrvollen Fahrt „in huius vitae mari", auf dem Meer dieses Lebens.

---

30) Wilhelm Wackernagel: Altdeutsche Predigten und Gebete [...]. Basel 1876. Nachdruck Wissenschaftliche Buchgesellschaft Darmstadt 1964, Nr. XXXIII,1

A 5. Andreas Gryphius (1616 – 1664):
Durch Schiffbruch zum ewigen Vaterland (1643)

An die Welt

Mein oft bestürmtes Schiff, der grimmen Winde Spiel,
Der frechen Wellen Ball, das schier die Flut getrennet,
Das über Klipp auf Klipp und Schaum und Sand gerennet,
Kommt vor der Zeit an Port, den meine Seele will.

Oft, wenn uns schwarze Nacht im Mittag überfiel,
Hat der geschwinde Blitz die Segel schier verbrennet.
Wie oft hab ich den Wind und Nord und Süd verkennet!
Wie schadhaft ist der Mast, Steuer–Ruder, Schwert und Kiel!

Steig aus, du müder Geist! Steig aus! Wir sind am Lande.
Was graut dir vor dem Port? Itzt wirst du aller Bande
Und Angst und herber Pein und schwerer Schmerzen los.

Ade, verfluchte Welt: du See voll rauher Stürme!
Glück zu, mein Vaterland, das stete Ruh im Schirme
Und Schutz und Frieden hält, du ewig–lichtes Schloß!

(Veröffentlicht 1643)

Port = Hafen
Schwert = Platte, durch einen Schlitz im Schiffsboden oder im Kiel absenk-
bar; dient der Stabilisierung der Bootslage. Hier wohl ein Seitenschwert.

ZUM BIOGRAPHISCHEN HINTERGRUND

1616, im Todesjahr von Cervantes und Shakespeare, wird Gryphius geboren. Manche meinen, er hätte der deutsche Shakespeare werden können; er wurde nur der
größte deutsche Barockdichter. Shakespeare lebte und wirkte, als England unter
Königin Elisabeth I. zur europäischen Großmacht aufstieg; Gryphius lebte und
dichtete zur Zeit des Dreißigjährigen Krieges, in dem Deutschland für Jahrhunderte in
Ohnmacht versank. Shakespeares Dramen sind noch heute auf den Bühnen der Welt
erfolgreich; Gryphius' schwergewichtige Theaterstücke sind Literaturgeschichte. Allein viele seiner großen, expressiven Gedichte sind lebendig geblieben. Ein neues
Verständnis für seine poetisch gestaltete, erschütternde Lebens– und Leidenserfah-
rung entstand im Expressionismus zu Anfang des 20. Jahrhunderts, das W. H. Auden
1947 in einer barocken Ekloge („A Baroque Eclogue") „The Age of Anxiety"/ **Das
Zeitalter der Angst** genannt hat.

Andreas Gryphius [31] ist der führende Repräsentant der deutschen Literatur um die Mitte des 17. Jahrhunderts, und dies sowohl durch höchste poetische Kunstfertigkeit als auch aufgrund seiner erschütternden Gestaltung der Schrecknisse seiner Zeit.

In manchen seiner zahlreichen Sonette spricht er von sich selbst und der „schmerzenvollen Zeit, die mich so tief verletzet".

> In meiner ersten Blüt', im Frühling zarter Tage
> Hat mich der grimme Tod verwaiset und die Nacht
> Der Traurigkeit umhüllt. Mich hat die herbe Macht
> Der Seuchen ausgezehrt. Ich schmacht' in steter Plage.
>
> Ich teilte meine Zeit in Seufzer, Not und Klage.
> Die Mittel, die ich oft für feste Pfeiler acht',
> Die haben (leider!) all' erzittert und gekracht.
> Ich trage nur allein den Jammer, den ich trage.

So beginnt das Sonett „Dominus de me cogitat". [32] Und dies sind keine Versatzstücke einer lamentatio, eines barocken Klageliedes; nein, dies ist poetisch gestaltete existentielle Erfahrung. Denn Gryphius weiß sehr wohl, wovon er spricht. Kurz vor dem Beginn des Dreißigjährigen Krieges (1618–48) ist er in der Stadt Glogau an der Oder in Schlesien geboren. Den Vater verliert er mit fünf, die Mutter mit elf Jahren. Elternlos herumgestoßen, ist er, wie sein erster Biograph sagt, ein Kind ohne Heimat. Enge Freunde, die ihm die Familie ersetzen müssen, sterben, als Glogau 1632 durch Pest und Brand verwüstet wird. Der Sechzehnjährige muß seine Heimatstadt verlassen. Bald verliert er auch seine beiden geliebten Geschwister. Von den sieben eigenen Kindern finden vier sehr früh den Tod, zwei weitere werden von Schicksalsschlägen hart getroffen. Er weiß, was Not und Tod, Seuchen und Plagen, Krieg und Brand bedeuten. Ja, es ist, als hätten sich die Leiderfahrungen und Lebensängste des Jahrhunderts in diesem schwerblütigen Mann verkörpert. Zudem leidet er fast ständig an schweren, zehrenden Krankheiten. (Welche es waren, wissen wir nicht.) [33] Oft – besonders während seines Studiums an der holländischen Universität Leiden – glaubt er, sterben zu müssen, und nimmt Abschied von den Umstehenden. In dieser Zeit dürfte das 1643 veröffentlichte **Sonett „An die Welt"** entstanden sein, das den Topos von der bedrohlichen Lebensfahrt auf dem Meer der Welt kunstvoll neu ausgestaltet (Text A 5).

---

31) Ich stütze mich vorwiegend auf Walter Jens und Hans Küng: Dichtung und Religion. Serie Piper, München und Zürich 1988, darin das Kapitel: Andreas Gryphius (S. 43 – 79), und Marian Szyrocki: Andreas Gryphius – Sein Leben und Werk. Niemeyer, Tübingen 1964

32) Ich zitiere die Barock–Texte in normalisierter Schreibung. Die meist chaotische barocke Orthographie, die oft auf Marotten des jeweiligen Druckers, weniger auf den Autor selbst zurückgeht, bildet eine sinnlose Hürde für heutige Leser, die sich gutwillig den ohnehin schwierigen Texten nähern wollen. Der philologische Gewinn, den die Buchstabentreue bietet, führt mit Sicherheit zum Verlust an Lesern. Zudem wird das korrekte Zitieren in Textanalysen, wie sie Schüler und Studenten zu schreiben haben, auf ärgerliche Weise erschwert.

33) „Alle Arten körperlicher Beschwerden und Gefahren habe ich am eigenen Leibe durchgemacht", sagt schon der von Gryphius verehrte Stoiker Seneca (im 54. Brief an Lucilius, 2), wie oben erwähnt.

Doch nicht allein das Baugesetz jedes Sonetts verlangt – nach den beiden Quartetten beim Schritt zu den folgenden zwei Terzetten – eine Wendung. Die Wende ist für Gryphius selbst das, was ihn als Menschen und Dichter ausmacht, das entscheidende Charakteristikum. So fährt das anfangs zitierte Sonett fort:

> Doch nein! Der treue Gott beut mir noch Aug' und Hand,
> Sein Herz ist gegen mir mit Vatertreu' entbrannt,
> Er ist's, der jederzeit für mich, sein Kind, muß sorgen.
>
> Wenn man kein Mittel findt, sieht man sein Wunderwerk,
> Wenn unsre Kraft vergeht, beweist er seine Stärk'.
> Man schaut ihn, wenn man meint, er habe sich verborgen.

Das furchtbare persönliche und zeitgeschichtliche Erleben der Wirklichkeit führt also nicht in Depression und Desperation, sondern zu einer dialektischen Kehre („Doch nein!"): zu festem, fast freudigem Glauben an den deus absconditus, den verborgenen Gott. Katastrophenerfahrung und unerschütterliches Gottvertrauen, Beschreibung von Lebensunsicherheit, Angst, Vernichtungserlebnissen und Bekenntnis zu christlicher Heilsgewißheit – das ist die alles bestimmende antithetische Grundstruktur seines Lebens wie seines Dichtens.

Deutschland ist damals das Schlachtfeld Europas. Die Schrecken des Dreißigjährigen Krieges verschonen auch seine Heimat Schlesien nicht. Glogau wird, wie schon erwähnt, verwüstet (wie dreihundert Jahre später nochmals, fast endgültig, am Ende des Zweiten Weltkrieges). Große Teile Deutschlands sind verheert. Schließlich ist schätzungsweise über die Hälfte der Bevölkerung dahingerafft. Ein Bote, der von Kursachsen nach Berlin ritt, berichtete, er habe einen ganzen Tag lang, vom frühen Morgen bis zur Nacht, nur wüstes, unbebautes Land und struppiges Nadelgehölz zu passieren gehabt. Krieg – das heißt aber auch Krankheit und früher Tod. Keiner der großen Barockdichter – Opitz, Logau, Grimmelshausen, Gryphius – ist älter als 55 Jahre geworden. So erscheint es schließlich unabweisbar, daß Gryphius die Welt von ihrem Ende, das irdische Leben vom Tod her zu begreifen versucht.

Im Zeitalter der Glaubensspaltung und Religionsverfolgungen kennt der lutherische Pfarrerssohn Gryphius keinen Haß. In einer Zeit des Fanatismus bleibt er – bei allem Pathos – gelassen und großmütig. Die stoische Philosophie, vor allem Seneca, hat ihn mitgeprägt. Umfassende humanistische Bildung und tiefer christlicher Glaube sind das durch nichts zu erschütternde Fundament seiner Persönlichkeit.

Trotz der Kriegswirren erwirbt er sich ein Höchstmaß an Bildung: Er studiert in Holland alte und neue Sprachen (er beherrscht etwa zehn), Jura, Naturwissenschaften, Anatomie, Philosophie – in der Tat ein poeta doctus. Selbstbewußt nennt er sich als Verfasser einer Sonettensammlung „Philosophus et Poeta". Er ist durch einen beträchtlichen Teil Europas gereist: nach Danzig, Leiden, Den Haag, Paris, Marseille, Florenz, Rom, Venedig und Straßburg. Mag er in seinen Dichtungen die Welt auch wortreich verachten – er kennt sie gut und versteht es schließlich, sich in ihr einzurichten. Angebote verschiedener Universitäten, eine Professur zu übernehmen, lehnt er ab, weil er sich dem Wiederaufbau seiner Heimatstadt widmen will. Hier wird er Syndikus (d.h. Rechtsberater) der Landstände des Fürstentums Glogau. Dies war ein besonders verantwortungsvolles Amt – die angesehenste Stellung, die ein Bürgerlicher erreichen konnte. Mitten in der Arbeit, während einer Sitzung, stirbt 48jährig der längst berühmt gewordene größte deutsche Dichter seines Jahrhunderts.

58

1. Einordnung des Textes

Gryphius verdankt seinen heutigen Ruhm vor allem seinen sprachgewaltigen Sonetten. Die Absage **„An die Welt"** erschien in seiner 1643 in Leiden (Holland) veröffentlichten Sonetten–Sammlung. Dieser Band enthält vor allem gegen Ende eine Reihe bitter klagender Gedichte, wie das berühmte Sonett „Tränen des Vaterlandes, anno 1636", ein mit „Tränen in schwerer Krankheit" überschriebenes und ein **„An sich selbst"** gerichtetes Sonett, das dem hier zu analysierenden Gedicht „An die Welt" unmittelbar vorangeht und dessen erste Strophe lautet:

> Mir grauet vor mir selbst, mir zittern alle Glieder,
> Wenn ich die Lipp' und Nas' und beider Augen Kluft,
> Die blind vom Wachen sind, des Atems schwere Luft
> Betracht' und die nun schon erstorbnen Augenlider.

Auch Gryphius ist sich – in Todesnot – wie Augustinus „zur Frage geworden". Auch er starrt sich in Selbstbefragung an wie der in Leiden geborene, zehn Jahre ältere Rembrandt in seinen vielen Selbstbildnissen. Gryphius ist in der Tat besonders während seines Studiums in Leiden des öfteren todkrank und glaubt mehrmals, von den „umstehenden Freunden" für immer Abschied nehmen zu müssen.

Im vorliegenden Sonett richtet er nun entschlossen die Aufforderung an sich selbst: „Steig aus, du müder Geist!" (III 1). [34] Allem Irdischen ruft er die verbitterte Absage zu: „Ade, verfluchte Welt [...]!" (IV 1). Seinen freudigen Gruß richtet er an das Jenseits: „Glück zu, mein Vaterland [...]!" (IV 2).

Gewiß, barocke Dichtung ist keine Erlebnislyrik, wie wir sie seit Goethe kennen. Sie will nicht originell sein; sie versteht sich vielmehr selbstbewußt als Teil einer altehrwürdigen Überlieferung. Das barocke Vanitas–Thema („Alles ist eitel") [35], das taedium vitae / der Lebensüberdruß [36], die stoische Ataraxie / die Unerschütterlichkeit [37], die christliche Heilsgewißheit, das Gestaltungsprinzip der Allegorie und des Topos – all das sind traditionelle Elemente des Barocks. Doch die Sprachgewalt der Verse Gryphius' ist nicht allein das Produkt rhetorischer Schemata, poetischer Schablonen und philosophisch–religiöser Traditionen. Philologische Interpreten mögen ihr Genüge finden am Aufweis der überlieferten literarhistorischen Versatzstücke. Doch wer Gryphius kennt, kann entdecken, wieviel gelebtes Leben, erlittenes Leiden und persönliche Todesbegegnung hier erschütternde, vollendete poetische Gestalt gewonnen haben. So wie z. B. Walther von der Vogelweide die For-

---

34) Dieser an sich selbst gerichtete Imperativ gleicht dem oben (am Ende des Seneca–Kommentars) zitierten des Kaisers Marc Aurel.

35) Es findet sich im Alten Testament im Buch Prediger (bzw. Kohelet oder Ecclesiastes) als Klageruf, der sich wie ein Refrain wiederholt: „Es ist alles gantz eitel / sprach der Prediger / gantz eitel" (12,8). Vgl. Pred 1,2; 2,1; 2,19; 2,23; 5,9; 7,6; 8,14.

36) Dieses Thema ist ein Topos, der nicht erst und nicht allein im Barock zur Gestaltung drängt. Er reicht von dem altägyptischen Gedicht „Gespräch eines Lebensmüden mit seiner Seele" (um 1800 v. Chr.) über Walther von der Vogelweides bitteren Abschiedsgruß an „Frau Welt" („Frô Welt, ir sult dem wirte sagen [...]" (um 1230) bis zu Sartes Roman „La Nausée" / Der Ekel (1938). Wie für Heidegger in der „Angst", so stellt sich für Sartre im „Ekel" die unmittelbare Existenzerfahrung ein, die die Grundlage der Philosophie des Existentialismus wird.

37) Seneca ist als Philosoph und als Dramendichter eines seiner Vorbilder.

menwelt des Minnesangs durchbricht, so wird auch inmitten des barocken Formelarsenals Gryphius' Stimme unverwechselbar als vox humana vernehmlich; und so bleiben große Dichter über die Jahrhunderte hin im kontemporären Stimmengewirr hörbar als Zeitgenossen aller Zeiten.

Dieses Sonett wird geprägt durch zwei poetische Aussagen: die leidgesättigte Absage an die irdische Welt in der Todesbegegnung sowie – rückblickend – das Bild vom Leben als gefährlicher Fahrt auf stürmischer See. Diese beiden zentralen poetischen Elemente sind durchaus nicht bloßes Tradionsgut. Sie sind zugleich aufs nachdrücklichste biographisch begründet.

Schon als 9jähriger Junge entgeht Gryphius nur zufällig dem Tode des Ertrinkens. 1634 reist der 18jährige mit dem Schiff die Weichsel hinunter zum Studium nach Danzig; doch Unwetter und Sturm bringen das Schiff zum Kentern. Fast hätte ihn die Reise das Leben gekostet. Auf der Rückfahrt zu Lande stürzt er bei einem Unfall vom Wagen und trägt Kopf– und Rückenverletzungen davon. 1638 ist der 22jährige unterwegs zum Studium nach Holland und hat während der Schiffsfahrt an der Küste Rügens einen schweren Seesturm zu überstehen, den er in einem Sonett höchst anschaulich schildert:

Andenken eines auf der See ausgestandenen gefährlichen Sturms

O Gott! Was rauhe Not! Wie schäumt die schwarze See
Und sprützt ihr grünes Salz! Wie reißt der Zorn die Wellen
Durch nebelvolle Luft! Wie heult das wüste Bellen
Der tollen Stürm uns an! Die Klippe kracht von Weh.

Wir fliegen durch die Nacht und stürzen von der Höh
In den getrennten Grund. Die often Stöße fällen
Den halbzerknickten Mast, die schwachen Seiten prellen
Auf die gespitzte Klipp. O Himmel, ich vergeh!

Der dicke Querbaum bricht und schlägt den Umgang ein.
Das Segel flattert fort, der Schiffer steht allein
Und kann noch Boß–Mann [38] mehr noch Seil noch Ruder zwingen.

Wir missen Glas, Kompaß und Tag und Stern und Nacht.
Tot war ich vor dem Tod. Doch Herr, du hasts gemacht,
Daß ich dir lebend und errettet Lob kann singen.

Wenn man sich in der Analyse nicht nur auf philologisches Klassifizieren und kenntnisreiches Herleiten beschränken will, sondern auch etwas über die Lebenswirklichkeit des Autors in Erfahrung bringt, dann ist es nicht nur erlaubt, sondern geboten, im Blick auf das Sonett „An die Welt" zu fragen: Wer ist dieser „müde Geist" (III 1), der der „verfluchten Welt" (IV 1) seine Absage erteilt?

Es ist ein Student aus Schlesien, Mitte zwanzig, der dieses und weitere Sonette während des Studiums an einer Universität in Holland schreibt und 1643 dort publiziert. (Die Niederlande gehören übrigens damals noch – bis 1648 – zum Reich.) Den mannigfachen physischen Leiden seines jungen Lebens tritt Gryphius mit metaphysi-

---

38) Der „Boß–Mann" ist der Matrose. („Boß–Mann": von Boß [mittelhochdeutsch bôz] = Schlag, Stoß; vgl. der Amboß.)

scher Leidenschaft entgegen. Das taedium vitae, sein von Grauen und Tod überschattetes Leben, wird – von einer anderen Seite her – überglänzt durch die Glaubensgewißheit sub specie aeternitatis: vom Licht der Ewigkeit.

2. Analyse der Aussage

THEMA UND INTENTION

In diesem wie auch in manchen anderen Sonetten ist Gryphius' Thema die schroffe Absage an die Welt und – im Gegensatz dazu – die Sehnsucht der bald vom Leib befreiten Seele nach der Rückkehr ins ewige Vaterland. Dieser platonische, stoische und vor allem neuplatonische Grundgedanke wird hier im Topos von der Fahrt auf dem stürmischen Meer des Lebens in einer Reihe präzise gewählter Metaphern allegorisch ausgestaltet.

INHALTSZUSAMMENFASSUNG

1. Quartett

Sein – des Kapitäns – Schiff war oft ein Spielball der Winde und Wellen, ist in der Flut fast schon zerbrochen und hat zahlreiche Gefahren – Klippen und Untiefen – überstanden. Jetzt rast es auf „Schaum und Sand" der Brandung an der Küste zu und erreicht vorzeitig den Hafen, den jedoch die Seele immer schon als Ziel angesteuert hat. Die Lebensfahrt scheint schon „vor der Zeit", die nach dem Wort des Psalmisten „siebzig Jahre währet" (Ps 90,10), im Tod zu enden.

2. Quartett

Oft überfiel alle mitten am Tage nachtschwarzes Gewitter, Blitzschläge verbrannten beinahe die Segel, alle wesentlichen Teile des Schiffs – „Segel", „Mast, Steuer–Ruder, Schwert und Kiel" – sind schadhaft. Immer wieder hat der Kapitän den Wind falsch eingeschätzt und sich in der Himmelsrichtung (der 'Windrose') geirrt, sich also nicht richtig, nicht wahrhaft orientiert.

1. Terzett

Das Ich fordert nun den eigenen, von der stürmischen Lebensfahrt erschöpften Geist auf, an Land zu gehen – ohne zu zögern. Es weiß: Die Todesangst vor dem Hafen ist sinnlos, denn hier, im Tode, wird doch der Geist endlich die Fesseln der gesellschaftlichen Zwänge, die Angst der Seele und die Schmerzen des Körpers los.

2. Terzett

Rückblickend nimmt das Ich am Ende der furchtbaren Fahrt Abschied („Ade") von der verfluchten Welt, dieser „See voll rauher Stürme"; vorausschauend begrüßt es („Glück zu") das eigentliche, ursprüngliche Vaterland der Seele. Hier allein herrscht sicherer Friede, von hier leuchtet ihm ein ewiges Schloß entgegen, dessen Schloßherr kein anderer als Gott selbst ist.

SCHIFF UND STEUERMANN.

Im Zentrum des *Topos von der Lebensfahrt auf dem Meer der Welt* steht die Vorstellung, daß da ein Kapitän oder Steuermann sei, der sein Schiff lenkt. Dieser versinnbildlicht offenbar das Ich des Menschen, seinen Geist oder seine Seele, während das Schiff den Leib, den Körper darstellt. Doch auch in den *Jenseitsvorstellungen der alten Völker* begegnet uns immer wieder dieses Bild: als Seelenschiff.

Mit seinem Glauben an das ewige Leben der Seele im Jenseits und seiner Absage an die Welt wird man Gryphius wohl leichthin einordnen wollen in das Schubfach mit dem Etikett 'christliche Weltanschauung', genauer: 'Weltverachtung'. In der Tat, hierfür gibt es zahlreiche Belege. Gryphius sagt es frei heraus: „Mir ist die Welt zuwider." [39] Gleichwohl wäre dies voreilig, und es würde dem lutherischen Pfarrerssohn, dem „Philosophus et Poeta" Gryphius nicht gerecht.

Hinter den Metaphern von der Seele als Steuermann und dem Leib als Schiff verbirgt sich – so klar das Bild zunächst erscheinen mag – ein höchst komplexes Problem, das die denkende Menschheit seit weit über dreitausend Jahren – seit den altindischen Veden, den altägyptischen Totentexten und der hebräischen Genesis – beschäftigt.

Gryphius steht in der Tradition der Stoa und Senecas, der wie Platon den Leib als Gefängnis der Seele ansieht, aus dem diese sich im Tode befreit. Und er ist (wie gezeigt) zugleich geprägt durch die verheerenden historischen Zeitläufte wie durch seine bittere biographische Erfahrung. Aber auch er, der in seinen „Gedanken: Über den Kirchhof und Ruhestätte der Verstorbenen" den medizinisch geschulten Blick mutig und unbeirrt auf die grauenvolle Verwesung der Leiber richtet – „Ach, Tote! Ach, was lern ich hier!" –, auch er glaubt als Christ darüberhinaus an die Auferstehung des „verklärten Leibes":

> Ich werd' euch sehn mit eurer Haut,
> Doch von Verwesung frei, umgeben!

3. Analyse der Struktur des Textes

Dem barocken Denken – und speziell der Sonettstruktur – entspricht die große Zweiteilung des Gedichts. *Beide Quartette* zeigen die Lebensfahrt: Das zunehmend beschädigte Schiff (der erkrankte Leib) [40] fuhr lebenslang durch das rauhe, gefahrvolle Welt–Meer – gefährdet durch alle vier Elemente, aus denen die Welt besteht: Feuer („Blitz"), Wasser („Flut", „Wellen", „Schaum"), Luft („Winde"), Erde („Sand", „Klippen") – hin zum gefürchteten und ersehnten Hafen, dem Tod. *Beide Terzette* zielen sodann auf die Landung im Port. Hier soll die Seele (I 4) bzw. der Geist (III 1) das Land, das himmlische Vaterland, betreten. Dem Abschiedsfluch an die diesseitige Welt, die „See", entspricht auf der anderen Seite der Willkommensgruß an das jenseitige Vaterland, das „ewig–lichte Schloß". Nach platonischer Lehre kam die Seele ja einst vom Jenseits, aus dem Ideen–Himmel, und dahin soll sie nun zurückkehren.

Die Gesamtstruktur ist, wie gesagt, antithetisch. Den Anfangsworten: „Mein oft bestürmtes *Schiff*" korrespondieren die Schlußworte: „du ewig–lichtes *Schloß*". Beide sind Aufenthaltsorte der Seele: hier zeitlich, dort ewig. Das Schiff war und ist den schwankenden Elementen ausgesetzt; das Schloß steht auf festem Grund. Die erste und die letzte Strophe beschwören die *Stürme* (I 1 und IV 1) – am Ende aber herrschen *Ruhe* und Frieden. Das Ganze gipfelt im Schlußterzett, das den Hauptgegen-

---

39) Sonett „An den Heiligen Geist", Vers 7.
40) Das beschädigte Schiff als Bild für den durch Krankheit geschwächten Körper und der Geist als Steuermann, der trotz allem Kurs hält, findet sich schon bei Seneca, hier zitiert als Text A 2.2.

satz in Parallelführung zusammenfaßt: „Ade, verfluchte *Welt*" (sie ist nicht meine Heimat) – „Glück zu, mein *Vaterland*" (dieses ist die wahre Heimat der Seele).

4. Analyse der Sprache des Textes

Platonisch–stoische Philosophie, lutherisch–christliche Theologie und eigene bittere Lebens– und Sterbens–Erfahrung sind die gedankliche Grundlage. Doch dieses Sonett ist weit mehr als die Summe seiner philosophisch–theologisch–biographischen Bestandteile. Es ist ein sprachliches Kunstwerk. Das erweist sich in der kunstvollen, durchdacht kalkulierten Struktur wie in der poetischen Sprache, deren Gestalt durch die Stilmittel der Barockepoche, mehr aber noch durch die individuelle Gestaltungskraft des Dichters Gryphius geprägt ist.

Lyrik, auch die Gedankenlyrik, lebt von der evozierenden Kraft ihrer **sprachlichen Bilder**. Dieses Sonett wird bestimmt durch drei einprägsame Metaphern: „Schiff", „See" und „Port". Sie sind Grundelemente des alten Topos der Meeresmetaphorik, und sie sind **Allegorien**, d.h., ihr Bedeutungsbereich ist *nicht offen* für vielfältige Assoziationen, wie dies bei sonstigen sprachlichen Bildern mehr oder minder der Fall ist. Die Bildbedeutung ist – im Gegenteil – kunstvoll *verschlüsselt* und steht fest, denn sie ist festgelegt durch lange Tradition und Konvention. Allegorien sind Gleichungen, deren eine Seite im Text *genannt* ist und deren andere Seite *gekannt* sein muß. [41] Während andere sprachliche Bilder ein weites Feld für mancherlei Bedeutungen bieten können, gilt für Allegorien die Formel: Bild = Bedeutung. Diese kann man freilich nur entschlüsseln, wenn man den genau passenden Schlüssel, das Codewort, kennt. Dann erschließt sich ein eigener, überschaubarer Bedeutungsschatz, der in der Analyse ausgebreitet und bewundert werden kann.

DIE DREI ZENTRALEN SPRACHLICHEN BILDER

Die textbestimmenden Bilder des Sonetts erscheinen wie ein Dreiklang schon im Anfangs–Akkord der ersten Strophe: „Schiff" (I 1), „Wellen" der See (I 2) und „Port" (I 4).

(1) „Mein **Schiff**" (I 1) ist der **Leib**. Darin wacht – gewissermaßen als Kapitän – die „Seele" (I 4), die (wie jeder Kapitän) letztlich den „Port", den Zielhafen, zu erreichen trachtet. Doch das Schiff ist in seinen wichtigsten Bestandteilen „schadhaft" (II 4) geworden: der (Schiffs–)Körper ist sozusagen angeschlagen, angegriffen, krank. Die einzelnen Schiffsteile werden – geordnet vom höchsten (dem „Segel") bis zum tiefstgelegenen (dem „Kiel") – im einzelnen benannt: Das „Segel" am „Mast" – der Antrieb des Schiffes – ist vom „Blitz" „schier" (also fast) [42] verbrannt, das heißt, der Lebenswille ist von Schicksalsschlägen schwer getroffen worden. Man sagt heute: Jemand hat keinen Antrieb mehr. Auch das „Steuer–Ruder" ist defekt: Es

---

41) Wer dieses Sonett fachgerecht analysieren und interpretieren will, muß als Voraussetzung diesen Sachverhalt zur Kenntnis genommen haben. Es wäre ein Kunstfehler, nach eigenem Gusto spekulieren zu wollen, was die sprachlichen Bilder dieses Sonetts wohl bedeuten könnten. (Anders verhält es sich natürlich mit der Weite des Bedeutungsbereichs sprachlicher Bilder seit Goethe. Aber auch Schiller liebt in seiner Gedankenlyrik noch die allegorische Bildsprache.)

42) Das Adjektivadverb „schier" (in I 2 und II 2) kann zwei unterschiedliche Bedeutungen haben: Es heißt entweder „rein" (von mittelhochdeutsch „schîr") oder „beinahe" (von mittelhochdeutsch „schiere"). Da alle übrigen Schiffsteile nicht ganz zerstört, sondern nur „beschädigt" sind, hat „schier" in diesem Text die Bedeutung „beinahe", „fast".

läßt nicht mehr sicher Kurs halten. „Schwert und Kiel", die zur Stabilisierung des Bootes dienen und es vor dem Kentern und dem Untergang bewahren sollen, sind beschädigt: Das Ganze hat keine Stabilität, keinen Halt mehr.

(2) Die „**See** voll rauher Stürme" (IV 1) ist die **Welt**, durch die der Mensch seine unsichere Lebensfahrt unternehmen muß. Hier drohen Stürme, Fluten und Blitzschläge. Diese Bilder der gefahrvollen Seefahrt gemahnen zudem an den Dreißigjährigen Krieg.

(3) Der „**Port**" (I 4; III 2) ist als der rettende Hafen ein geschützter Grenzbereich, der teils noch zum Meer, teils schon zum Festland, zum „Vaterland" der Seele, gehört. Er ist hier also der **Tod** als der Übergang vom diesseitigen irdischen ins jenseitige ewige Leben. In einem anderen Gryphius–Sonett mit der Überschrift „Abend" scheint der Hafen wie von selbst dem Schiff entgegenzukommen, wenn es heißt:

> Der Port naht mehr und mehr sich zu der Glieder Kahn (II 1).

Und in der Tat: Es ist doch der Tod selbst, der sich unaufhaltsam dem Menschen nähert. Wer steuert schon freiwillig darauf zu! [43]

Daß ein Hafen Schutz und Ruhe schenken kann, verdankt er nicht dem tückischen Meer, sondern dem festen Land, das eine Bucht bildet und sozusagen schützend und empfangsbereit seine Arme ins Meer hinein ausbreitet. Das „Schiff" bleibt nach der Landung vertäut im Hafen zurück, denn es gehört zum Reich der unruhigen „See", zur „Welt", die jetzt freilich im Hafen Frieden findet und zur Ruhe kommt, nun endgültig: im Tode. Die „Seele", der „Geist", wird hier den Leib verlassen, ihn zurücklassen, um „an Land" zu gehen, ja, ins „Vaterland" zurückzukehren. Hier leuchtet der heimgekehrten Seele als Wohnort ein „ewig–lichtes Schloß" entgegen – ein Sehnsuchtsbild, das auch andere Barockdichter ausmalen, offenbar im Blick auf das Wort Jesu: „In meines Vaters Hause sind viele Wohnungen" (Jo 14,2). Darum heißt es in Simon Dachs „Sterbelied":

> Schöner Himmelssaal,
> Vaterland der Frommen,
> Ende meine Qual,
> Heiß mich zu dir kommen;
> Denn ich wünsch allein
> Bald bei dir zu sein.

Philipp Nicolai weiß in seinem noch heute gern gesungenen Lied „Wachet auf, ruft uns die Stimme" ebenfalls von einem „Freudensaal" im himmlischen Jerusalem, und auch J. M. Meyfart kennt in seinem „Lied vom himmlischen Jerusalem" diesen „Freudensaal" und desgleichen die Hoffnung, daß die Seele „mit Heil anlände / Bei jenem Vaterland!" Dies ist – wie Hofmann von Hofmannswaldau in seinem Gedicht „Die Welt" abschließend verkündet – jener „Port", „da Ewigkeit und Schönheit sich umfaßt".

Beinahe ebenso wie das Bild der „sea of troubles", von dem Hamlet in seinem berühmten Monolog über „Sein oder Nichtsein" spricht, sind unterschiedliche Bilder aus dem „undiscovered country from whose bourn / No traveller returns", weltweit seit alters verbreitet. Hamlet freilich versagt sich ein solches Traumbild. Jenseitsbil-

---

43) Wie in der Interpretation der Cicero– und Seneca–Texte (A 1 und A 2) gezeigt, ist bei diesen beiden Römern der Hafen auch ein Bild für das erreichte Lebensende.

der vom Wohnort der Seligen aber können, wie auch das Bild vom Landen am anderen Ufer, seit den Jenseitsspekulationen der Ägypter als Topoi gelten.

NOMINA UND ADJEKTIVE

Den drei nautischen Allegorien „Schiff", „See" und „Port" sind zahlreiche Nomina als Metaphern zugeordnet. Zu Schiff und See gehören: „Mast, Segel, Steuer–Ruder, Schwert und Kiel; Nord und Süd; Wellen, Flut, Klippen, Schaum, Winde, Stürme". Für die Allegorie des Ports finden sich nur die beiden konkreten Nomina „Land" und „Schloß" und dazu die abstrakten Nomina „Vaterland, Ruh im Schirme, Schutz und Frieden".

Da „mein Schiff" den leiblichen Menschen verkörpert, könnten den Schiffsteilen Eigenschaften des Menschen entsprechen: der „Mast" mit dem „Segel" als Antrieb, das „Steuer–Ruder" als Wille zur Richtungsentscheidung, „Schwert und Kiel" als seine Beständigkeit, seine constantia.

Metaphern der Veränderlichkeit und Vergänglichkeit sind: „Wind, Schaum, Blitz". Bildwörter der Unruhe sind: „bestürmt, frech, grimm, getrennet; Ball, Spiel, Flut, Klippe, Schaum".

Die drei Anreden richten sich an das Ich, an die Welt und ans Jenseits: „du müder Geist", „du See voll rauher Stürme", „du ewig–lichtes Schloß".

Nicht zufällig finden sich fast nur negative Adjektive: „bestürmt, grimm, frech, schwarz, schadhaft, müde, herb, schwer, verflucht, rauh". Erst ganz am Schluß folgen zwei positive Adjektive: „stet" und das neugeschaffene Kompositum „ewig–licht".

ANTITHETISCHE ODER KOMPLEMENTÄRE BILDER

Es ist oft gesagt worden: Der Mensch in der Epoche des Barock, Gryphius zumal, lebt in bis zum Zerreißen gespannten Widersprüchen, die oft komplementär zueinandergehören. Hier die „verfluchte Welt" (voller Bande, Angst, Pein und Schmerzen), dort „mein Vaterland" (voll Ruhe, Frieden, Schutz und Schirm); hier die „See" („voll rauher Stürme"), da der „Port" und „das Land"; hier das „Schiff" (in „schwarzer Nacht", erste Zeile, *Anfang*), dort das „Schloß" (in ewigem Licht, letzte Zeile, *Schluß*); hier Abschied („Ade, verfluchte Welt"), da Begrüßung („Glück zu, mein Vaterland"); hier „schwarze Nacht" selbst „im Mittag", dort ewiges Licht [44]; schließlich noch „Nord und Süd" als die entgegengesetzten Himmelsrichtungen.

SYNTAX

Die beiden Quartette des Sonetts bieten zunächst in zwei *Aussagesätzen* eine Zustands–beschreibung des Lebensschiffes, verbunden mit einem Rückblick auf die Lebensfahrt. Die Schilderung steigert sich am Ende des zweiten Quartetts in zwei

---

44) Die Vision der ewigen Ruhe („stete Ruh") sowie die jenseitige Lichtmetapher sind Christen geläufig aus dem Introitus der lateinischen Messe für Verstorbene, die nach ihrem Anfangswort „Requiem" benannt ist. Hier wird die in der Vulgata zu findende apokryphe Apokalypse von Esdras (griechisch–lateinisch; hebräisch Esra) zitiert (4. Buch, 2. Kapitel, Vers 3 und 4): „Requiem aeternam dona eis, Domine, et lux perpetua luceat eis." / Die *ewige Ruhe* gib ihnen, o Herr, und das *ewige Licht* leuchte ihnen. Hierzu gehört auch die Schlußformel der Totenmesse: „Requiescat in pace!" / Er (sie) ruhe in Frieden. Abgekürzt erscheint dieses Kurzgebet oft als Grabinschrift: „R.i.P.".

parallelgeführte klagende *Ausrufesätze*, die sie abschließen. Das erste Terzett beginnt mit einem anaphorischen *Imperativ* und einer *Frage*, die sich an den Schiffseigner, den „müden Geist", richten. Auf den Befehl und die Frage antwortet jeweils ein *Aussagesatz*. Das zweite Terzett richtet schließlich nur noch zwei *Ausrufe* als Anreden an die beiden Gegenwelten: an die „verfluchte Welt" auf der einen Seite und auf der anderen an das wahre „Vaterland".

Mit einer Ausnahme, dem *Fragesatz* in III 2, treten drei Satzarten – *Aussagesatz*, *Ausrufesatz*, *Befehlssatz* – jeweils doppelt auf, sich gegenseitig verstärkend und in der Abfolge steigernd: Die zwei erschütternden *Aussagen* am Anfang gipfeln in zwei *Ausrufen*. Ein doppelter, an sich selbst gerichteter anaphorischer Imperativ ist die Folge. Die aufkommende zweifelnde *Frage* beantworten zwei *Aussagen* der Glaubensgewißheit. Zwei *Anreden* und *Ausrufe* richten sich schließlich entschieden an die beiden antithetischen Welten.

Was insgesamt zunächst ein Monolog zu sein scheint, wird zunehmend pathetischer (ab II 3); das Selbstgespräch wird zur Abschiedsrede „An die Welt" mit den Ausdrucksmitteln des Dialogs: Anreden, Aufforderungen, Ausrufen, Fragen.

Der Intensivierung dient zudem die Häufung durch Aufzählungen – ein wichtiges barockes Stilmittel: Das Schiff ist „über Klipp auf Klipp und Schaum und Sand gerennet" (I 3), „Mast, Steuer–Ruder, Schwert und Kiel" sind schadhaft (II 4), doch bald wird der Geist „aller Bande / Und Angst und herber Pein und schwerer Schmerzen los" (III 2 f.), da das Vaterland „stete Ruh im Schirme / Und Schutz und Frieden hält" (IV 3 f.).

KLANG

Auch ein gedankenschweres Gedicht gewinnt seine poetische Qualität nicht zuletzt im Wortklang. Am Anfang, in der Schilderung der Seenot, klingt fast alles schrill. So in der ersten Zeile die Zischlaute **sch** und **sp** und der Reibelaut **f** sowie die Assonanzen auf **i**: „[...] **Sch**iff, der grimmen Winde **Sp**iel"; desgleichen in der zweiten Hälfte des ersten Verses der zweiten Strophe: „[...] im Mittag **ü**berf**ie**l", und im folgenden Vers: „[...] der ge**sch**winde **Bl**itz **die** Segel **sch**ier verbrennet". Dem steht als Klangbild gegenüber die „**sch**warze Nacht". Im Deutschen markiert die Vorsilbe ver- häufig das Verderben; und so klingt es hier wiederholt in der Lautverbindung –**er** – bei der Evokation „**her**ber Pein und schw**er**er Schm**er**zen".

VERS UND REIM

Die Klangqualität von Lyrik wird vor allem hörbar und fühlbar im Gleichmaß der Verse und im Einklang der Reime. Das mag zumal für **das Sonett** gelten, dessen italienischen Namen man im Barock anmutig mit „kleines Klinggedicht" verdeutschte und das in dieser Epoche geradezu zur beherrschenden Gedichtform wurde. Wer sich nach Gründen dafür fragt, könnte vornehmlich zwei finden.

Seit seiner Entstehung im 13. Jahrhundert in Italien ist das Sonett – erste Meister waren Dante und Petrarca, später Shakespeare – die kunstvollste und strengste Kompositionsform für Lyrik. Das Sonett ist, zweitens, antithetisch gebaut: Die Quartette stellen in These und Gegenthese die Themen des Gedichts auf; die Terzette führen diese Themen durch und bringen die Gegensätze abschließend zur Lösung, meist in einer Synthese.

Was aber hat dies mit dem Zeitalter des **Barock** zu tun? Diese Epoche ist, wie wohl keine sonst in Europa, zumal im kriegszerrisenen Deutschland, von der existentiellen Erfahrung der Antagonismen gezeichnet und zugleich getrieben von der Sehnsucht nach der Lösung der Widersprüche, ja, nach Erlösung von dem Bösen. Seit Heraklit und Aristoteles weiß die Philosophie: Im Widerstreit bedingen sich die Gegensätze, zugleich aber schließen sie sich aus. Wer nun die Synthese fände, der vermöchte das scheinbar Unmögliche: die schmerzenden Widersprüche „aufzuheben", und das hieße im Hegelschen Sinne ein Dreifaches: sie beseitigen, aufbewahren, auf eine höhere Ebene heben. Das Sonett kann man nun geradezu als ein strenges mathematisches Modell sehen, mit dessen formaler Hilfe scheinbar unlösbare Aufgaben gelöst werden können.

Gerade weil das Jahrhundert des dreißigjährigen Religions– und Machtkampfes aus den Fugen war, strebten denkende Dichter nach dem gut Gefügten, nach einer festen Form, die das Chaos der Antagonismen durch Kosmos – das heißt wörtlich: durch „Ordnung" *und* „Schönheit" – zu bändigen versprach, zumindest im Reich der Kunst.

Es ist wohl alles andere als ein Zufall, daß in der Musik des Barock ebenfalls ein besonders strenges Formprinzip herrschend wurde: **die Fuge.** Auch sie verspricht, die Gegensätze zusammenzuzwingen, sie zur Ordnung zu rufen und in Klangschönheit aufzuheben.

Die Fuge gilt seit dem 14. Jahrhundert und zumal seit J. S. Bach als die strengste und vollkommenste kontrapunktische Kompositionstechnik. Das Wesentliche am „Kontrapunkt" ist, daß die verschiedenen Stimmen eines Satzes in ihrer Bedeutung gleichgewichtig sind. Das Grundprinzip ist das „Kontra" von Thema und Gegenthema (im Sonett spricht man üblicherweise von These und Gegenthese). Die Exposition der Fuge beginnt mit dem Hauptthema in der ersten Stimme. Die zweite Stimme nimmt dann das Hauptthema auf, während die erste Stimme kontrapunktisch ein Gegenthema einführt. In der Durchführung werden die Motive der beiden Themen variiert ... Schließlich folgt die Wiederaufnahme beider kontrapunktischen Themen mit einer Verschränkung der Motive, die musikalisch einer Synthese entspricht.

Wie **Johann Sebastian Bach** als der unbestrittene Meister der **Fuge** gilt, ist **Andreas Gryphius** der Meister des barocken **Sonetts**.

Das Erfolgsgeheimnis der weiten Verbreitung und hohen Beliebtheit von Sonett und Fuge im Barock scheint eben dieses zu sein: Die unfaßbaren Widersprüche einer aus den Fugen geratenen Welt werden – im Schutzraum der Kunst – in Gegensatzpaaren faßbar, begreiflich gemacht; auf einem festgelegten „Weg" werden sie „methodisch" variiert und durchgespielt, um schließlich – auf einer höheren Ebene – kunstvoll „aufgehoben" zu werden.

Das Sonett, das Gryphius „An die Welt" richtet, gehört zum französischen Typ. Es besteht wie alle Sonette aus 14 Versen. Hier sind es Langverse, und zwar Alexandriner, bestehend aus sechsfüßigen Jamben mit Binnenzäsur. In dieser zweischenkligen Bauart sind sie generell disponiert für antithetische Inhalte. Ein Beispiel:

Oft, wenn uns schwarze *Nacht* im *Mittag* überfiel [...]. (II 1)

Wie der Einzelvers des Alexandriners so bietet das Sonett in seiner Gesamtstruktur die Disposition zum Gegensätzlichen, und zwar im Schritt von den Quartetten zu den

Terzetten. Auch wegen dieser formalen Zäsur, die die inhaltliche herausfordert, ist das Sonett in besonderer Weise geeignet als Gefäß für antithetische Gedankendichtung, wie sie der barocken Weltsicht entspricht. In diesem Sonett zeigt sich dies im Gegensatz von stürmischer Bewegung und Fahrt (in den Quartetten) sowie dann im Zur–Ruhe–Kommen und der Landung des Schiffes (in den Terzetten).

Beide Quartette haben dasselbe Reimschema: den umarmenden Reim a b b a. Die Reimfolge der Terzette ist der Schweifreim: c c d und e e d. Die Folge der Kadenzen ist in beiden Quartetten: männlich, weiblich, weiblich, männlich; in den beiden Terzetten ist sie: weiblich, weiblich, männlich. [45]

Der umarmende Reim hält jedes Quartett in sich zusammen. Daß beide vom selben Inhalt, von der Lebensfahrt auf dem Meer, handeln, wird durch die Gleichheit der Reime in beiden Quartetten (also durch den Oktavreim) unterstrichen. Mit dem Wechsel des Aspekts von der Fahrt zur Landung wechselt auch das Reimschema. Die Terzette sind ebenfalls aneinandergebunden, und zwar durch den Schweifreim, der jeweils auf die letzte Zeile des Terzetts (d) zielt und auf diese Weise das grandiose Schlußbild vom „ewig–lichten Schloß" hervorhebt.

Die Langzeilen begünstigen den Zeilenstil: Fast jede Zeile endet mit einem Satzzeichen. Nur zwei Zeilensprünge finden sich, und zwar parallel in Vers III 2/3 und in Vers IV 2/3:

> [...] Itzt wirst du aller Bande
> Und Angst und herber Pein und schwerer Schmerzen los.

Und:

> Glück zu, mein Vaterland, das stete Ruh im Schirme
> Und Schutz und Frieden hält, du ewig–lichtes Schloß!

So wie hier die Versgrenze fast unmerklich überwunden wird, so wollen sich auch die Bande lösen; und am Ende scheint – ungebrochen, allumfassend – die Vison vom ewigen Frieden im ewigen Licht auf.

CONCLUSIO

In Gryphius' Sonett verbinden sich die Elemente des alten *Topos von der Lebensfahrt auf dem Meer der Welt* wie selbstverständlich mit den konkreten Lebenserfahrungen des Dichters.

Tiefste, todesbereite Depression schwingt sich empor zur hochgestimmten Vision des ewigen Seelenheils.

Barocke rhetorische und stilistische Figuren gehen auf in der Gestaltung existentiellen Erlebens.

Kunstvolle, klangvolle Poesie findet sich mit scharfsinniger Reflexion in ungezwungener Harmonie.

Ein gedankliches und sprachliches Kunstwerk.

---

45) In der deutschen Dichtung unterscheidet man vorwiegend drei Formen der Reimkadenz: die einsilbige: männlich (oder stumpf); die zweisilbige: weiblich (oder klingend); die dreisilbige: gleitend (oder reich).

A 6. Friedrich Schiller (1759 – 1805):
Bis zum Reich des Nichts (1782)

Die Größe der Welt

Die der schaffende Geist einst aus dem Chaos schlug,
Durch die schwebende Welt flieg ich des Windes Flug,
  Bis am Strande
  Ihrer Wogen ich lande,
Anker werf, wo kein Hauch mehr weht
Und der Markstein der Schöpfung steht.

Sterne sah ich bereits jugendlich auferstehn,
Tausendjährigen Gangs durchs Firmament zu gehn,
  Sah sie spielen
  Nach lockenden Zielen,
Irrend suchte mein Blick umher,
Sah die Räume schon – sternenleer.

Anzufeuern den Flug weiter zum Reich des Nichts,
Steur ich mutiger fort, nehme den Flug des Lichts,
  Neblicht trüber
  Himmel an mir vorüber,
Weltsysteme, Fluten im Bach
Strudeln dem Sonnenwandrer nach.

Sieh, den einsamen Pfad wandelt ein Pilger mir
Rasch entgegen – „Halt an! Waller, was suchst du hier?“
  „Zum Gestade
  Seiner Welt meine Pfade!
Segle hin, wo kein Hauch mehr weht
Und der Markstein der Schöpfung steht!“

„Steh! du segelst umsonst – vor dir Unendlichkeit!“
„Steh! du segelst umsonst – Pilger, auch hinter mir! –
  Senke nieder
  Adlergedank, dein Gefieder!
Kühne Seglerin, Phantasie,
Wirf ein mutloses Anker hie.“

Die nautische Daseinsmetaphorik der Ausfahrt und des Scheiterns gestaltet der junge Schiller in seinem Gedicht „Die Größe der Welt" (1782) auf erstaunlich moderne Weise. Schon vor gut zweihundert Jahren unternimmt er in Gedanken eine Raumschiff–Fahrt mit Lichtgeschwindigkeit (mit dem „Flug des Lichts" [III 2]) [46] „durch die schwebende Welt" (I 2), letzthin durch „Räume" noch jenseits der Sterne (III 6). [47] Sein Ziel ist es, am Strande der Wogen dieser Welt zu landen, um erst dort Anker zu werfen, „wo kein Hauch mehr weht / Und der Markstein der Schöpfung steht" (I 5–6; IV 5–6).

„Wogen, Strand, Gestade, Anker" sind maritime Metaphern, die zum *Topos der Fahrt auf dem Meer der Welt* gehören. Das Ich, das zum Schluß auch unter dem Namen „Phantasie" als „kühne Seglerin" erscheint (V 5), ist zudem ein „Sonnenwandrer" (III 6) oder – mit religiöser Komponente – ein „Waller" (IV 2), das heißt ein Wallfahrer oder Pilger, unterwegs zum Endpunkt „Seiner Welt" (IV 4) – der Welt Gottes, des „schaffenden Geistes" (I 1). In die nautische Metaphorik mischt sich die aeronautische von „des Windes Flug" (II 2), vom „Flug des Lichts" (III 2) und vom „Adlergedanken" (V 4). [48]

Auf „einsamem Pfad" eilt dem „Sonnenwandrer" mit einem Male ein anderer „Pilger" (IV 1) – ein Außerirdischer, vom äußersten „Markstein der Schöpfung" herkommend? – „rasch entgegen", stellt ihn zur Rede und befragt ihn nach dem Ziel seines Gedankenfluges. Diese namenlose Gestalt nimmt Schillers Weltensegler den Mut, zum Letzten, zur Grenze der Welt, vorzudringen:

„Steh! du segelst umsonst – vor die Unendlichkeit!"

Und der im Steigflug Angehaltene erwidert fast wortgleich:

„Steh! du segelst umsonst – Pilger, auch hinter mir! – [...]" (V 1–2)

Ein mysteriöses Zusammentreffen zweier Weltraum–Pilger: inmitten zweier Unendlichkeiten, wenn man so sagen darf. [49] Der eine Wallfahrer strebt hinauf zum Un-

---

46) Daß sich das Licht mit einer extrem hohen Geschwindigkeit bewegt, wurde schon 1676 von dem dänischen Astronomen Römer entdeckt. Schillers Formulierung muß daher nicht als Phantasterei oder bloße Poesie angesehen werden.

47) Eigentlich hatte sich das kopernikanische Weltmodell längst von der Vorstellung gelöst, das Universum habe eine natürliche Grenze. Doch die Bildkraft des aristotelisch–ptolemäischen Modells prägte noch lange das Weltbild der Menschen. (So sagen wir sogar noch heute unbedenklich: „Die Sonne geht auf.") In diesem Kosmos–Modell trug die äußerste Sphäre die – immer noch so genannten – Fixsterne, die eben an dieser „Kugel" als dem „firmamentum" (das heißt dem „Befestigungsmittel") „angeheftet" schienen. Darüber mußte sich dann die Region Gottes befinden. Das blaue Himmelsgewölbe galt als die weltzugewandte Seite von Gottes Thronsaal. Darum heißt es auch in Schillers Ode „An die Freude": „Brüder – überm Sternenzelt / Muß ein lieber Vater wohnen." „Überm Sternenzelt" – das ist also keine beliebige poetische Metapher, sondern ein astronomischer Terminus technicus. Doch „was jenseits der letzten Sphäre lag, wurde nie deutlich geklärt; mit Sicherheit aber gehörte es nicht zu dem Teil des Universums, der menschlicher Beobachtung zugänglich war." (Stephan W. Hawking: Eine kurze Geschichte der Zeit. Reinbek: rororo science 1991, S. 15 f.) Inzwischen aber sollte man wissen, daß der Himmel des Glaubens kein Orbit für Weltraumfahrer ist, sondern eine Seinsweise ohne Raum und Zeit – unendlich und ewig.

48) Der Adler galt seit dem Altertum als das einzige Lebewesen, dessen Augen in die Sonne zu blicken vermögen.

49) Diese Vorstellung entspricht erstaunlicherweise der modernen Konzeption im Bereich der Raumzeit: Die Zeit zeigt, vom Gegenwartspunkt aus, in zwei Richtungen. Hawking spricht demgemäß von zwei Arten der Unendlichkeit: dem Vergangenheitsunendlichen und dem Zukunftsunendlichen, dem „Lichtkegel der absoluten Zukunft" und der „absoluten Vergangenheit". (Vgl. Hawking, a.a.O., S. 42 ff.)

endlichen, der andere ist „rasch" unterwegs hinab zum Endlichen, Irdischen. Wer aber ist dieser Hinabkommende, und warum gebietet er „Halt"? Schillers letzte Strophe bringt den Befehl von oben, der den kühnen Segler entmutigen muß; doch es wird nichts begründet. Daher ist zu fragen: Was war zuvor geschehen?

Das Ich, das an „Himmeln" und „Weltsystemen" vorübersegelte, steuerte immer „mutiger fort": „weiter zum Reich des Nichts" (III 1). Bis „zum *Reich des Nichts*"? Jeden, der nicht (wie Schiller) vor, sondern (wie Benn) „nach dem Nihilismus" lebt, dürfte diese frühe Formel elektrisieren. Wie im Lichte eines Blitzstrahls zuckt hier in einer präzisen Formulierung am Ende der Segelfahrt durch den Kosmos ein ganzes „Reich des Nichts" auf. Beginnt jenseits des „Marksteins der Schöpfung", wo „kein Hauch mehr" das Segelschiff weitertreibt, der Nihilismus? Oder ist „*Seine* Welt", das Reich, der Bereich Gottes, nun nur so unendlich ferngerückt, daß er nicht mehr erfahrbar ist, ja kaum noch denkbar erscheint? Ist aus diesem Grunde die Segelfahrt des forschenden Ichs durch die „Größe der Welt" letztlich „umsonst"?

Einst war doch der Blick nach oben ein beseligendes Aufblicken zum Himmel, zu Gottes Thron. Zahlreiche Erzählungen berichten darüber.

Der Patriarch Jakob sieht im Traum eine Leiter von der Erde bis zum Himmel, an der Engel auf- und niedersteigen, während Gott selbst droben steht und zu dem Schlafenden redet (Gen 28, 10–15). Als Jakob erwacht, spricht er: „Hier ist Gottes Haus und die Pforte des Himmels." Diese Worte bilden den Introitus zur Kirchweih–Messe: Das Gotteshaus ist in den Augen der Glaubenden ein sichtbares Tor zum Himmel. Und *so* werden seit der frühen Gotik im 12. Jahrhundert auch die Kirchen gebaut: Immer durchscheinender werdende, von farbig leuchtenden Fenstern voller Heiliger durchzogene Wände streben himmelwärts in bisher für unmöglich gehaltene Höhen empor. Die Lichtmystik Hugos von Sankt Viktor und die Liebesmystik Bernhards von Clairvaux, den man den „Troubadour der Gottesminne" nannte, zählen zu den treibenden geistigen Kräften, aus denen die Kathedralen emporstreben. [50] Von Gott sagt Bernhard: „Propinquior videretur", er solle uns näher erscheinen. „Und dieses Bewußtsein von dem Nahesein Gottes begründet ein neues Gesamtgefühl des Lebens" (S. 307). Nicht zuletzt für die gotische Architektur gilt, „*daß die Kathedrale das sinnlich–poetische Bild des nahegebrachten Himmels ist*" (von Sedlmyr hervorgehoben, S. 310). In den Kirchen des Barock und des Rokkoko lenken dann riesige Deckenmalereien mit den grandiosen Mitteln des barocken Illusionismus den Blick zum Himmel, indem sie – lange nach Kopernikus und Galilei, noch im Jahrhundert Kants und Schillers – den physischen und den metaphysischen Himmel immer noch in farbenfrohen Bildern als ein und dasselbe erscheinen lassen.

Zudem sei an weitere Vorstellungsbilder der Himmelsnähe erinnnert:

Der Prophet Elija fährt im Sturmwind gen Himmel mit feurigen Pferden in einem feurigen Wagen (2 Kge 2, 11).

Der Erzmärtyrer Stephanus sieht „die Himmel offen und den Menschensohn zur Rechten Gottes stehen" (Apg 7,55).

Der Prophet Mohammed berichtet im Hadith über seine nächtliche Entrückung von Jerusalem aus bis hinauf in den siebenten Himmel.

---

50) Vgl. hierzu Hans Sedlmayr: Die Entstehung der Kathedrale. Freiburg, Basel, Wien: Herder, 1993. Darin insbesondere das Kapitel 109: Der nahegebrachte Gott und der nahegebrachte Himmel, S. 309 ff.

Dante, der große Jenseitswanderer, steigt schließlich empor in die lichten Höhen des himmlischen Paradieses. Von seinem Höhenflug, den er feierlich mit einer großen Schiffsmetapher eröffnet (Paradiso II, 1–9), sagt er mit Recht: „Ich nehme einen nie befahrnen Kurs" (vgl. den Text B 6). In der Tat: Für den Abstieg ins Inferno hatte er in Vergils Äneas einen Vorläufer; doch ein so auf allen Stufen bewußter Flug durch den ptolemäisch gedachten Himmel ist vor ihm nie dargestellt worden.

Gryphius ersehnt in seinem Sonett „An die Sternen" den jenseitigen Zustand, da er die Himmelslichter, an denen er sich auf Erden nicht satt sehen konnte, einst – von Sorgen frei – unter sich betrachten werde.

Und der Philosoph Kant, der anfangs auch eine Theorie der Entstehung astronomischer Systeme entwickelt hat, beschließt seine „Kritk der praktischen Vernunft" (1788) mit dem erhebenden Bild vom „bestirnten Himmel über mir" und verknüpft es „unmittelbar mit dem Bewußtsein meiner Existenz". Diese existentielle Gewißheit geht aus von dem Platz, „den ich in der äußern Sinnenwelt einnehme, und erweitert die Verknüpfung, darin ich stehe, ins unabsehlich Große mit Welten über Welten und Systemen über Systemen [...]."

Ganz ähnlich zeigt Goethe in seinem Altersroman „Wilhelm Meisters Wanderjahre" (1829) die „Wunder des gestirnten Himmels" (1. Buch, 10. Kapitel). Auf einer Sternwarte erblickt Wilhelm „das hohe Himmelsgewölbe in seiner ganzen Herrlichkeit" und erlebt es zugleich als ethische Verpflichtung, ebenfalls als „ein beharrlich Bewegtes, um einen Mittelpunkt kreisend", tätig zu sein.

Der junge Schiller dagegen, dessen forschender Geist durch „Weltsysteme" (III 5) und noch über das Firmament der Sterne hinaussegeln will, erfährt in diesen Sphären keineswegs die „immer neue und zunehmende Bewunderung und Ehrfurcht", zu der Kants anhaltendes „Nachdenken" oder die „Weltfrömmigkeit" des späten Goethe führen. Schillers Wallfahrer segelt „umsonst". Er erleidet – das hatte bisher noch keiner eingestanden – Schiffbruch im Unendlichen. Warum?

In der „Anthologie auf das Jahr 1782" geht dem zitierten Gedicht über „Die Größe der Welt" eine „Hymne an den Unendlichen" voraus. Pathetisch beschwört hier Schiller mit Anklängen an Klopstock im Sturm–und–Drang–Gestus durch Gewittersturm und Blitze den „schauerlichen Pomp" der „ungeheuren Natur". Sie, „der Unendlichkeit Riesentochter", soll für den endlichen Menschen ein „Spiegel" des „Unendlichen" sein. Hier erweist der uralte Gedanke, in seinen gewaltigen Werken *müsse* der Mensch den Schöpfer erkennen, noch einmal seine Kraft: „Und ich denke dich, Ewiger."

Doch der Denkende, der mit Adlerflügeln durch die Weiten des Kosmos segelt, hinauf und hinaus bis an die Grenze des Denkbaren – wird er *hinter* dem „Markstein der Schöpfung", „*überm* Sternenzelt" schließlich das Reich des Schöpfers oder aber das „Reich des Nichts" erspähen? *So* weit zu gehen, wagt der „Sonnenwandrer" dann freilich doch nicht. Anders als in der „Hymne an den Unendlichen" kann er hier im All mit seinem Denken den unendlich fern gewordenen *Gott* nicht mehr erreichen, und vor der Konfrontation mit dem gar nicht mehr so fern erscheinenden *Nichts* schaudert er offenbar zurück. So tritt seinem hochfliegenden Gedanken ein zweiter, Halt gebietender eigener Gedanke entgegen: Dem kühnen Kosmonauten sinkt der Mut. Der Segler wirft Anker auf hoher See, seine Entdeckungsfahrt scheitert – mitten im endlosen Meer der „Größe der Welt".

Die Fahrt ins ungeheuer Unendliche wird Nietzsche dann genau hundert Jahre später fortsetzen. Sein zunächst scheinbar bloß romantisches Gedicht „Nach neuen Meeren" (A 17) sowie „Der neue Columbus" (zitiert in der Interpretation zu A 17) weist den Weg in den Nihilismus, den der junge Schiller als „Reich des Nichts" schon vor sich sah, vor dem der mutige Segler aber doch noch auf halbem Wege zurückschrak. Es ist der Kurs, den die Lebensfahrten in der Moderne nehmen werden.

A 7. bis A 13. Johann Wolfgang Goethe (1749 – 1832): Sieben Variationen über die Lebensfahrt auf dem Meer

Der Topos von der Lebensfahrt des Menschen auf dem Weltmeer ist, wie der Herausgeber der Hamburger Ausgabe der Briefe Goethes, K. R. Mandelkow, sagt, „Goethes Lieblings–Topos" (Band 4, S. 614). In der Tat finden sich – fast über die ganze Lebensspanne bis zu Goethes letztem Brief – etwa 24 Stellen, in denen er diesen Topos aufgreift und auf seine persönliche Weise ausfüllt. Immer wieder wendet er das alte, große Bild auf sein Leben an, so z. B. im 69. Lebensjahr, als er am 2. 4. 1818 in einem Brief erklärt, wie er selbst „durch Ungeschick sich durchgehalten, dann dem Geschick nachgeholfen und auf der wilden Woge des Lebens doch noch, ohne gerade zu stranden, sich in irgendeine heilsame Bucht geworfen". An anderer Stelle wendet er in einem Briefentwurf (wahrscheinlich von Ende November 1825) den Topos belehrend auf einen „jungen Mann", seinen Großneffen, an: Der alte Goethe möchte „immerfort aufmerksam machen", „daß dem Menschen in seinem zerbrechlichen Kahn eben deshalb das Ruder in die Hand gegeben ist, damit er nicht der Willkür der Wellen, sondern dem Willen seiner Einsicht Folge leiste." [51]

Aus den vielen Varianten dieses Topos habe ich sieben ausgewählt. Ich fasse sie zunächst in einer kurzen Übersicht zusammen.

Rückblickend erinnert sich der 63jährige Goethe, nicht allein zur „Werther"–Zeit nur mühsam den „Wellen des Todes" entronnen zu sein; auch später erlitt er wiederholt „Schiffbruch". (A 7)

Als 23jähriger Mann schwankt er „auf der Woge" in seinem „kleinen Kahn". (A 8)

Erst im 27. Lebensjahr steuert er „voll entschlossen" sein Lebensschiff „auf der Woge der Welt", freilich immer noch in dem Bewußtsein, jederzeit auch scheitern zu können. (A 9)

Im gleichen Jahr gewinnt dieses neue Lebensgefühl Gestalt in einem achtstrophigen Gedicht: „Seefahrt" (A 10). Jetzt endlich steht er „männlich an dem Steuer" und vertraut – „scheiternd oder landend" – „seinem Herzen" und „seinen Göttern".

Der Topos bietet es an, es ist jedoch gewiß kein Klischee, wenn Goethe ständig auch das Scheitern als Möglichkeit vor sich sieht. Ans Ende seines Schauspiels „Torquato Tasso" stellt der 40jährige ein großes Bild: Der Dichter erleidet Schiffbruch; er scheitert. Und gerade darin gelingt ihm – in einem dezidierten Sinne – *moderne* Dichtung. (A 11)

Mit fast 79 Jahren sieht sich der Naturforscher (nicht der Dichter) Goethe als „alten Schiffer", der, „auf dem Ozean der Natur" hin– und herfahrend, zahlreiche Gebiete der Naturwissenschaft wie verstreute Inseln entdeckt und erforscht hat – ein behaglicher Lebensrückblick. (A 12)

Ganz anders betrachtet Goethe kurz vor seinem Tode sein Wirken als Dichter: Er hält sein großes, letztes Werk, „Faust II", zurück, um es nicht, wenn es beim deutschen Publikum landet, als „Wrack in Trümmern daliegen" zu sehen. (A 13)

---

51) Dieser Passus ist ihm so wichtig, daß er ihn wortgleich in seine „Maximen und Reflexionen" aufnimmt. Vgl. Hamburger Ausgabe, Band 12, Nr. 178.

A 7. Johann Wolfgang Goethe (1749 – 1832):
Den Wogen des Todes entkommen (1812)

[...] Ich weiß recht gut, was es mich für Entschlüsse und Anstrengungen kostete, damals den Wellen des Todes zu entkommen, so wie ich mich aus manchem spätern Schiffbruch auch mühsam rettete und mühselig erholte. Und so sind nun alle die Schiffer– und Fischergeschichten. Man gewinnt nach dem nächtlichen Sturm das Ufer wieder, der Durchnetzte trocknet sich, und den andern Morgen, wenn die herrliche Sonne auf den glänzenden Wogen abermals hervortritt, hat das Meer schon wieder Appetit zu Feigen. [...]

Weimar d. 3. Dezember 1812

(Aus einem Brief an Zelter)

Dieser Brief des 63jährigen Goethe ist an seinen Berliner Altersfreund gerichtet, den Komponisten und Musikpädagogen Carl Friedrich Zelter (der im Jahre 1832 zwei Monate nach Goethe sterben sollte). Dieser hatte ihm geschrieben, daß sein Stiefsohn Selbstmord begangen habe. In seinem sehr persönlich gehaltenen Antwortbrief gesteht Goethe, indem er Zelter unvermittelt mit dem vertraulichen „Du" anredet, daß auch ihn von Jugend auf immer wieder das „taedium vitae", der Ekel vor dem Leben, heimgesucht habe. „Daß alle Symptome dieser wunderlichen, so natürlichen als unnatürlichen Krankheit auch einmal mein Innerstes durchrast haben, daran läßt Werther wohl niemand zweifeln" (a.a.O.). Ebenfalls an Zelter schreibt er später, am 26. 3. 1816, indem er sich mit Werther identifiziert, er begreife nicht, „wie es ein Mensch noch vierzig Jahre in einer Welt hat aushalten können, die ihm in früher Jugend schon so absurd vorkam". Ende März 1824 entsteht schließlich das bittere Gedicht „An Werther". (Der Anlaß hierfür war: Zum fünfzigsten Jubiläum des Erscheinens seines Erstlingswerkes und einzigen Welterfolges sollte eine Sonderausgabe herausgegeben werden.)

Im zitierten Briefausschnitt endet der Topos mit einem überraschenden Bild der Rettung – es ist ja ein Trostbrief für seinen Freund: Der schiffbrüchige „Durchnetzte trocknet sich, und den andern Morgen [...] hat das Meer schon wieder Appetit zu Feigen". Diese rätselhafte Anspielung am Schluß geht auf eine kleine altgriechische Schiffbruchsgeschichte mit seltsamer Pointe zurück. „Man erzählt, ein Kaufmann aus Sizilien habe mit seinem mit Feigen beladenen Schiffe Schiffbruch erlitten; darauf habe er, auf einem Felsen sitzend und die Meeresstille schauend, gesagt: Ich weiß, was es will, Feigen will es." [52]

---

52) Zitiert in: Goethes Briefe, Hamburger Ausgabe in 4 Bänden, Hamburg: Christian Wegner Verlag 1962 u.ö., Band 1, S. 611.

A 8. Johann Wolfgang Goethe (1749 – 1832): Auf der Woge mit meinem kleinen Kahn (1772)

Noch immer auf der Woge mit meinem kleinen Kahn, und wenn die Sterne sich ver-stecken, schweb ich so in der Hand des Schicksals hin, und Mut und Hoffnung und Furcht und Ruh wechseln in meiner Brust. [...]

[Wetzlar, etwa 10. Juli 1772]

(Aus einem Brief an Herder)

Goethe ist 23 Jahre alt, arbeitet als Jurist lustlos am Reichskammergericht in Wetzlar und lernt Charlotte Buff mit ihrem Verlobten Johann Christian Kestner kennen – die tragische „Werther"–Konstellation. Offenbar hat er im Hinblick auf seinen Beruf und seinen Lebensplan noch keinen festen Boden unter den Füßen. Leitsterne leuchten wohl am Himmel droben, ihm bleiben sie aber noch (hinter Wolken) verborgen. Währenddessen schlingert er mit seinem Lebensschiffchen orientierungslos dahin, wie Werther von Gefühlen scheinbar rettungslos hin– und hergerissen.

A 9. Johann Wolfgang Goethe (1749 – 1832): Eingeschifft auf der Woge der Welt (1776)

[...] Ich bin nun ganz eingeschifft auf der Woge der Welt – voll entschlossen: zu ent-decken, gewinnen, streiten, scheitern oder mich mit aller Ladung in die Luft zu sprengen. [...]

d. 6. März 76. Weimar

(Aus einem Brief an Lavater)

Als Goethe diesen Brief schrieb, war er erst seit vier Monaten in Weimar. Er hatte sich schon bald „in alle Hof– und politische Händel verwickelt" und fühlte, er werde „fast nicht wieder weg können" (Brief vom 22. Januar 1776 an Merck). Erneut wählt er den Topos vom Schiff und den Wogen. Doch nun treibt er nicht mehr schwankend im „kleinen Kahn"; jetzt ist er „ganz eingeschifft" und steuert „voll entschlossen" sein Lebensschiff „auf der Woge der Welt": Das kleine Fürstentum Weimar soll nun seine Welt werden. Hier will er die Welt für sich „entdecken" oder scheiternd – die Selbstmordgedanken der „Werther"–Zeit sind durchaus noch lebendig – sein Le-bensschiff „mit aller Ladung in die Luft [...] sprengen".

A 10. Johann Wolfgang Goethe (1749 – 1832): „Seefahrt" (1776)

Seefahrt

Taglang nachtlang stand mein Schiff befrachtet,
Günst'ger Winde harrend saß mit treuen Freunden
– Mir Geduld und guten Mut erzechend –
Ich im Hafen.

Und sie wurden mit mir ungedultig:
Gerne gönnen wir die schnellste Reise,
Gern die hohe Fahrt dir; Güterfülle
Wartet drüben in den Welten deiner,
Wird Rückkehrendem in unsern Armen
Lieb' und Preis dir.

Und am frühen Morgen ward's Getümmel,
Und dem Schlaf entjauchzt' uns der Matrose,
Alles wimmelt, alles lebet, webet,
Mit dem ersten Segenshauch zu schiffen.

Und die Segel blühen in dem Hauche,
Und die Sonne lockt mit Feuerliebe;
Ziehn die Segel, ziehn die hohen Wolken,
Jauchzen an dem Ufer alle Freunde
Hoffnungslieder nach im Freudetaumel
Reisefreuden wähnend wie des Einschiffmorgens
Wie der ersten hohen Sternennächte.

Aber gottgesandte Wechselwinde treiben
Seitwärts ihn der vorgesteckten Fahrt ab,
Und er scheint sich ihnen hinzugeben,
Strebet leise sie zu überlisten,
Treu dem Zweck auch auf dem schiefen Wege.

Aber aus der dumpfen grauen Ferne
Kündet leise wandelnd sich der Sturm an,
Drückt die Vögel nieder auf's Gewässer,
Drückt der Menschen schwellend Herze nieder;
Und er kommt. Vor seinem starren Wüten
Streckt der Schiffer weis' die Segel nieder;
Mit dem angsterfüllten Balle spielen
Wind und Wellen.

Und an jenem Ufer drüben stehen
Freund' und Lieben, beben auf dem Festen:
Ach, warum ist er nicht hiergeblieben!

Ach, der Sturm! Verschlagen weg vom Glücke
Soll der Gute so zu Grunde gehen?
Ach, er sollte, ach, er könnte! Götter!

Doch er stehet männlich an dem Steuer.
Mit dem Schiffe spielen Wind und Wellen,
Wind und Wellen nicht mit seinem Herzen.
Herrschend blickt er auf die grimme Tiefe
Und vertrauet, scheiternd oder landend,
Seinen Göttern.

(Entstanden am 11. 9.1776, veröffentlicht 1789)

Das Gedicht „Seefahrt" ist am 11. 9. 1776 entstanden und wurde 1777 veröffentlicht. Goethe ist nun seit zehn Monaten in Weimar. Im Juni 1776 ist er in den Staatsdienst getreten und vom Herzog zum Geheimen Legationsrat ernannt worden. Wie schon im Brief an Lavater sieht er also mit Recht sein „Schiff befrachtet". Seine „Seefahrt" in ein selbstverantwortetes Leben hinein erlebt er in vier Bildern: Hafen, Aufbruch, Wechselwinde, Sturm.

„Im Hafen" wartet er zunächst „mit treuen Freunden" auf „günst'ge Winde" für die „hohe Fahrt" (1. und 2. Strophe). Dann beginnt die Reise am frühen Morgen im allgemeinen „Freudetaumel" (3. und 4. Strophe). Jetzt wechselt die Perspektive vom persönlichen Ich zum distanzierten Er: Dies scheint nun die Sicht der „treuen Freunde" zu sein. Bald bringen „gottgesandte Wechselwinde" den „Schiffer" zwar ein wenig von der Fahrtrichtung ab, er bleibt aber seinem Ziel treu „auch auf dem schiefen Wege" (5. Strophe). Doch nun kommt Sturm auf. Der „Schiffer" reagiert fachgerecht, indem er zunächst die Segel streicht und sich dem Schicksal überläßt: „mit dem angsterfüllten Balle spielen / Wind und Wellen" (6. Strophe). Offenbar ist er noch nicht allzu weit gekommen, denn es folgt ein kurzer Rückblick auf die am Festland zurückgebliebenen jammernden Freunde (7. Strophe). Doch der Goethe der ersten Weimarer Jahre nimmt den Kampf mit dem Sturm des Schicksals jetzt bewußt auf, indem er vorwärts blickt. Anfangs erscheint er als Schiffseigner, der von seiner großen Seereise „Güterfülle" erwartet (2. Strophe); am Schluß zeigt er sich als Steuermann (8. Strophe), der sein Leben selbst fest in die Hand nimmt und mit männlichem Herzen „herrschend" auf die gefährliche Tiefe blickt. Noch steht ihm, wie im Brief an Lavater, ganz das Lebensrisiko vor Augen: zu landen oder zu scheitern. Doch nun hat er innere Festigkeit gewonnen. Er vertraut seinem „Herzen" und „seinen Göttern" (8. Strophe).

In seiner Sprache gehört das Gedicht, zumal mit seinen kühnen Sprachzusammenziehungen, noch zu den großen Sturm–und–Drang–Hymnen. Doch im Gegensatz zu diesen ist es nicht in Freien Rhythmen gestaltet, sondern in meist fünftaktigen Trochäen. So artikuliert sich energisches, stetiges Fortschreiten, wie es dem Festigkeit und Sicherheit suchenden und findenden 27jährigen Dichter und neuernannten Geheimen Legationsrat entspricht. „Hier kann man ahnen, daß aus diesem kraftfreudigen, schäumenden Sturm und Drang einmal die Klassik werden mußte" (Erich Trunz).

A 11. Johann Wolfgang Goethe (1749 – 1832): Zerbrochen ist das Steuer (1790)

Tasso. [...]

Nein, alles ist dahin! – Nur eines bleibt:
Die Träne hat uns die Natur verliehen,
Den Schrei des Schmerzens, wenn der Mann zuletzt
Es nicht mehr trägt – Und mir noch über alles –
Sie ließ im Schmerz mir Melodie und Rede,
Die tiefste Fülle meiner Not zu klagen:
Und wenn der Mensch in seiner Qual verstummt,
Gab mir ein Gott, zu sagen, wie ich leide.

Antonio (tritt zu ihm und nimmt ihn bei der Hand).

Tasso. O edler Mann! Du stehest fest und still,
Ich scheine nur die sturmbewegte Welle,
Allein bedenk' und überhebe nicht
Dich deiner Kraft! Die mächtige Natur,
Die diesen Felsen gründete, hat auch
Der Welle die Beweglichkeit gegeben.
Sie sendet ihren Sturm, die Welle flieht
Und schwankt und schwillt und beugt sich schäumend über.
In dieser Woge spiegelte so schön
Die Sonne sich, es ruhten die Gestirne
An dieser Brust, die zärtlich sich bewegte.
Verschwunden ist der Glanz, entflohn die Ruhe. –
Ich kenne mich in der Gefahr nicht mehr
Und schäme mich nicht mehr, es zu bekennen.
Zerbrochen ist das Steuer, und es kracht
Das Schiff an allen Seiten. Berstend reißt
Der Boden unter meinen Füßen auf!
Ich fasse dich mit beiden Armen an!
So klammert sich der Schiffer endlich noch
Am Felsen fest, an dem er scheitern sollte.

(Aus „Torquato Tasso", Schlußverse. Entstanden seit 1780; veröffentlicht 1790.)

Tassos Schlußrede bringt die Tragik seiner dichterischen Existenz in einem doppelten Gleichnis zum Ausdruck. Der das Schauspiel beherrschende Gegensatz des Dichters Tasso und des Staatsmannes Antonio wird zunächst zum Komplementärbild von *Welle* und *Fels*. Der weltkluge Politiker Antonio steht in der Brandung „fest und still" wie ein Felsen, den „die mächtige Natur [...] gründete", während der gefühlsgetriebene Dichter Tasso der „sturmbewegten Welle" gleicht, die im Sturm „flieht und schwankt und schwillt" und schäumend überkippt, bei Windstille aber auch bisweilen die Sonne und die Gestirne glänzend widerspiegeln konnte. [53]

Der Mann Tasso aber ist nun am Ende. Er ist ein Mensch, der „es nicht mehr trägt". „Die Träne" und „den Schrei des Schmerzens" hat *„die Natur"* allen Menschen verliehen. Allein dem Dichter aber gab – „noch über alles" – *„ein Gott"*, damit er sage, wie er leide, „Melodie und Rede". Unaufhaltsame Tränen und unartikulierte Schreie im Ausbrechen des äußersten Schmerzes sind am Ende so etwas wie ein letztes *Naturgeschenk* [54]. Gestaltete Sprache im Aussprechen des äußersten Leides ist dagegen ein seltenes *Gottesgeschenk* [55]. Denn während der Mensch in seiner Qual nur noch verstummt oder schreit, gab „ein Gott" dem Dichter Gestaltungskraft, um zu sagen, *wie* er leide. [56] Das *Was* „des Schmerzens" könnte jeden tödlich treffen; das *Wie* des Leidens steht allein in der Verfügungsmacht des Dichters. In der Tat sind es ja zwei urpoetische Aussageweisen, in die der Fassungslose hier seine Qual zu fassen vermag: Es ist die „Melodie" – das heißt *der Vers* –, und es ist die „Rede" – das heißt *die rhetorische Tradition*, die ihm hier den Topos vom Schiffbruch als Vor–Bild schenkt.

---

53) Das Bild von Wasser und Fels hatte Goethe schon im „Gesang der Geister über den Wassern" 1779 bei der Betrachtung des Schweizer Staubbach–Wasserfalls zu dem Gleichnis angeregt:

> Des Menschen Seele
> Gleicht dem Wasser [...].

Der freie Fall und die Felsvorsprünge, die diesen ein wenig hindern, bleiben hier (ebenso wie der „Abgrund") noch fast ganz Naturbild und werden nur als kaum störender Widerstand gesehen:

> Ragen Klippen
> Dem Sturz entgegen,
> Schäumt er unmutig
> Stufenweise
> Zum Abgrund.

Erst im Schlußgleichnis des „Tasso" werden Welle und Fels – nun in der Brandung – zu Gegenbildern und im Zusammenprall zum Bild des Scheiterns.
In der 3. Strophe von „Hyperions Schicksalslied" (entstanden 1798) gestaltet Hölderlin ein verzweifeltes Bild der „leidenden Menschen": Sie fallen „wie Wasser von Klippe zu Klippe geworfen / Jahr lang ins Ungewisse hinab".
Im „Hyperion"-Roman (1797/99) wendet Hölderlin dann fast das gleiche Bild von Woge und Fels dialektisch ins Positive. Hier vergeistigt sich das Scheitern am Schicksal zur Sublimierung in der Poesie: „Des Herzens Woge schäumte nicht so schön empor, und würde Geist, wenn nicht der alte stumme Fels, das Schicksal, ihr entgegenstände." (1. Band, 1. Buch, 8. Brief Hyperions an Bellarmin)

54) So endet Fausts nächtlicher Selbstmordversuch zu Beginn der Tragödie mit den Worten: „Die Träne quillt, die Erde hat mich wieder!" (V. 784)

55) Daß „ein Gott" es ist, der „Melodie und Rede" gibt, ist älteste Tradition. Schon der neben Homer früheste griechische Dichter, Hesiod, berichtet – wie später auch andere – von seiner göttlichen Berufung zum Dichter.

56) Goethes „Elegie" (1823), die mit der Klage endet: die Götter „richten mich zu Grunde", beginnt mit einem Motto, das ein Selbstzitat aus „Tasso" ist. Hier ändert Goethe das „wie" in ein „was": „Und wenn der Mensch in seiner Qual verstummt, / Gab mir ein Gott zu sagen, was ich leide."

Nach dem Gefühlsausbruch Tassos –"Ich kenne mich in der Gefahr nicht mehr [...]" – verwandelt sich das Gleichnis von *Fels* und *Welle* nun in ein zweites: das Bild vom *Felsen* und dem *Schiffbrüchigen*. In diesem Topos verdichtet sich die Tragik vollends. Der Zusammenbruch des modernen Dichters wird sichtbar in einem dichterischen Bild, das er – sich an den alten Topos klammernd – neu gestaltet. So kann er, dem es gegeben ist, zu sagen, *wie* er leidet, sein subjektives Scheitern poetisch objektivieren: Das „Steuer" des Lebensschiffs ist „zerbrochen"; die Planken unter seinen Füßen bersten.

Seit November 1775 ist Goethe am Weimarer Hof – ein Hofdichter, ähnlich wie (im 16. Jahrhundert) Torquato Tasso am Hof zu Ferrara. Der 26jährige Goethe will nun in Weimar, wie er an Lavater schreibt (A 9), sein Lebensschiff „auf der Woge der Welt" steuern; er will „mit aller Ladung" landen oder scheitern. Ein halbes Jahr danach nimmt er in seinem Gedicht „Seefahrt" (A 10) das Steuer seines Lebensschiffs fest in die Hand. Doch am Ende seines Schauspiels „Torquato Tasso", an dem er zwischen 1780 und 1789 arbeitete, steht für den Dreißig– bis Vierzigjährigen das Scheitern. [57]

Das Schlußbild von „Welle" und „Fels" und vom furchtbaren Schiffbruch am Felsen entspricht zwar einer Variante des althergebrachten Topos, erwächst aber zugleich aus **zwei persönlichen Erlebnissen auf See**.

Als Goethe während seiner Italienischen Reise von Rom über Neapel nach Sizilien fährt, nimmt er von seinen poetischen Arbeiten nur die 1780/81 entstandenen zwei Akte in Prosa mit, um sich unterwegs endlich über die Gestaltung des Ganzen klar zu werden. Er fühlt sich (noch immer oder erneut) „von ungeheuren Mächten hin und wider geworfen", so daß er nicht immer weiß, wo er steht. Um dies zu veranschaulichen, erzählt er, *bevor* er von Rom nach Neapel fährt, um dort an Bord zu gehen, unter dem 21. 2. 1787 die Anekdote von einem Schiffer, der in einer stürmischen Nacht auf See ein Licht „bald unten, bald oben" sah. Es war „die Flamme des Leuchtturms gewesen", die dem „von wilden Wogen auf und nieder geschaukelten Auge" so unstet erschienen war. Und so sieht er noch vor der Abreise sich selbst – haltlos Halt suchend – als Schiffer in rauher See:

> Auch ich steure auf einem leidenschaftlich bewegten Meere dem Hafen zu, und halte ich die Glut des Leuchtturms nur scharf im Auge, wenn sie mir auch den Platz zu verändern scheint, so werde ich doch zuletzt am Ufer genesen.

Es ist, als hätte er es in Rom schon vorausgesehen: Tatsächlich erlebt er auf dem Seeweg zwischen Neapel und Sizilien auf der Hin– und Rückreise zwei gefährliche Situationen, die zum konkreten biographischen Lebensbezug für die Gestaltung des Schlußbildes im „Tasso" werden.

Über seine fünftägige Fahrt im Segelschiff von Neapel nach Palermo und über seine Arbeit am „Tasso" (am 31. März und 1. April 1787) berichtet Goethe:

> [...] Das Meer fing an, höher zu gehen, und im Schiffe war fast alles krank.

Auch er selbst liegt seekrank in der Koje:

---

57) Ein französischer Kritiker nannte den „Tasso" einen „gesteigerten 'Werther'", eine Formulierung, die Goethe als treffend akzeptierte.

Ich blieb in meiner gewohnten Lage, das ganze Stück ward um und um, durch und durch gedacht. [...]

Um drei Uhr morgens heftiger Sturm. Im Schlaf und Halbtraum setzte ich meine dramatischen Plane fort, indessen auf dem Verdeck große Bewegung war. [...] Gegen Anbruch des Tages legte sich der Sturm, die Atmosphäre klärte sich auf. [...]

Ich wagte mich manchmal aufs Verdeck, doch ließ ich meinen dichterischen Vorsatz nicht aus dem Sinne, und ich war des ganzen Stücks so ziemlich Herr geworden.

Der Plan des Schauspiels, das mit dem Bild eines Schiffbruchs endet, ist also während einer zum Teil stürmischen Seereise „im Walfischbauch ziemlich gediehen" (2. 4. 1787). Die meisten Mitreisenden sind, wie auch Goethe, seekrank. „Die Segel mußten eingenommen werden, das Schiff schwebte auf den hohen Fluten." Doch der Dichter erholt sich bei Weißbrot und Rotwein in der Koje und durchdenkt indessen unbeirrt sein Werk. Während des etwa dreistündigen Sturms hatte er sich „im Schlaf und Halbtraum" mit dem „Tasso" beschäftigt, danach ganz bewußt. Schließlich ist er offenbar nicht wenig stolz darauf, daß er gerade in dieser gefährlichen Lage seines so lange geplanten Stückes Herr geworden ist.

Für das Schlußbild des Scheiterns am Felsen gibt es zudem ein besonderes „Meeresereignis" als unvergeßlichen Erfahrungshintergrund. Auf der Rückreise von Sizilien erlebt Goethe vor Capri selbst beinahe das Scheitern seines Segelschiffes an der Felseninsel. Am 14. Mai 1787 wird das Schiff bei Nacht vom Kurs abgetrieben. Da kein Lüftchen weht, ist der Segler manövrierunfähig und wird von der Strömung „unwiderstehlich nach dem schroffen Felsen" in die Brandung hineingezogen. Die Passagiere sind von „Grauen" und Verzweiflung erfaßt, der Kapitän ist ratlos. Die Ziegenhirten, die oben von den Felsen auf das schreckliche Schauspiel hinabschauen, freuen sich anscheinend schon auf die „Beute, die sie am andern Morgen aufzufischen" gedenken. Goethe beruhigt die schreienden Schiffspassagiere, indem er sie lautstark zum Beten auffordert und an den Sturm auf dem See Tiberias gemahnt, den Jesus einst stillte. Er selbst wird wieder seekrank und erinnert sich, in der Kajüte „halb betäubt" auf der Matratze liegend, ganz deutlich an den betreffenden Kupferstich in der elterlichen Merian–Bibel, und mit diesem „sinnlich–sittlichen" Bild vor Augen beruhigt er sich in der Todesangst selbst. Nach einer „harten Nacht" treibt endlich aufkommender Wind das Schiff von der „gefährlichen Felseninsel" weg. Alle können aufatmen und sind gerettet.

Anders im „Tasso". Das Schauspiel endet mit dem Bilde vom Schiffbruch und Scheitern am Felsen. Und es endet mit einem *Paradox*: Der Dichter (Goethe) faßt das *Scheitern* des Dichters (Tasso) neu in ein altes Bild – und so erreicht er endlich das *Gelingen* seines Werkes. Das subjektive Scheitern verwandelt sich im Medium der Dichtung zum objektiven Gelingen. Und das ist entscheidend. Denn eben in diesem Paradox zeigt sich ein Konstituens moderner Dichtung. (Mehr dazu im folgenden.)

Doch ist nicht im alten *Topos von der Lebensfahrt auf dem Meer der Welt* dieses gelingende Scheitern von vornherein schon angelegt? Der Irrfahrer Odysseus verliert eins nach dem andern – seine Mannschaft, sein Boot, sein Floß – und rettet nur das nackte Leben auf eine fremde Insel, die sich dann freilich als paradiesisch erweist. Zenon, der Begründer der stoischen Philosophie, sagt (wie anfangs schon zitiert): „Jetzt, da ich Schiffbruch erlitten habe, bin ich gut in Fahrt." Augustinus (A 3) ist überzeugt: Nur „Stürme" (Schicksalsschläge, Grenzerfahrungen) treiben den Irrfahrer zum „Festland des glücklichen Lebens". Gryphius (A 5) erlebt das Zerbrechen seines Lebensschiffes als Befreiung der im hinfälligen Körper gefangenen Seele und als Erlösung.

Es ist also kein Zufall, wenn Goethe den alten *Topos von der Lebensfahrt auf dem Meer der Welt* mit Blick auf das Scheitern im Schlußbild seines „Tasso" aufgreift: Ihm wird Dichtung selbst zur Lebensrettung. Er steht damit – auf seine Weise – in einer langen Tradition. Die dem Topos von Anfang an innewohnende Dialektik von Scheitern und Gelingen erhält hier freilich eine neue, eine moderne Wendung: Indem der Dichter sein Scheitern als Dichter gestaltet, kann moderne Dichtung gelingen.

Moderne Dichtung? Gottfried Benn, der 1920 den hochexpressiven Essay „Das moderne Ich" schrieb, zitiert später an anderer Stelle ein Wort von Joseph Conrad [58]:

> Dichten heißt, im Scheitern das Sein erfahren.

Inwiefern aber ist dies modern? Der beliebte Begriff wirkt leicht beliebig, denn er ist in der Tat kaum eindeutig zu definieren. Hier soll er im Sinne des Paradigmenwechsels [59] verstanden werden als Gegenbegriff zur geistigen Wirklichkeit eines vergangenen, traditionsgesicherten, geschlossenen Weltbildes. Als zentrale Themen moderner Dichtung können in diesem Sinne die Erfahrung des finalen Scheiterns, das Erlebnis des „Geworfenseins", das Existieren in einer Welt der „leeren Transzendenz" [60] gelten. Man denke an Kafka, Camus, Becket, die das Erleben des Verlorenseins, der Ziellosigkeit und der Vereitelung zu großer Dichtung gestalten.

Die oft verzweifelte Haltsuche des modernen Dichters bewirkt um 1800 Rückwendungen zu gegenmodernen, geschlossenen Weltbildern: Die Weimarer Klassik findet ihre heile Welt in der erneut entdeckten Antike; die Romantik im neuerdings entdeckten christlich–europäischen Mittelalter; der späte Goethe „im reinen Osten" des mittelalterlichen persischen Dichters Hafis ... Den Heilsweg zu diesen *regressiven Utopien* weist die Kunst. [61] Im offenen Meer der neuzeitlichen Ungewißheit und Orientierungslosigkeit wird für manche der Evokationszauber der Poesie und Kunst

---

58) Joseph Conrad (1857 – 1924) gilt als großer Romancier: als Dichter der existentiellen Einsamkeit, der Urgewalt der Elemente, der Weite und der Gefahren der Meere. Er war lange Zeit Kapitän der englischen Handelsflotte. Das „Scheitern" war für ihn keine romanhafte Metapher: Er wußte aus eigener Erfahrung, was Schiffbruch bedeutet.

59) Dieser Begriff stammt von dem amerikanischen Wissenschaftshistoriker Thomas S. Kuhn (+ 1996). Er versteht darunter den Wechsel einer „entire constellation of believes, values, techniques, and so on, shared by the members of a given community" (in „The Structure of Scientific Revolutions", Chicago 1962, S. 175), das heißt: einer Gesamtkonstellation von Überzeugungen, Werten, Verfahrensweisen usw., die von den Mitgliedern einer bestimmten Gemeinschaft geteilt werden.

60) Dies ist ein wichtiger Begriff in Hugo Friedrichs Standardwerk „Die Struktur der modernen Lyrik". Hamburg (Rowohlt Verlag), 1956 u.ö. (erweiterte Neuausgabe). Vgl. hier u.a. „Die leere Idealität" bei Baudelaire (S. 47 ff.) und „Leere Transzendenz" bei Rimbaud (S. 61 ff.).

61) Es sind in der Tat unrealistische, poetische Utopie–Bilder von der griechisch–römischen Antike, vom europäischen Mittelalter und vom alten Orient, und man ist sich des Gewollten und Fiktiven dieses Fliehens auf weit entfernte Epochen–Inseln weitgehend bewußt.

zum wegweisenden Leuchtfeuer; [62] anderen gibt die Erneuerung der christlichen, zumal der katholischen Glaubenstreue noch einmal festen Halt. [63] So kann bei Tieck Kunst zur Religion werden und bei Eichendorff Religion zur Kunst.

A 12. Johann Wolfgang Goethe (1749 – 1832):
Ein alter Schiffer auf dem Ozean der Natur (1828)

[...] Ein alter Schiffer, der sein ganzes Leben auf dem Ozean der Natur mit Hin- und Widerfahren von Insel zu Insel zugebracht, die seltsamsten Wundergestalten in allen drei Elementen beobachtet und ihre geheim–gemeinsamen Bildungsgesetze geahnt hat, aber, auf sein notwendiges Ruder-, Segel- und Steuergeschäft aufmerksam, sich den anlockenden Betrachtungen nicht widmen konnte, der erfährt und erschaut nun zuletzt: daß der unermeßliche Abgrund durchforscht [...] und ein so großes und unglaubliches Geschäft wirklich getan sei. [...]

Weimar den 10. Juni 1828.
(Aus einem Brief an Graf von Sternberg)

Der alte Goethe schätzt noch immer (bis hin zu seinem letzten Brief, s.u.) den *Topos von der Lebensreise als Seefahrt*. Hier, in einem seiner Briefe an den Botaniker und Paläontologen Graf von Sternberg, blickt er auch auf seine eigenen lebenslangen Streifzüge als vielseitiger Naturforscher nicht ohne Zufriedenheit zurück. Und nun klingt der wiederum abgewandelte Topos von dem altgewordenen „Schiffer" ganz undramatisch, ja, heiter und abgeklärt: Seine zahlreichen Forschungsgebiete – Botanik, Anatomie, Morphologie, Geologie, Mineralogie, Bergbau, Meteorologie, Farbenlehre ... – erscheinen ihm hier wie Inseln auf dem „Ozean der Natur", zwischen denen er sich – fast wie der entdeckungsfreudige, aber auch Verlockungen widerstehende Odysseus – umhertreiben ließ, glücklicherweise ohne Schiffskatastrophen. [64] Und so kann er auch andere die Natur erforschende Fahrensleute wie Graf von Sternberg zu ihren Entdeckungen beglückwünschen.

Goethe gefiel seines Variante des Topos übrigens so gut, daß er diesen Abschnitt am 8. 6. 1828 textgleich an den Naturwissenschaftler Carus sandte, der ihm sein osteologisches Werk zugeschickt hatte.

---

62) Vergleiche das Sonett von Tieck (A 14): Die „Poesie" ist für den Romantiker das erhellende Leuchtfeuer der Lebensorientierung schlechthin.

63) Vergleiche die beiden Gedichte des katholischen Romantikers Eichendorff (A 15 und A 16): Unverrückbare Leitbilder sind für ihn die drei Göttlichen Tugenden und unbeirrbares Gottvertrauen.

64) Doch er erlebte auch schmerzliche Enttäuschungen als Naturforscher. Seine anatomische Entdeckung des Zwischenkieferknochens auch beim Menschen (1784), auf die er mit Recht stolz war, wurde seinerzeit von den Fachgelehrten abgelehnt. Seine jahrzehntelange Arbeit an den zwei umfangreichen Bänden „Zur Farbenlehre" (1810), in denen er erbittert gegen Newtons „Optics" (1704) polemisierte, erwies sich für die exakte Naturwissenschaft in der Tat als nicht akzeptabel.

A 13. Johann Wolfgang Goethe (1749 – 1832):
Wie ein Wrack in Trümmern (1832)

[...] Der Tag aber ist wirklich so absurd und konfus, daß ich mich überzeuge, meine redlichen, lange verfolgten Bemühungen um dieses seltsame Gebäu [gemeint ist „Faust II"] würden schlecht belohnt und an den Strand getrieben, wie ein Wrack in Trümmern daliegen und von dem Dünenschutt der Stunden zunächst überschüttet werden. [...]

Weimar
den 17. März
1832

(Aus einem Brief an Wilhelm von Humboldt)

Noch im letzten Brief, den Goethe fünf Tage vor seinem Tode schrieb, wählt er den *Topos von der Meeresfahrt*, um eine höchst merkwürdige Entscheidung zu begründen und auch durch diesen Topos ein letztes Mal von den „Geheimnissen des Lebens" zu sprechen.

Nachdem Goethe im Juli 1831 sein „Hauptgeschäft zu Stande gebracht" und „Faust. Der Tragödie zweiter Teil" vollendet hat, siegelt er das Manuskript ein und bestimmt, es dürfe erst nach seinem Tode veröffentlicht werden. Wilhelm von Humboldt bat ihn nun, diese Entscheidung zurückzunehmen. Goethe lehnt ab: Ihm seien die jetzigen Zeiten zu verworren; daher sei nicht zu hoffen, daß sein Werk angemessen gewürdigt werden könnte. Mit der milden Selbstironie des Alters nennt er „Faust II" im Satz vor der zitierten Stelle seine „sehr ernsten Scherze" und im hier zitierten Satz ironisch altertümelnd ein „seltsames Gebäu" [65]. Wollte er es noch zu seinen Lebzeiten in die Welt – sozusagen wie ein Frachtschiff auf das wildbewegte Meer – hinausschicken, würden wohl seine „redlichen, lange verfolgten Bemühungen um dieses seltsame Gebäu [...] an den Strand getrieben" und strandend scheitern. Was er „über sechzig Jahre" hin im „Faust" aus verschiedenen Einzelteilen als „Gebäu" zusammengebaut hat (davon ist zuvor im Brief die Rede), das würde alsbald „wie ein Wrack in Trümmern daliegen". Das heißt, die Philologen würden gewiß sogleich all das redlich und wohlweislich Zusammengefügte auseinandernehmen, um es dergestalt auszulegen. Und die Teile würden dann – „zunächst" – von den Schuttablagerungen des Alltags verschüttet, so wie die Trümmer eines gestrandeten Schiffes vom Dünensand überweht werden.

Humboldt hatte Goethe anfangs nach seiner „Art der Produktion" gefragt und sodann eindringlich um die Veröffentlichung des letzten Großwerkes gebeten. In seiner Antwort spricht Goethe in der Tat zunächst vom Entstehungsprozeß seiner Werke, insbesondere des „Faust" – und dann von seiner äußersten Skepsis, was ihre Rezeption bei seinen „lieben Deutschen" betrifft. „Die mannigfaltigen Bezüge [...]

---

65) Das Deutsche Wörterbuch von Jacob und Wilhelm Grimm erklärt dieses Wort als Substantiv zum Verb „bauen" in dessen ganzer Bedeutungsbreite: „Gebäu" meint Bauwerke aller Art. Als ältere Nebenform von „Gebäude" wurde es (schon zur Goethezeit) nur noch dichterisch oder auch spöttisch als absichtlich altertümelnde Rede verwendet. Man gebrauchte es namentlich im Bereich von Feldbau, Bergbau und „von einem Schiffe, dichterisch (vgl. französisch bâtiment)".

zwischen dem Bewußten und dem Unbewußten" im geheimnisvollen Schaffenspro-
zeß *und* das erwartete Scheitern seines Werkes, wenn es beim Publikum 'landen'
würde – das also, was zu Beginn während des schöpferischen Aktes geschieht *und*
das, was das vollendete „Gebäu" am Ende erwartet, wenn es wie ein hochbefrachte-
tes Schiff 'ankommt', ist Goethes allerletztes Thema. Dies gehört, so sagt der greise
Dichter im Schlußsatz, für ihn zu den „Geheimnissen des Lebens".

A 14. Ludwig Tieck (1773 – 1853):
Das Licht des Leuchtturms – die Poesie (1800)

Poesie

Hinblickend zu des Lebens wüsten Meeren,
Versteh' ich, wie wir alle irren müssen,
Wie wir, von Wind und Wellen hingerissen,
Rund angekämpft, fortschweben in dem Leeren.

Was hilft's, mit Schwert und Schild sich zu bewehren?
Was frommt bei Sturm und wilden Regengüssen
Auch der Magnet und unser bestes Wissen?
Wir werden nimmer so zum Hafen kehren.

Doch will ein freundlich Feuer sich erhellen,
Das froh erglänzt von hoher Türme Zinnen,
Dann weiß das Schiff, wie es die Segel richte.

So ward ich früh gelenkt von deinem Lichte:
Die Poesie ließ mich den Weg gewinnen,
Zur Heimat trugen mich die goldnen Wellen.

(Veröffentlicht 1800)

I 4: Rund = von allen Seiten
II 3: Magnet = Steuerkompaß mit Magnetnadel

ZUR EINORDNUNG DES TEXTES

Ludwig Tieck stammt aus einer Berliner Handwerkerfamilie. Er gilt als einer der Initiatoren der deutschen Frühromantik und gehörte im weiteren Sinne zum Kreis der Jenaer Romantiker. Schon früh, als Schüler, war er literarisch interessiert. Viele romantische Ideen und Motive hat er erfunden und als Dichter gestaltet. Zudem war er Schaupieler, Rezitator, Literaturkritiker und Shakespeare–Übersetzer. Sein Einfluß auf die Malerei und Kunsttheorie der Romantik ist kaum zu überschätzen.

Als Romantiker wendet er sich von der politischen und gesellschaftlichen Wirklichkeit seiner Zeit ab und erklärt die Kunst zur höheren Realität, ja, sie wird für ihn, wie damals für viele, zur Kunst–Religion. Darum sollte – nach einem Wort von Novalis – die Welt „romantisiert werden". Die romantisierte und poetisierte Welt aber steht im schroffen Gegensatz zur aufklärerischen Welt des Verstandes und der Wissenschaft.

Das Sonett „Poesie" veröffentlichte der 27jährige Tieck im Jenaer „Poetischen Journal" von 1800. Dies ist nicht bloß ein rundes Datum: Die Jahrhundertwende ist die Hoch–Zeit der Klassik *und* der Romantik; man spricht daher zuweilen auch von der „Kunstperiode".

ZUR ANALYSE DER AUSSAGE

Im lapidaren Titel des Sonetts verbirgt sich ein romantisches Programm: Ohne ein
Attribut (wie etwa *„Die* Poesie" oder *„Romantische* Poesie") ist hier das Wort
„Poesie" absolut gebraucht: „Poesie" steht nicht nur als Überschrift über den folgenden Versen. Sie steht schlechthin über allem. Und auch der Topos, der dieses Sonett inhaltlich strukturiert, entspricht diesem höchsten Anspruch: Er stammt aus den
ältesten Zeiten der Philosophie und Poesie, und er betrachtet das gesamte Leben des
Menschen als Fahrt auf dem Meer der Welt. Auch die Gedankenlyrik des Gedichts
beansprucht, umfassend zu sein: Sie schreitet vom reflektierenden Ich über das alle
Menschen einschließende Wir zum bekennenden und zugleich exemplarischen Ich.

In diesem Sonett sind zahlreiche *Bildelemente des alten Topos* versammelt:
„des Lebens wüste Meere", „Wind und Wellen", der „Sturm", „die Segel", das
„Irren" und der „Hafen". Neu ist die Nennung von Hilfsmitteln, mit denen man sich
im Überlebenskampf wappnet: „Schwert und Schild", „Magnet" (Kompaß) und
(nautisches) „Wissen". Allein, sie bewahren nicht vor den ringsum drohenden Gefahren, sie helfen nicht weiter, sie geben dem im „Leeren" Schwebenden keinen Halt,
dem Irrenden kein Ziel. Erst ein bisher in den Varianten dieses Topos noch nicht
aufgetauchtes Bild verspricht Rettung: der Leuchtturm am Ufer. [66] Doch von woher
scheint dieses erleuchtende Licht?

ZUR STRUKTUR DES TEXTES

Tiecks Sonett ist, wie es diesem Gedichttypus entspricht, antithetisch aufgebaut. In
den beiden Quartetten werden die Bedrohung des Lebens und die vergeblichen Ge-
genmittel geschildert. Am Beginn der Terzette markiert das „Doch" die Wende zur
Rettung. „Ein freundlich Feuer" ist es, das allein die wahre Orientierung verspricht.
Aber diese Metapher wird erst in der Abschlußstrophe überraschend entschlüsselt:
Es ist das „Licht" der „Poesie", das den Weg zum Ziel, zur „Heimat", weist.

Der Gegensatz spannt sich – wie bei Gryphius – von der ersten zur letzten Zeile
des Sonetts: von der Unsicherheit auf den „wüsten Meeren" (I 1) bis zu den „goldnen
Wellen" (IV 3). Sie tragen endlich den Irrfahrer aus dem bodenlosen „Leeren" zur
Geborgenheit in der „Heimat".

ZUR ANALYSE DER SPRACHE DES TEXTES

Tiecks Bildersprache ist – ähnlich wie die von Gryphius – allegorisch. Zunächst wird
die Metaphorik der Lebensfahrt bis ins Detail ausgestaltet. Traditionell entspricht
das „Meer" der Welt oder dem Leben, das „Schiff" dem Menschen, „die Segel" sind
der richtunggebende Antrieb für die Lebensführung, und „Wind und Wellen",
„Sturm und wilde Regengüsse" gleichen den naturgegebenen Lebensbedrohungen.
Ein Bildwort aber, das bislang in keiner Variante des Topos auftauchte, ist das
„Leere" (I 3). Auf den ersten Blick scheint es nur das bisweilen als beängstigend
erlebte „Fortschweben" in der Offenheit des Meeres auf hoher See zu bedeuten. Bedenkt man allerdings die Entstehungszeit des Gedichtes und die moralische und see-

---

66) Die Anekdote mit dem Leuchtturm und dem Schiffer, die Goethe in der „Italienischen Reise"
unter dem Datum des 21. 2. 1787 erzählt, um sie auf sich selbst zu beziehen (vergleiche den
obigen Kommentar zum Schluß des „Tasso"), konnte Tieck nicht kennen, da die „Italienische
Reise" erst 1816/17 veröffentlicht wurde.

lische Zerrissenheit des jungen Dichters [67], wird klar, daß hier mehr gemeint ist. Es ist das, was Hugo Friedrich (wie oben erwähnt) die „leere Transzendenz" des modernen Menschen nennt, der sich im Grunde nicht mehr von der Sinnfülle und altbewährten Festigkeit des christlichen Glaubens gehalten weiß. [68] Gegen *diese* angsterregende „Leere" kann man sich nicht mehr traditionell wappnen mit „Schwert und Schild" zu Trutz und Schutz, Angriff und Verteidigung. Und die moderne Technik und Wissenschaft: „der Magnet und unser bestes Wissen"? Sie sind doch bloß instrumentelle Hilfsmittel und geben darum dem Lebensschiff letztlich weder Richtung noch Ziel.

Aber dem romantischen Irrfahrer zeigt sich am Horizont „ein freundlich Feuer", „das froh erglänzt von hoher Türme Zinnen" (III 1–2). *Die „Poesie"* ist es, die da leuchtet, alles erhellend. „Poesie" aber bedeutet für den Romantiker nicht eine spezielle Sparte künstlerischer Tätigkeit. Sie ist ihm vielmehr der Inbegriff dessen, was dem bedrängten, haltlos gewordenen Leben des modernen Menschen allein Lebenssinn, Lebensziel und Geborgenheit, ja Erleuchtung geben soll. „Hafen" und „Heimat" sind hier als Erfüllung Gegenbegriffe zu „dem Leeren", in dem wir als neuzeitliche Menschen „fortschweben". Gelänge es nun aber, die Welt zu „romantisieren", verwandelten sich die sturmgepeitschten „Wellen" im Lichte der Poesie in „die goldnen Wellen", welche die Irrenden sanft zur „Heimat" tragen.

Die „Poesie" also schenkt Erfüllung statt der Sinnleere; durch Sinngebung bewahrt sie vor dem Stranden und Scheitern im Leben. [69] Dieser höchste Rang entspricht hier dem, den Cicero und Seneca einst der Philosophie (bzw. der Vernunft) und Gryphius der Religion (bzw. dem Glauben) zugesprochen haben. Nun sollen Philosophie und Religion eins sein im Namen der Poesie.

Schließlich erinnert das Leuchtfeuer „von hoher Türme Zinnen" an den jenseitigen Glanz des „ewig–lichten Schlosses" am Schluß des Gryphius–Sonetts. Die hohen Türme mit ihren wehrhaften Zinnen entsprechen ja keineswegs den bekannten funktionalen Leuchttürmen an unseren Küsten; sie verweisen stattdessen deutlich auf das ewige Jerusalem, die hochgebaute Stadt – einen geheimnisvollen Ort also, der sich hinter den hohen, leuchtenden Türmen verbirgt.

Die alles erhellende und heilsame Wirkung der Poesie hat der junge Tieck, wie man auch aus seiner Biographie weiß, früh schon an sich selbst erfahren (IV 1–3). Als Lebensweisung spendendes „Licht" von oben wird ihm dann die Poesie selbst immer mehr zu etwas Göttlichem. Die Kunst, die Dichtung wird in der Goethezeit, wie schon gesagt, ja für viele zur Kunst–Religion. Und Poesie wird hier selbst zu Utopia, das heißt zum fiktiven Ort (= U–Topos), wo das Ideale als verwirklicht

---

67) Der Typus des unglücklichen „Zerrissenen" zeigt sich in Tiecks partiell autobiographischem Briefroman „Geschichte des Herrn William Lovell" (1795/96) und in ähnlichen „Herzensergießungen" dieser Zeit des Umbruchs.

68) Eben deshalb suchen so viele Romantiker Halt im Glauben an die Macht der Musik, der Poesie und der Kunst wie auch der Religion, die man im Mittelalter insgesamt harmonisch vereint sah. Dies zeigen Wackenroders „Herzensergießungen eines kunstliebenden Klosterbruders" (1796/97), die sein Freund Tieck herausgab, „Franz Sternbalds Wanderungen" (1798) von Tieck oder „Die Christenheit oder Europa" (1799) von Novalis.

69) Den Dichter des „Werther" mag sie in der Tat gerettet haben. Kleist, die Günderode und auch Hölderlin aber sollte sie nicht vor dem Scheitern bewahren.

imaginiert ist. In Tiecks Sonett kommt es im freundlichen Feuer auf den hohen Türmen andeutungsweise zum Vor–Schein.

Doch dieses Sonett reflektiert nicht allein über Poesie als das Höchste, es ist auch selbst hochpoetisch gestaltet. Dem traditionellen antithetischen Aufbau entspricht die kontrastive Wortwahl. In den beiden Quartetten herrschen negativ–pessimistische Adjektive und Verben vor: „wüst", „wild"; „hingerissen", „angekämpft"; „fortschweben". In den beiden Terzetten sind sie dagegen positiv–optimistisch: „freundlich", „froh", „hoch", „golden"; „erhellen", „erglänzen", „wissen", „gelenkt werden", „gewinnen", „tragen".

Reihungsfiguren intensivieren die Aussage. Dies geschieht durch Substantivpaare, die zum Teil mit Alliteration verbunden sind: „Wind und Wellen", „Schwert und Schild", „Sturm und wilde Regengüsse", „der Magnet und unser bestes Wissen". Anaphern unterstützen den Gleichlauf der Gedanken als Aussagen:

> [...] „Versteh' ich, wie wir alle irren müssen,
> Wie wir [...] fortschweben in dem Leeren" (I 2–3);

und als rhetorische Fragen:

> „Was hilft's [...]?"
> „Was frommt [...]?" (II 1–2).

Die fünfhebigen Jamben wirken leichtfüßig, zumal im Vergleich mit den gewichtigen sechsfüßigen Alexandrinern bei Gryphius anderthalb Jahrhunderte zuvor in der Barockzeit. Fast jeder Vers endet bei Tieck im Zeilenstil gleichmäßig mit einem Satzzeichen (außer II 2/3). Beide Quartette artikulieren den gleichen Grundgedanken und sind – in diesem Sinne – verbunden durch denselben umarmenden Reim (a b b a, a b b a).

Was im ersten Terzett generell ausgesagt ist, spiegelt sich im zweiten als exemplarischer Fall. Und so sind beide Terzette miteinander verflochten durch den doppelt umschließenden Reim (c d e, e d c). Die leichte Bewegung der fünffüßigen Jamben schwingt dann melodisch aus in den Reimkadenzen, die alle weiblich oder klingend sind.

In Tiecks Sonett harmonieren alle rhetorischen und lyrischen Gestaltungsmittel und werden auf diese Weise ein romantisches Klangbild und Sinnbild der „Poesie".

A 15. und A 16. Joseph von Eichendorff (1788 – 1857): Der glaubensfeste Steuermann – frei auf offener See

ZUR PERSON UND ZUR GEISTESGESCHICHTLICHEN SITUATION DER ZEIT

Joseph Freiherr von Eichendorff lebte von 1788 bis 1857. Das heißt, die 69 Jahre seines Lebens bewegen sich – ähnlich wie die zehn Jahre kürzere Lebensspanne Heinrich Heines (1797 – 1856) – zwischen der Französischen Revolution, der Restauration und der März–Revolution in Deutschland (1848). Am östlichen Rande des deutschen Reiches, in Schlesien, ist er geboren: im Dreiländereck von Deutschland, Polen und Mähren. Der junge Freiherr verlebt eine unbeschwerte Kindheit in den Jahren des vergehenden Feudalismus; die allmähliche Industrialisierung in der ersten Hälfte des 19. Jahrhunderts nimmt er kaum wahr. Er wächst auf in der Idylle eines ländlich–aristokratischen Lebens, in einer friedlichen Symbiose von Landadel und Bauern, die damals gerade zu Ende geht. Nach der Verschuldung seines Vaters, der seine Landgüter verkaufen muß, ist er fast mittellos und wird preußischer Beamter. Er selbst ist alles andere als ein „Taugenichts".

Bis heute gilt Eichendorff als der populärste romantische Dichter in Deutschland, ja, er ist wohl der einzige, der – soweit man so etwas heute noch sagen kann – volkstümlich ist. Viele seiner Gedichte sind zu Volksliedern geworden. Und seine Novelle „Aus dem Leben eines Taugenichts" (1823/26) ist – nein: war – nach dem Zeugnis des Realisten Theodor Fontane „nicht mehr und nicht weniger als eine Verkörperung des deutschen Gemüts [...]. Kein andres Volk hat solch Buch".

Das legt den Verdacht nahe, der Grund hierfür könnte womöglich eine simple Formelhaftigkeit seiner Sprache und seiner unbeschwerten poetischen Welt sein. Oder wurde seine romantische Poesie nur zerlesen und zersungen und so zum Klischee? Es sind wohl vor allem zwei Klischees, das **fröhliche Wandern** und der **frohgemute Glaube**, wie sie sich exemplarisch in den Versen verbinden:

> Wem Gott will rechte Gunst erweisen,
> Den schickt er in die weite Welt [...].

Bei näherem Zusehen entdeckt man freilich, daß es sich durchaus nicht um wohlfeile Klischees handelt. Die Unbeschwertheit und die freie Leichtigkeit seiner Poesie gehören zu dem „Einfachen, das" (nach Brecht) so „schwer zu machen ist".

Seine Kindheit auf Schloß Lubowitz bei Ratibor in Oberschlesien war überaus glücklich. Davon zehrt er sein Leben lang: vom phantasievollen Festefeiern von Schloß zu Schloß, vom Wandern in den Wäldern der sanfthügeligen Landschaft, von den böhmischen und mährischen Wandermusikanten, von der Geradherzigkeit und Fröhlichkeit der Menschen Schlesiens. Dieses frohe Musizieren, Singen und **Wandern** in Gottes freier Natur ist es, das er später immer wieder schildert und das Generationen von Wandervögeln beschwingt und beseelt hat.

Da muß es freilich manchen Wanderfreund enttäuschen zu erfahren, daß Eichendorffs erste und letzte größere Fußwanderung eine Harzreise war, die dann weiter bis Hamburg und kurz zur Nordsee führte. [70] Diese Wanderung mit seinem älteren Bruder in den Semesterferien während des Jurastudiums in Halle bleibt ihm ein unvergeßliches Erlebnis romantischer Naturbeseligung und jugendlicher Freiheitsgefühle. Doch Eichendorff hat, „sieht man von Schul– und Studienjahren und wenigen Bergtouren ab, weder gesungen noch musiziert noch Wanderungen gemacht, noch überhaupt genußreich abwechslungsvolle Ferienreisen unternommen, dafür aber den 'Taugenichts' geschrieben" [71]. Diese Novelle veröffentlichte kein Bruder Leichtfuß, sondern ein schließlich völlig verarmter Adliger als preußischer Regierungsrat, der von seinem Beamtengehalt seine Frau und (damals) drei Kinder kaum hinlänglich ernähren konnte. Der junge Goethe, Seume und Hölderlin sind mehr und weiter gewandert. Doch für Eichendorff ist das Wandern auf seine ganz eigene Weise weit mehr als ein Vorankommen „von einem Ort zum andern". Es ist ihm das Ziel selbst, etwas Ersehntes – und wird im gelingenden poetischen Wort dann eben doch auch etwas Erfülltes, ein weitreichendes Symbol, ja, ein Symbol der Romantik schlechthin. „Der leichte Wanderschritt, das Lied, die unbürgerliche Gelöstheit: in ihnen klingt die Freiheit der Kinder Gottes wider, jener in die Ferne hinausschauenden 'Jugendlichen'" (Stöcklein, a.a.O., S. 58).

Neben dem freien und fröhlichen Wandern durch Gottes weite Welt ist es die ganz persönliche und scheinbar schlichte **katholische Frömmigkeit**, die Eichendorff unverwechselbar macht. Der Zweiklang von reiner Naturbeseligung und unverfälschter Gläubigkeit wird ihm zum Einklang: Es ist sein „Ton", der Tonfall seiner Lieder, die generationenlang Volkslieder waren und für manche noch sind. Doch wie beim Thema Wandern, so gibt es auch in Eichendorffs Religiosität Unerwartetes.

Zunächst scheint alles klar: Der Freiherr stammt aus dem katholischen Landadel Oberschlesiens; der Hofmeister, d.h. der Erzieher der beiden Söhne, ist ein Pfarrer; der innigste Freund des unzertrennlichen Brüderpaares von den Kindertagen bis zum Mannesalter ist der Ortskaplan; die beiden Brüder besuchen das katholische Gymnasium in Breslau. Doch das Elternhaus vermittelt ihnen kaum mehr als einen konventionellen Katholizismus; der „Herzenskaplan" lebt mit den jungen Baronen zusammen „als Mitzecher, Mitsänger, Wanderer, bei jugendlichen dionysischen Festen als talentierter Maître de plaisir [...]" (Stöcklein, a.a.O., S. 36); im katholischen Gymnasium wird viel musiziert und Theater gespielt, es gibt oft Bälle mit den „Mamsellen" der weiblichen Institute, zahlreiche derbe Schülerstreiche ..., kurz: es herrscht Milieukatholizismus allenthalben. Nirgends gibt es einen Anstoß zu religiöser Herzensbildung. Eichendorff hat später in seinen Memoiren die Theologie jener Zeit als klägliche, langweilige Scheintheologie bezeichnet. Vergleichbar ist die Kritik der Studenten Hegel, Schelling und Hölderlin im Tübinger Stift an der damaligen „aufgeklärten" protestantischen Orthodoxie. Das Christentum – ob katholischer oder evangelischer Konfession – mußte lebhaft empfindenden jungen Menschen als erschöpfte, schal gewordene Religion erscheinen. Religiöses Leben und Erleben wurde erst durch Goethes „Bekenntnisse einer schönen Seele", wie Schiller sagt,

---

70) Auch Fontane übrigens, der nicht zuletzt durch seine „Wanderungen durch die Mark Brandenburg" berühmt ist, war nicht gerade ein Wanderfreund, der die sandige Mark mit Stock und Hut per pedes durchwandert hätte. Er bevorzugte Mietkutschen und zunehmend die Eisenbahn.

71) Paul Stöcklein: Joseph von Eichendorff mit Selbstzeugnissen und Bilddokumenten. Reinbek: rowohlts monographien 1985, S. 56

„wieder ehrlich gemacht". Und die folgende romantische Generation – Novalis, Hölderlin, Eichendorff ... – mußte sich selbst ein lebendiges, erlebbares, poetisch–religiöses Vokabular schaffen.

In Heidelberg – „die Romantik war dort reich vertreten", erinnert sich Eichendoff später – begegnet der 20jährige Student dem 30jährigen Görres („blaß, jung, wildbewachsen, feuriges Auge"), der Kollegs über Kosmologie und über Ästhetik liest und durch seine Persönlichkeit fasziniert. Was in Eichendorffs Kindheit angeklungen war, erklingt nun in dem ihm eigenen neuen Ton: Erst die als Gottes herrliche Welt erlebte Welt „hebt an zu singen"; so findet der Dichter sein „Zauberwort".

Im Rückblick auf die vergangenen Jahrhunderte des christlichen Europas heißt es im Schlußkapitel seines Jugendromans „Ahnung und Gegenwart":

> Das Reich des Glaubens ist geendet,
> Zerstört die alte Herrlichkeit,
> Die Schönheit weinend abgewendet,
> So gnadenlos ist unsre Zeit.

> [...]

> Der Dichter kann nicht mit verarmen;
> Wenn alles um ihn her zerfällt,
> Hebt ihn ein göttliches Erbarmen –
> Der Dichter ist das Herz der Welt.

> [...]

> Drum hat ihm Gott das Wort gegeben,
> Das kühn das Dunkelste benennt,
> Den frommen Ernst im reichen Leben,
> Die Freudigkeit, die keiner kennt.

Eichendorffs katholisch geprägter Glaube ist also keine munter fortgeführte religiöse Tradition, wie es manchem von heute aus erscheinen mag, der pauschal meint: Ja, früher, da war man eben noch religiös. Sein Katholizismus hat zwar manches von der schlesisch–österreichischen Volksfrömmigkeit. [72] Er ist aber nichtsdestoweniger eine persönlich erworbene Lebensweise, nicht pantheistisch verschwommen und das erklärte Gegenteil von bigottem Philistertum.

Eichendorffs Palette hat (wie die mancher Maler) wenige Farben, und fast alle sind hell wie das Licht am Morgen. Seine „Herzworte" wiederholen sich in ständiger Variation und drohen so in der Tat bisweilen zum Klischee zu werden. Doch all das ist nicht die unbedarfte Naivität eines spätromantischen Taugenichts [73], nicht Biedermeiers Plätzchen im Grünen; und da ist auch nichts vom Brustton braver Männerchöre. Es ist – bei allem Frohmut – immer wieder auch verborgene, tiefe „Wehmut":

---

72) Stöcklein berichtet in diesem Zusammenhang von einer Anekdote über Haydn. Befragt, warum seine Messen so fröhlich und fast lustig seien, antwortete er: „Weil ich, wenn ich an den lieben Gott denke, so unbeschreiblich froh werde."

73) Eichendorff hat besonders in seiner letzten Lebensphase ausführlich über Dichtung reflektiert und Abhandlungen „Zur Geschichte der neueren romantischen Poesie in Deutschland", zu weiteren literaturhistorischen und christlichen Themen sowie über einzelne Romantiker geschrieben.

Doch keiner fühlt die Schmerzen,
Im Lied das tiefe Leid.

Ja, es ist letztlich das bedrängende, von vielen verdrängte Wissen vom Abschied einer Epoche, vom Vergehen des Naturschönen in der Welt der kaltsinnigen Moderne und vom Tod Gottes, der sich bereits lange ankündigt, auch wenn er erst später von Nietzsche proklamiert wird.

Die Aufklärung schon hatte Gott aus der Welt verbannt und zum kosmischen Uhrmacher erklärt. Für **Schiller** waren „Die Götter Griechenlands" (1788), die das Vakuum füllen sollten, dann doch bloß „schöne Wesen aus dem Fabelland":

Alles Hohe nahmen sie mit fort,
Alle Farben, alle Lebenstöne,
Und uns blieb nur das entseelte Wort.

Goethes und Schillers abgeklärter Klassizismus aber konnte der folgenden jungen Generation schwerlich genügen. **Hölderlin** unternimmt es, als Dichter eine neue griechische Mythologie, ja, eine „neue Religion" zu verkünden. Er sieht seinen jungen Hyperion wie sich selbst als „Priester [...] der göttlichen Natur". Ähnlich wie Hölderlin in seinem Briefroman „Hyperion" (1797/99) verkündet gleichzeitig auch **Novalis** in seinem Essay „Die Christenheit oder Europa" (1799) am Schluß „eine neue [...] Kirche":

Die Christenheit muß wieder lebendig und wirksam werden und sich wieder
eine sichtbare Kirche ohne Rücksicht auf Landesgrenzen bilden.

Zögernd hatte schon Schiller in seinen Briefen „Über die ästhetische Erziehung des Menschen" (1795) am Ende gefragt, ob denn ein „Staat des schönen Scheins" existiere, und selbst geantwortet, man werde ihn „wohl nur, wie die reine Kirche und die reine Republik, in einigen auserlesenen Zirkeln finden".

Doch weder die Vernunftreligion der Aufklärung noch der „Staat des schönen Scheins" im engen Kreise der Weimarer Klassik schienen der neuen Generation lebensfähig und lebenswert. Sie hatte die Loslösung aus den religiösen Bindungen – ein höchst folgenreicher Vorgang des Aufklärungsjahrhunderts – zunächst ganz entschieden mitvollzogen. Eine mögliche Konsequenz daraus zeigt sich exemplarisch bei **Friedrich Schlegel** (1772 – 1829), dem umtriebigen Initiator und kritischsten Geist der frühromantischen Schule und einer zentralen Gestalt der neueren europäischen Kulturgeschichte. Das „Fortschweben in dem Leeren", wie Tieck es nennt (s.o.), scheint manchen Romantikern auf die Dauer unhaltbar und schlägt um in ein „verzweifeltes Bedürfnis nach Bindungen" (W. Rasch). Mit 34 Jahren konvertiert der Pfarrerssohn Friedrich Schlegel zusammen mit seiner Frau Dorothea, einer Tochter des berühmten jüdischen Gelehrten Moses Mendelssohn, zum Katholizismus. [74] Fortan gilt er zusammen mit Schelling als der führende Repräsentant einer christlichen Philosophie. Das zieht ihm den unsäglichen Haß Hegels zu, der 1809 im

---

74) Sein Studium der griechischen und indischen Mythologie während seiner Arbeit „Über Sprache und Weisheit der Indier" (1808) mündet in die Annahme einer „theistischen Uroffenbarung", und daraus folgt für ihn der Satz: „Katholischwerden heißt nicht die Religion verändern, sondern überhaupt nur sie anerkennen." Später spricht er von der „Rückkehr aus dem selbstgemachten Abgrunde des unbedingten Denkens zur Erkenntnis der Offenbarung oder des göttlich Positiven".

Kampf gegen „die Friedrich Schlegelsche Befreiung und Katholisierung unser aller" diesen als „Straßenjungen" und „Lumpen" beschimpft und ihn an den „Galgen" wünscht. Hier meint man einen Nachhall der fünfzig Jahre alten Kirchenkampfparole Voltaires zu hören: „écrasez l'infâme!" und erinnert sich an den kaum erst vergangenen Vernichtungsfeldzug der Jakobiner gegen die Kirche.

Doch ein gutes Jahrzehnt vorher schon hatten manche andere „aus der Familie des Untergangs" (Novalis über Friedrich Schlegel) in der alten Kirche einen Rettungsanker gesehen. Die „Herzensergießungen eines kunstliebenden Klosterbruders" von **Wackenroder**, 1797 herausgegeben von seinem Freunde Tieck, gelten als erstes Zeugnis des romantischen Lebensgefühls. **Tieck** fügte die Schilderung der Bekehrung eines jungen Malers in Rom hinzu, der durch die Macht der Liebe und der Musik katholisch wird. Der über die Kunst meditierende Klosterbruder, den Wackenroder und Tieck erfunden haben, ist zwar vor allem die Verkörperung einer zwangsfreien Existenz, aber eben auch ein Sinnbild der lebendigen Einheit von Kunst und Religion in der ungebrochenen katholischen Tradition. Eichendorff sagt in seiner „Geschichte der neuern romantischen Poesie" über Wackenroder:

> Die katholische Religion aber, welche von jeher ihre Geheimnisse in Bildern,
> Musik und Bauwerken tiefsinnig abspiegelt, war daher auch ihm der eigentliche Boden und Mittelpunkt aller Kunst.

Freilich gab es daneben, wie Eichendorff ebenfalls weiß, manche „katholisierende Spielerei".

Über die „neupoetischen Katholiken" spöttelt **Goethe** in dem Gedicht „Parabel" (entstanden 1813, Erstdruck 1815). Sie erinnern ihn an einstige Kinderspiele in Frankfurt:

> [...]
> Da lebten wir Kinder Lutheraner
> Von etwas Predigt und Gesang,
> Waren aber dem Kling und Klang
> Der Katholiken nur zugetaner:
> Denn alles war doch gar zu schön,
> Bunter und lustiger anzusehn.
> [...]

Und so spielten die kleinen Protestanten, mit Schürzen und Handtüchern als Priester verkleidet, katholischen Gottesdienst. Ebenso – als kindisches Theater – erscheint dem späten Goethe die Faszination vieler Romantiker durch das alte, feierliche katholische Ritual.

Anders verhält es sich bei **Brentano**, den H. M. Enzensberger den „romantischen Dichter par excellence" nennt: „Von persönlichen Katastrophen gehetzt, von Täuschungen und Enttäuschungen getrieben, in allen Plänen gescheitert", wird er „auf der Höhe seines Lebens von einer Bekehrung ereilt": Er kehrt zum katholischen Christentum seiner Kindheit zurück und schreibt in fast fünfjähriger Arbeit die Visionen einer stigmatisierten Nonne nieder.

Das Gesamtkunstwerk, als das ein katholischer Gottesdienst erlebt werden kann, hat neben vielen anderen damals auch den preußischen Protestanten **Kleist** in Dresden fast überwältigt:

Nirgends fand ich mich [...] tiefer in meinem Inneren gerührt, als in der katholischen Kirche, wo die größte, erhebendste Musik noch zu den andern
Künsten tritt, das Herz gewaltsam zu bewegen. Ach, [...] unser Gottesdienst
ist keiner. Er spricht nur zu dem kalten Verstande, aber zu allen Sinnen ein
katholisches Fest [...]. Ach, nur einen Tropfen Vergessenheit, und mit Wollust
würde ich katholisch werden. (Brief vom 21. 5. 1801)

Des späten Goethes Weltfrömmigkeit im Angesicht der sich ihm offenbarenden
„Gottnatur", Hölderlins Vision einer „neuen Kirche" aus dem Geiste der „goldenen
Jahrhunderte" der Griechen, Novalis' Begeisterung für die eine europäische Christenheit des Mittelalters, Wackenroders und Kleists Faszination durch die festliche
Einheit von Religion und Kunst im katholischen Gottesdienst oder Clemens Bren-
tanos und Friedrich Schlegels Konversion zur „religio", zur „Bindung" an die alte
katholische Welt–Gemeinschaft – in diesem Kontext geht Eichendorff seinen eigenen Weg im Zeitalter der Romantik. Und so erst kommt auf zweifache Weise eine
neue Tonart auch in die Variationen des Themas von der Lebens–Seefahrt.

A 15. Joseph von Eichendorff (1788 – 1857): Der glaubensfeste Steuermann (1837)

Der Pilot

Glaube stehet still erhoben
Überm nächtgen Wellenklang,
Lieset in den Sternen droben
Fromm des Schiffleins sichern Gang.

Liebe schwellet sanft die Segel,
Dämmernd zwischen Tag und Nacht
Schweifen Paradiesesvögel,
Ob der Morgen bald erwacht?

Morgen will sich kühn entzünden,
Nun wird's mir auf einmal kund:
Hoffnung wird die Heimat finden
Und den stillen Ankergrund.

(Veröffentlicht 1837)

Heute heißt ein Flugzeugführer oder Rennfahrer „Pilot"; früher bedeutete das Wort generell Steuermann oder Lotse.

Der Topos von der Lebensfahrt auf dem Meer der Welt wird hier in den drei Strophen in drei Tageszeiten gegliedert, denen je eine der drei Göttlichen Tugenden [75] zugeordnet ist:

(1) In der *Nacht* des Lebens gibt der **Glaube** dem Schifflein „sichern Gang". Wie der Steuermann liest der Glaubende „in den Sternen droben" am Himmel die Orientierung.

(2) In der *Morgendämmerung* „zwischen Tag und Nacht" schwellt die **Liebe** „sanft die Segel". Sie allein bewegt das Lebensschiff. Die Küste kündigt sich schon an durch Vögel, die an Land – im Paradies als dem Fahrtziel – zu Hause sind.

(3) Am „*Morgen*" eines neuen Tages – es ist der einst prophezeite ewige Tag – wird die **Hoffnung** die jenseitige Heimat erreichen.

Eine Lebensfahrt ohne schicksalsschwere Stürme, ohne gefährliche Klippen. Sie haben in dem kleinen, streng strukturierten Gedicht keinen Platz, und sie könnten der von den drei Göttlichen Tugenden bestimmten Lebensreise letztlich auch nichts anhaben. Der Christ, der als Steuermann seines Lebensschiffes von ihnen beseelt ist, braucht nichts zu fürchten. Eine helle und heile Welt. Sie versteht sich freilich nicht

---

75) Im Hohenlied der Liebe des Apostels Paulus heißt es zum Schluß: „Nun aber bleiben Glaube, Hoffnung, Liebe – diese drei. Am größten aber unter ihnen ist die Liebe" (1. Brief an die Korinther 13,13). Man nennt sie die drei Göttlichen Tugenden, um sie von den seit Platon überlieferten vier Kardinaltugenden – Klugheit, Gerechtigkeit, Tapferkeit und Maßhalten – zu unterscheiden.

von selbst. Sie stellt sich hier bewußt in Gegensatz zum nachtschwärmerischen Irrationalismus mancher Romantiker wie zum Alltags–Rationalismus einiger Aufklärer.

Dem klaren Kurs entsprechen die drei einfachen Volksliedstrophen des Gedichts. Sie zeigen ein klares Gefüge: drei Tugenden, drei maritime Symbole, drei Tageszeiten, drei Jenseitsbilder:

(1) Glaube (Lebensorientierung) – Wellen – Nacht – Sterne.
(2) Liebe (Lebensantrieb) – Segel – Dämmerung – Paradiesesvögel.
(3) Hoffnung (Lebensziel) – Anker – Morgen – (ewige) Heimat.

Zur 1. Strophe

Die Lebensfahrt des Gläubigen orientiert sich an „den Sternen droben". Das scheint ganz natürlich, denn seit je richten sich die Steuerleute nach den Gestirnen. Doch hier ist es der „Glaube" selbst: Er „lieset in den Sternen droben / Fromm des Schiffleins sichern Gang". Ein „Glaube", der „fromm" in den Sternen liest – muß der nicht andere Stern–Zeichen kennen als der Navigator, der mit Hilfe seines Astrolabiums die Position der Gestirne bestimmt? Was aber kann ein frommer katholischer Christ als Leitbild des Glaubens in der Sternennacht erblicken? In einem Eichendorff–Gedicht, das beginnt

> Es ist ein Meer, von Schiffen irr durchflogen [...]

richtet sich der Rettung suchende Blick auf *Maria*, die „im wüsten Meer" auf einem Felsen als „Die heilige Mutter" erscheint (B 22. In anderen Marienliedern Eichendorffs trägt sie „goldene Sterne im dunkelen Haar" und – wie in der Marien–Ikonographie häufig – den „Sternenmantel". Sie ist seit alters die *„stella maris"*, der Meerstern, der im nächtigen Meer des Lebens den Glaubenden, die Orientierung suchen, von droben her leuchtet. (Vgl. unter A 4 die Reimsequenz von Adam von Sankt Viktor über Maria als „stella maris" sowie den Kommentar dazu.)

Zur 2. Strophe

Nach alter philosophischer und christlicher Überzeugung ist die „**Liebe**" der verborgene, tiefste Beweggrund des ganzen Alls. So sagt es Dante im letzten Vers seiner „Göttlichen Komödie", der das „Paradiso" und das gesamte Weltgedicht abschließt:

> L'Amor che move il sole e l'altre stelle.

Es ist die Liebe, die da bewegt die Sonne und all die andern Sterne. Im Gegensatz zum gefürchteten Sturm aber schwellt die Liebe bei Eichendorff „sanft die Segel".

In der Dämmerung „zwischen Tag und Nacht" leuchtet, während die anderen Sterne verblassen, in der Tat noch der Morgenstern oder – nach einer anderen Version – der Polarstern als „stella maris". Und während des erwachenden Morgens erwacht auch oft der von den Seglern so ersehnte Morgenwind, der frohe Fahrt verheißt. Seefahrende Entdecker berichten oft, daß es – wie hier bei Eichendorff – Seevögel sind, die das erhoffte Land ankündigen. [76] Für Eichendorff sind die schweifenden „Paradiesesvögel" Vorboten des Landes, das in allen bisherigen Varianten des *Topos von der Lebensfahrt auf dem Meer der Welt* so sehr erstrebt wurde. Hier

---

76) Kolumbus notiert am 27. September 1492 im Bordbuch, sie hätten „einen Tropikvogel" gesichtet, also zwei Wochen, bevor sie am 11. Oktober selbst Land sahen.

erscheint es andeutungsweise im Bild einer Insel, wie sie Thomas Morus seinerzeit als die neue Insel „Utopia" benannt hat, eine Utopie also, deren ältestes Vor–Bild das Paradies der Genesis ist – ein Ort vor aller Zeit. Zugleich aber steht der Name des Paradieses für den Ort der Seligen – nach aller Erdenzeit. Und dieses jenseitige Land ist hier das Ziel des Piloten, das er mit glaubensfester Sicherheit ansteuert.

Zur 3. Strophe

Was sich da „kühn entzünden" will, ist gewiß kein beliebiger nächster „Morgen". Wie die Nacht und die Dämmerung in den ersten beiden Strophen, so ist nun auch der „Morgen" in der abschließenden 3. Strophe – bei aller Schlichtheit der Verse – voller verborgener Symbolkraft. Es ist nicht der Beginn eines neuen Wochen–Alltags; es ist das *ewige* Morgenrot, das nun aufleuchet. So endet auch Eichendorffs Gedicht „In der Nacht":

> O Herr! auf dunkelschwankem Meere
> Fahr ich im schwachen Boot,
> Treufolgend Deinem goldenen Heere
> Zum ewgen Morgenrot.

Der Ablauf aller Alltage ist nun endgültig zu Ende. Auf den 7. Tag, den Sabbat, folgt der Sonntag, der Auferstehungstag als der 8. Tag. Jetzt leuchtet „kühn" etwas Neues auf: der Morgen des achten, des ewigen Tages – des Beginns der Zeit jenseits der Zeit. [77] Von diesem „ewigen achten Tag" sagt Augustinus im „Gottesstaat" (XXII, 30):

> Ibi vacabimus et videbimus, videbimus et amabimus, amabimus et laudabimus. Ecce quod erit in fine sine fine. Nam quis alius noster est finis nisi pervenire ad regnum, cuius nullus est finis?

> Da werden wir frei sein und werden schauen, werden schauen und werden lieben, werden lieben und werden loben. Siehe, so wird es sein am Ende ohne Ende. Denn was anderes ist unser Endziel, als zu dem Reich zu gelangen, das ohne Ende ist?

Dieses Reich ist dem Christen die wahre „Heimat". Hier findet er am Ende der nachtdunklen Lebensfahrt das „ewige Licht"; hier findet seine „**Hoffnung**" endlich „den stillen Ankergrund".

So kann ein Christ seinen Lebensweg sehen: orientiert im **Glauben**, lebend aus der **Hoffnung**, Erfüllung findend durch die **Liebe** – eine Grundformel für die abendländische Christenheit. Kein Wunder, daß Rudolf Alexander Schröder, als er vom ersten Präsidenten der Bundesrepublik Deutschland, Theodor Heuß, den Auftrag erhielt, eine neue Nationalhymne zu dichten, diesen alten, erhabenen Dreiklang für seine „Hymne an Deutschland" (1950) als Grundakkord in Anspruch nahm:

> Land des Glaubens, deutsches Land,
> [...].

---

77) Die liegende 8 ist übrigens nach zahlenmystischer Tradition in der Zeichensprache der Mathematik das Zeichen für „unendlich" geworden.

Land der Hoffnung, Heimatland,
[...].

Land der Liebe, Vaterland,
[...].

Die Bundesdeutschen, mit dem Wiederaufbau beschäftigt, nahmen eine solche Deutschlandhymne nicht an. Diese drei Tugenden waren wohl allzu pathetische Attribute für ein Land, das so tief gestürzt und so hart auf dem Boden der Tatsachen gelandet war. So wünschten sie anstelle der drei göttlich–theologischen Tugenden schließlich die drei bürgerlich–politischen Tugenden „Einigkeit und Recht und Freiheit / Für das deutsche Vaterland".

A 16. Joseph von Eichendorff (1788 – 1857):
Frei auf offener See (1840)

Auf offener See

Ade, du Küste mit den falschen Sorgen,
Furcht, Glück und Not, sinkt unter in das Meer!
Nun bin ich frei, jetzt bin ich erst geborgen,
Kein eitles Hoffen langet bis hierher.
Wie still, wohin ich auch die Blicke wende,
Wie weit und hoch und ringsum ohne Ende!

Gestirne, Wolken gehen auf und unter
Und spiegeln sich im stillen Ozean,
Hoch Himmel über mir und Himmel drunter,
Inmitten wie so klein mein schwacher Kahn!
Walt' Gott, ihm hab ich alles übergeben,
Nun komm nur Sturm, ich fürcht' nicht Tod noch Leben!

(Entstanden 1840)

Hier wird die Fahrt „auf offener See" positiv als Freisein und zugleich als Geborgensein erlebt. Weite und Stille, Sternenhimmel und Wolken werden zur beglückenden Naturerfahrung. So wurde der *Topos von der Lebensfahrt auf dem Meer der Welt* bisher nicht gesehen, denn von der Antike bis ins 18. und 19. Jahrhundert hinein galt die See als rauh und lebensgefährlich. [78] Auch in den bisher vorgestellten Varianten des Topos war dementsprechend ständig die Rede von Stürmen und Gefahren, bis hin zum Scheitern.

   Wie aber wurde diese völlig veränderte, ja konträre Sichtweise möglich? Wie wurde aus der Urangst vor der Gefahr ein Gefühl der Geborgenheit? Auch bei Eichendorff ist noch, wie eh und je, vom „schwachen Kahn" die Rede. Es ist hier im Jahre 1840 also nicht das moderne, stolze Gefühl der Stärke und Selbstsicherheit, welches das seit 1781 entwickelte Dampfschiff dem Seefahrer womöglich vermitteln könnte. Das Gedicht selbst gibt die Antwort auf die Frage nach dem Sinneswandel durch ein Naturbild:

   Hoch Himmel über mir und Himmel drunter [...].

Hier wird die tiefe Angst vor dem Meeresabgrund aufgehoben: Das Himmelsblau spiegelt sich als Meeresblau; die Gestirne der Nacht und die Wolken des Tages „spiegeln sich im stillen Ozean". Für Eichendorff ist dies allerdings durchaus nicht bloß ein schönes, friedliches Naturbild, wie es zunächst scheinen mag, sondern ein religiöses Symbol. *Gottes* Himmel ist es, der das Ich von droben *und* drunten umgibt. „Das Umgreifende" (wie Jaspers das Göttliche nennt) schenkt die Geborgenheit. So erst wird das Freisein von Angst, ja, das positive Erleben der Freiheit „auf offener See" möglich.

---

78) Ähnliches galt, wie erwähnt, lange auch für die Berge oder gar für die Wüste.

Im weiten Blick nach vorn, ins Unbegrenzte, wird die Offenheit des Horizonts als Freiheit erfahren. Im kurzen Blick zurück ist es die Befreiung von „den falschen Sorgen, / Furcht, Glück und Not" der Philisterwelt, die hinter dem befreiten Ich im Meer versinken.

Hier überträgt sich anscheinend ein anderer romantischer Topos, der vom freien Wandern, auf die Seefahrt. Die Wanderer ziehen, wie es später heißen wird, „aus grauer Städte Mauern" hinaus ins Freie. So kommt auch hier im Meerestopos – anscheinend erstmals in dieser Weise – der Ausgangspunkt, die *hinter* dem Segler liegende Küste, in den Blick, und zwar nicht als Heimat, der das Heimweh gilt, sondern als „Küste mit den falschen Sorgen", von der das Fernweh fort in die Weite führt. Diese Heimat ist *Vergangenheit*. Auf dem offenen Meer fühlt sich der Seefahrer in seinem „schwachen Kahn" frei – und das ist seine *Gegenwart*. Im christlichen Gottvertrauen hat er den Sturm, der in der *Zukunft* am Horizont aufkommt, nicht zu fürchten.

Das schon für Goethe, erst recht aber für manche Romantiker lebensprägende Erlebnis des freien Wanderns wird hier, wie gesagt, offenbar auf die Seefahrt übertragen. Das ist das eine. Zum anderen aber spielt wohl der Entdeckermythos von Kolumbus in das hier artikulierte mutige und glückliche Lebensgefühl hinein. Und wer fühlte sich nicht noch heute – mit dem Blick in die Weite am Bug eines Schiffes stehend – auch in einer vollständig kartographierten Welt ein wenig als Entdecker?

In einer seiner Erzählungen schildert Eichendorff „Eine Meerfahrt" im Jahr 1540 auf dem Atlantischen Ozean, „der damals noch einem fabelhaften Wunderreiche glich, hinter dem Kolumbus kaum erst die blauen Bergesspitzen einer neuen Welt gezogen hatte". Die romantisch–abenteuerliche Erzählung endet mit einem beglückenden Bild:

> Und als die Sonne aufging, flog das Schiff schon übers blaue Meer, der frische Morgenwind schwellte die Segel. Alma saß vergnügt mit ihrem Reisebündel und schaute in die glänzende Ferne, die Schiffer sangen wieder das Lied von der Fortuna. Auf dem allmählich versinkenden Felsen der Insel aber stand Diego und segnete noch einmal die fröhlichen Gesellen, denen auch wir glückliche Fahrt nachrufen.

Immer wieder neu variiert Eichendorff in seinen Gedichten Bildelemente des *Topos von der Lebensfahrt auf dem Meer der Welt*. In der Textserie B sind eine Reihe davon abgedruckt (B 16 bis B 24).

A 17. Friedrich Nietzsche (1844 – 1900): Fahrt ins ungeheuer Unendliche (1882/1884)

Nach neuen Meeren

Dorthin – w i l l ich; und ich traue
Mir fortan und meinem Griff.
Offen liegt das Meer, ins Blaue
Treibt mein Genueser Schiff.

Alles glänzt mir neu und neuer,
Mittag schläft auf Raum und Zeit –:
Nur d e i n Auge – ungeheuer
Blickt michs an, Unendlichkeit!

(Aus: Die fröhliche Wissenschaft. Anhang: Lieder des Prinzen Vogelfrei, 1882/1884)

Der Genueser, der sich Cristóbal Colón nannte und 1506 nach seiner 4. Amerikafahrt elend und vergessen in Spanien starb, wird später in Dichtungen aller Gattungen idealisiert und zum Typus des mutigen Seefahrers und Entdeckers schlechthin stilisiert. Schiller z. B. widmet ihm unter dem Titel „Kolumbus" (1796/1800) ein achtzeiliges Epigramm (hier abgedruckt unter B 13):

> Steure, mutiger Segler! [...]
> Mit dem Genius steht die Natur in ewigem Bunde [...].

Auch Nietzsche sieht in ihm das große Entdecker–Genie. Ja, der Philosoph fühlt sich, als er in Genua lebt, selbst als „Der neue Columbus", der eine neue Welt entdeckt – eine Welt „jenseits von Gut und Böse". Leidenschaftlich preist er das gefährliche Leben der starken Naturen, emphatisch prophezeit er den „großen, neuen Menschen" und schließlich gar den „Übermenschen". Selbst war er indessen – allzu menschlich – geradezu das Gegenteil:

> Ich bin passioniert für die Unabhängigkeit, ich opfere ihr alles – wahrscheinlich weil ich die abhängigste Seele habe und an allen kleinsten Stricken mehr gequält werde als andere an Ketten. (Menschliches, Allzumenschliches, 1878/80)

Während er mit der Geste eines Kolumbus philosophisch „nach neuen Meeren" hinaussegelt, hat er als ständig seekranker Schiffspassagier z. B. über eine Reise von Sorrent nach Genua höchst anschaulich anderes zu berichten:

> Das menschliche Elend bei einer Meerfahrt ist schrecklich und doch eigentlich lächerlich [...] – kurz, ich bin heute wieder in der Stimmung des „heitern Krüppeltums", während ich auf dem Schiffe nur die schwärzesten Gedanken hatte und in bezug auf Selbstmord allein darüber im Zweifel blieb, wo das Meer am tiefsten sei, damit man nicht gleich wieder herausgefischt werde [...]. Übrigens kannte ich den schlimmsten Zustand der Seekrankheit ganz genau

aus der Zeit her, wo ein heftiges Magenleiden mich mit dem Kopfschmerz im Bruderbunde quälte [...]. Nur kam die Unbequemlichkeit hinzu, in jeder Minute dreimal – bis achtmal die Lage zu wechseln und zwar Tag und Nacht: sodann in nächster Nähe Gerüche und Gespräche einer schmausenden Tischgesellschaft zu haben, was über alle Maßen ekelerregend ist. [...] Alles im Schiffe rollte mit großem Lärme hin und her, die Töpfe sprangen und bekamen Leben, die Kinder schrien, der Sturm heulte [...]. [79]

Die Strapazen, denen der lebenslang kranke, einsam grübelnde Gelehrte ausgesetzt war, werden – psychologisch überkompensiert und poetisch umfunktioniert – zum strahlenden Bild des großen Seefahrers in dem ebenfalls an eine Freundin, an Lou Salomé, gerichteten emphatischen Gedicht: [80]

Der neue Columbus

Freundin! – sprach Columbus – traue
keinem Genuesen mehr!
Immer starrt er in das Blaue –
Fernstes lockt ihn allzusehr!

Fremdestes ist nun mir teuer!
Genua – das sank, das schwand!
Herz, bleib kalt! Hand, halt das Steuer!
Vor mir Meer – und Land? – und Land? – –

Stehen fest wir auf den Füßen!
Nimmer können wir zurück!
Schau hinaus: von fernher grüßen
uns Ein Tod, Ein Ruhm, Ein Glück!

In einem Brief vom 22. 2. 1884 an seinen alten Freund Erwin Rohde identifiziert sich der Denker und Dichter ein weiteres Mal mit Kolumbus und nimmt ausdrücklich den *Topos von der Lebensfahrt auf dem Meer der Welt* für sich selbst in Anspruch, während er vom „Gang" seines Lebens spricht:

[...] eigentlich ist's eine Fahrt, eine Meerfahrt – und ich habe nicht umsonst jahrelang in der Stadt des Columbus gelebt.

In Kolumbus sieht Nietzsche seine Willens–Philosophie verkörpert, die er von Schopenhauer und seinem Grund–Satz: „Die Welt ist mein Wille" übernommen hatte. Im Gedicht „Nach neuen Meeren" heißt es daher pointiert: „Dorthin – w i l l ich [...]." Doch wo ist dieses Dort? Offenbar ist es kein Ort, kein festes Ziel, keine noch unbekannte exotische Küste. „Ins Blaue treibt" sein Schiff, ins Nirgendwo. Es wird weder vom Fahrtwind beflügelt noch gar vom Schicksalssturm vorwärtsgepeitscht. In der

---

79) Aus einem Brief an Malwida von Meysenbug vom 13. 5. 1877
80) Es ist eine Umformung von „Nach neuen Meeren". Die Strophen 1 und 3 entstanden im Sommer 1882, die 2. Strophe entstand im Herbst 1884.

maritimen Mittagsstille [81] treibt es dahin, und dabei erscheint nun „alles" auf unbe-
stimmte Weise „neu". Der „*neue* Columbus" sucht aber keineswegs zielbewußt ein
anderes Land zu entdecken; Nietzsches unbändige Lust am Irrationalen sucht stattdessen „neue Meere". Er will gar nicht fremdes Festland, sondern die Ferne selbst;
ja, er will „alles" – die „Unendlichkeit". Das aber wollte und wagte so noch keiner
vor ihm. Einst stand für die Philosophen Cicero und Seneca die *Vernunft*-Philoso-
phie selbst als das „Hegemonikon", das „obere Leitende", unbestritten am Steuer des
Lebensschiffes; für den Philosophen Nietzsche ist es der *Wille*, der – für sich selbst
genommen – wichtiger zu werden scheint als ein greifbares Ziel. Seine „neue Lo-
sung" heißt: „Auf die Schiffe, ihr Philosophen!" (Die fröhliche Wissenschaft IV,
289)

Das Gedicht „Nach neuen Meeren" zählt zu den „Liedern des Prinzen Vogelfrei", die 1882 bis 1884 entstanden und die Nietzsche 1887 der „Neuen Ausgabe"
seines Aphorismenbuches „Die fröhliche Wissenschaft" als „Anhang" beifügte. Im
Titel für die Sammlung von 14 Gedichten schmückt sich der Dichter selbst mit einem romantischen Namen, der zwei seiner Lieblingsideen personifiziert: Als Prinz
ist er der junge Mann von höchstem Adel mit Erbanspruch auf die Königskrone des
gestorbenen Herrschers, und als Vogelfreier ist er ein Gesetzloser, ausgeliefert, vereinsamt – und zugleich beschwingt und frei wie ein Vogel. Und er singt nun auch
von seiner „Fröhlichen Wissenschaft". [82] So möchte der Zeit seines Lebens erfolg-
lose und von Schmerzen gequälte Dichterphilosoph vor der Welt erscheinen – und
eben als Entdecker einer „neuen Welt".

Die Meer–Metapher des zweistrophigen Gedichts „Nach neuen Meeren" scheint
zunächst romantische Sehnsucht nach der „offenen See" zu evozieren, ähnlich wie
das mehr als eine Generation vorher geschriebene Gedicht Eichendorffs, das die Geborgenheit in Gottes freier Welt auf dem Meer besang. In Eichendorffs Versen

> Hoch Himmel über mir und Himmel drunter,
> Inmitten wie so klein mein schwacher Kahn!

ist der Blick von unten nach oben – vertikal – gerichtet, an *Gottes* Himmel orientiert.
Nietzsches Entdeckerblick dagegen geht geradeaus – horizontal – endlos „ins
Blaue". Von dort aber blickt ihn „ungeheuer" das Auge der *Unendlichkeit* an.
Nichts da von göttlicher Güte und Geborgenheit im Leben wie im Tode, stattdessen
ein auf den ersten Blick leicht zu übersehendes Warnzeichen. In beiden Gedichten
herrscht strahlende Helle und Stille weit draußen auf dem offenen Meer. Bei Eichendorff bewirkt die glatte Wasserfläche die Spiegelung des Himmels im Ozean. In
Nietzsches Versen scheint die Mittagsstille dagegen trügerisch, ja, sie ist *panisch* –
wie zur Stunde des Gottes Pan. Denn die maritime Metapher in diesen Versen weist
auf einen fernen Hintergrund, der nicht geheuer, der „ungeheuer" ist – ganz im Gegensatz zu dem bei Eichendorff. Bei ihm entsteht das Glücksgefühl im fraglosen

---

81) In der Begriffspoesie Nietzsches ist „Der große Mittag" immer wieder ein wichtiges Bild.
   Unter diesem Titel sollte schließlich die nicht mehr ausgeführte Schlußvision des 4. Teils des
   „Zarathustra" stehen.

82) Auch ein Gedicht, das mit dem Vers beginnt: „So häng ich denn auf krummem Aste", trug,
   bevor er es „Im Süden" nannte, den Titel „Prinz Vogelfrei". Vorbild sind ihm die
   provencalischen Sänger, Ritter und Freigeister des Mittelalters mit ihrer „gaya scienza".

Vertrauen auf Gott: „ihm hab ich alles übergeben"; bei Nietzsche erwächst es – hier unausgesprochen – aus dem Jubel über Gottes Tod:

> In der Tat, wir Philosophen und „freien Geister" fühlen uns bei der Nachricht, daß der „alte Gott tot" ist, wie von einer neuen Morgenröte angestrahlt [...] – endlich erscheint uns der Horizont wieder frei [...], endlich dürfen unsre Schiffe wieder auslaufen, auf jede Gefahr hin auslaufen [...], das Meer, *unser* Meer liegt wieder offen da, vielleicht gab es noch niemals ein so „offnes Meer". (Die fröhliche Wissenschaft V, 343)

Ja, das gab es noch nie: „ein so 'offnes Meer'" mit Lebensfahrten ohne Ziel, allein „ins Blaue", ganz ohne den Wunsch zu landen.

In den vielen Ausgestaltungen des *Topos von der Lebensfahrt auf dem Meer der Welt* ist zudem immer wieder die Rede vom „schwachen Kahn". Nietzsche liebt das Bild vom „geheimnisvollen Nachen". Doch welches ist sein Geheimnis? Wohin treibt er? Im „Nachlaß der achtziger Jahre" (einst unter dem Titel „Der Wille zur Macht" als Nietzsches sogenanntes Vermächtnis berühmt) wird klar, was die Meer–Metapher für den Denker bedeuten kann und weshalb geheimnisvoll bleiben muß, wohin sein „Nachen" treibt:

> Wir wissen das „Wohin?" noch nicht, zu dem wir getrieben werden, nachdem wir uns dergestalt von unsrem alten Boden abgelöst haben. Aber dieser Boden selbst hat uns die Kraft angezüchtet, die uns jetzt hinaustreibt in die Ferne, ins Abenteuer, durch die wir ins Uferlose, Unerprobte, Unentdeckte hinausgestoßen werden – es bleibt uns keine Wahl, wir müssen Eroberer sein, nachdem wir kein Land mehr haben, wo wir heimisch sind [...]. Unsre Stärke selbst zwingt uns aufs Meer, dorthin, wo alle Sonnen bisher untergegangen sind: wir *wissen* um eine neue Welt ... [83]

Doch was hier fast romantisch als offenes Meer und weiter Horizont erscheinen mag, gab sich schon zuvor unter dem Stichwort „Der Horizont des Unendlichen" als *furchtbar* zu erkennen:

> Wir haben das Land verlassen und sind zu Schiff gegangen! [...] Nun, Schifflein! Sieh dich vor! Neben dir liegt der Ozean, es ist wahr, er brüllt nicht immer, und mitunter liegt er da wie Seide und Gold und Träumerei der Güte. Aber es kommen Stunden, wo du erkennen wirst, daß er unendlich ist und daß es nichts Furchtbareres gibt als Unendlichkeit. (Die fröhliche Wissenschaft III, 124)

Schließlich wird das Bild vom unendlichen Meer zur Metapher für Gott, den getöteten Gott freilich, dem der wahnsinnige, „der tolle Mensch" hinterherfragt:

> Wie vermochten wir das Meer auszutrinken? Wer gab uns den Schwamm, um den ganzen Horizont wegzuwischen? Was taten wir, als wir diese Erde von ihrer Sonne losketteten? [...] Wohin bewegen wir uns? Fort von allen Sonnen? Stürzen wir nicht fortwährend? Und rückwärts, seitwärts, vorwärts, nach allen Seiten? Gibt es noch ein Oben und ein Unten? Irren wir nicht durch ein unendliches Nichts? Haucht uns nicht der leere Raum an? (Die fröhliche Wissenschaft III, 125)

---

83) Friedrich Nietzsche: Werke in 3 Bänden, hrsg. von K. Schlechta, Hanser Verlag München, 2. Aufl. 1960, Band III, S. 478

Am Anfang steht die stolze Entdecker–Pose des Denkers auf seinem „Genueser Schiff". Was aber entdeckt er am Ende? „Der tolle Mensch" sieht vor sich eine unausdenkbar trostlose Leere: das ausgetrunkene Meer; einen aussichtslosen Lebensraum: den weggewischten Horizont; das bodenlose Nichts im leeren Weltraum: die vom Zentralgestirn losgerissene Erde.

Nietzsche selbst sieht sein Denken immer wieder in der Metapher von der unausweichlichen, unumkehrbaren und ziellosen Seefahrt; sein Freund Franz Overbeck sieht es in der Metapher des Schiffbruchs: Nietzsche habe „die Verzweiflung auf der Fahrt gepackt", und er habe „sein Fahrzeug selbst dabei preisgegeben". [84]

Die alten, im *Topos von der Lebensfahrt* immer wieder entgegengesetzten Bilder vom stürmischen Meer und dem sicheren Land vermischen sich hier schließlich. Nietzsches ganze schreckliche „neue Welt" erscheint selbst als Meer–Metapher – zum Schluß wie am Anfang:

> Und wißt ihr auch, was mir „die Welt" ist? [...] ein Meer in sich selber stürmender und flutender Kräfte [...], mit einer Ebbe und Flut seiner Gestaltungen [...] – wollt ihr einen *Namen* für diese Welt? [...] *Diese Welt ist der Wille zur Macht – und nichts außerdem!* (A.a.O., Band III, S. 916 f.)

Das ersehnte Land, das im *Topos von der Meerfahrt* bislang das Endziel der gefährlichen Reise war – anfänglich ein philosophischer Zufluchtsort für das „glückliche Leben" und letztlich das jenseitige Paradies –, hier wird es zu einer ortlosen, nihilistischen, wogenden Welt des unbegrenzten „Willens zur Macht".

Es steht zu vermuten, Nietzsche wäre nicht glücklich gewesen über die Willens– und Machtmenschen, die sich dann ansiedeln sollten in seiner „neuen Welt" ohne Gott, welche er prophetisch verkündet und auf seiner philosophischen Lebensfahrt entdeckt hatte bei der Suche „nach neuen Meeren".

---

84) Franz Overbeck: Christentum und Kultur. Aus dem Nachlaß hrsg. von C. A. Bernoulli. Basel 1919, S. 136

A 18. Franz Kafka (1883 – 1924): Der vertriebene Steuermann (1920)

Der Steuermann

„Bin ich nicht Steuermann?" rief ich. „Du?" fragte ein dunkler hochgewachsener Mann und strich sich mit der Hand über die Augen, als verscheuche er einen Traum. Ich war am Steuer gestanden in der dunklen Nacht, die schwachbrennende Laterne über meinem Kopf, und nun war dieser Mann gekommen und wollte mich beiseiteschieben. Und da ich nicht wich, setzte er mir den Fuß auf die Brust und trat mich langsam nieder, während ich noch immer an den Naben des Steuerrades hing und beim Niederfallen es ganz herumriß. Da aber faßte es der Mann, brachte es in Ordnung, mich aber stieß er weg. Doch ich besann mich bald, lief zu der Luke, die in den Mannschaftsraum führte und rief: „Mannschaft! Kameraden! Kommt schnell! Ein Fremder hat mich vom Steuer vertrieben!" Langsam kamen sie, stiegen auf aus der Schiffstreppe, schwankende müde mächtige Gestalten. „Bin ich der Steuermann?" fragte ich. Sie nickten, aber Blicke hatten sie nur für den Fremden, im Halbkreis standen sie um ihn herum und, als er befehlend sagte: „Stört mich nicht", sammelten sie sich, nickten mir zu und zogen wieder die Schiffstreppe hinab. Was ist das für Volk! Denken sie auch oder schlurfen sie nur sinnlos über die Erde?

(Entstanden 1920. Erstveröffentlichung 1936. Überschrift vom Herausgeber Max Brod. Zitiert nach Franz Kafka: Schriften, Tagebücher, Briefe. Kritische Ausgabe. Nachgelassene Schriften und Fragmente II, herausgegeben von Jost Schillemeit, Frankfurt a.M.: S. Fischer, 1992, S. [324])

Kafkas Parabel–Erzählungen zu deuten, gilt als schwierig. Das mag zunächst daran liegen, daß viele in Kafkas Bildern eine Allegorie (wie hier etwa bei Gryphius oder Tieck) sehen möchten, die eine Übersetzung in einsinnige Bedeutungen herausfordert. Doch schon der Begriff der Parabel, den wir auch aus der Geometrie kennen, lehrt, daß es immer nur Asymptoten, Annäherungspunkte gibt, aber keine Gleichungen. Kafkas Erzählungen sind oft kurz und verblüffen durch ihren Lakonismus. Kafka zeigt eine innere Wirklichkeit, die so erscheint, als wäre sie eine äußere, erzählbare. Erzählt wird aber nur – unvermittelt – ein Ausschnitt; die Vor– und Nachgeschichte wird verschwiegen. So bleibt der Leser oft ratlos und fühlt sich, auf der Suche nach dem Verständnis, zum Rätseln und Spekulieren herausgefordert – die längst unüberschaubar gewordene Kafka–Literatur zeigt es. Den verborgenen Hintergrund hat Kafka einmal, freilich wiederum rätselhaft, verraten im Schlußsatz der kleinen Erzählung „Prometheus":

> Die Sage versucht das Unerklärliche zu erklären. Da sie aus einem Wahrheitsgrund kommt, muß sie wieder im Unerklärlichen enden.

Seine Definition der „Sage" gilt auch für die eigenen Parabeln. Der „Wahrheitsgrund" ist das „Unerklärliche". Das aber, was aus dem unerklärlichen Abgrund der Wahrheit kommt und dann wieder in ihm endet – dieses dazwischen auftauchende Stück Erzählung ist die „Sage". Sie partizipiert an der ursprünglichen

„Wahrheit", aus der sie stammt, ebenso wie am letztlich „Unerklärlichen", in dem sie endet. Selbst ist sie also ein Konglomerat aus beidem. Beim Versuch, das interpretierend zu erklären, was die Sage erzählend erklären will, ist das Klärbare ebenso zu zeigen wie das Nichterklärbare.

Als heuristischer Zugang wird hier die Annahme vorgeschlagen, die Erzählung „Der Steuermann" sei zu verstehen als eine weitere Variante des *Topos von der Lebensfahrt auf dem Meer der Welt*. Doch da fällt zunächst einmal auf, welche Bildelemente des alten Topos fehlen: Es gibt keine Ausfahrt vom Heimathafen, kein Meer, keinen Sturm, kein Orientierungszeichen und auch keinen Zielhafen. Alles spielt sich allein auf dem Schiff ab.

Bei Kafka aber ist stets auch das, was offensichtlich fehlt, was er ausspart, wesentlich. Das Nichtgesagte gehört zum Text wie der freie Raum zu einer gelungenen Zeichnung. Von der Weite und Gefährlichkeit des Meeres hören wir nichts; auch vom Sturm des Schicksals ist nicht die Rede. Die Gefahr droht nicht von draußen, vom Meer, und nicht von droben, vom Unwetter: Sie steht plötzlich neben dem Ich in Gestalt eines „Fremden". Wie konnte das geschehen? Vom Berichtenden ist nur zu erfahren: Er habe „am Steuer gestanden in der dunklen Nacht". Richtungweisende Sterne, nach denen er steuern könnte, sind nicht zu erkennen. „Die schwachbrennende Laterne" über seinem Kopf kann die Orientierung durch das Leuchten der Gestirne oder eines Leuchtturms ja nicht ersetzen; sie erleuchtet kaum ihn selbst bei seiner Arbeit als Steuermann. [85] Auch in dieser Hinsicht ist es lohnend zu beobachten, wovon *nichts* gesagt wird. Für Cicero und Seneca stand einst die Philosophie als Lenkerin am Steuerruder, oder sie war für Augustinus das Ziel der stürmischen Fahrt: das Festland; Adam von Sankt Viktor weiß von Maria als leuchtender „stella maris"; bei Gryphius lenkte den Seefahrer sein unbeirrbarer Glaube; der junge Goethe fühlte sich mit seinem kleinen Kahn immerhin „in der Hand des Schicksals", oder er stand dann „männlich an dem Steuer" im Vertrauen auf sich selbst und seine Götter; Tieck ließ sich vom Licht der Poesie lenken, Eichendorff vom starken Gottvertrauen, und Nietzsche trieb sein Entdecker–Elan hinaus „ins Blaue". Von Kafka aber erfahren wir nichts darüber, welche Macht den Kurs bestimmt. Müßte es nicht wenigstens der Schiffskapitän sein, nach dessen Weisungen der Steuermann das Ziel ansteuert? Offenbar aber gibt es hier an Bord nicht die in der christlichen Seefahrt traditionelle Befehlshierarchie. Davon ist freilich auch in den bisher vorgestellten Varianten des *Topos von der Lebensfahrt auf dem Meer der Welt* nirgends die Rede gewesen; denn hier ist ja – anders als beim *Staatsschiff–Topos* – das Ich stets allein wie ein Einhandsegler: ohne Gefährten, ohne Schiffsmannschaft. Bei Kafka gibt es nun außer dem einzelnen, der traditionell sein Schiff lenkt, noch eine Mannschaft; daneben allerdings – wer weiß woher? – einen Fremden.

Doch auch das einzige, was der Tradition des *Topos von der Lebensfahrt* entspricht, der Mann am Steuer des Schiffes, wird schon zu Beginn der Erzählung in Frage gestellt und schließlich destruiert. Das ist offenbar die zentrale Aussage der Parabel. Darum beginnt sie auch mit dem merkwürdigen Ausruf, in dem sich das Ich selbst rhetorisch zur Frage wird: „Bin ich nicht Steuermann?" Doch wie kommt es zu dieser Situation?

---

85) Hier möchte man auch an die Arbeit des nachts unter der Lampe schreibenden einsamen Dichters denken.

Dieser Mann, der des Nachts allein an Deck ist und am Steuer wacht, wird unvermittelt konfrontiert mit einem „dunklen hochgewachsenen Mann", der aus dem Dunkel der Nacht hochwächst, als wäre er selbst ein Teil der Finsternis, die Verkörperung eines nächtlichen Traums. Es muß im Dunkeln bleiben, woher der Fremde kommt und wer er ist. (Auf dem Schiff müßte man ihn doch kennen!) Jedenfalls ist er keine Allegorie für etwas Greifbares, Faßbares, das man benennen und dadurch bannen könnte. [86] Es heißt nur: Er war „gekommen", „strich sich mit der Hand über die Augen, als verscheuche er einen Traum" – wessen Traum? –, und wollte den in diesem Augenblick sich sogleich selbst in Frage stellenden Steuermann „beiseiteschieben". Er setzt dem Stehenden wortlos „den Fuß auf die Brust", um ihn auf diese merkwürdige Weise langsam niederzutreten. [87] Als dieser stürzt, übernimmt der Fremde das Steuer und bringt es „in Ordnung" – als wäre das so in Ordnung. Der verdrängte Steuermann aber ruft die Schiffsmannschaft von unten herauf zu Hilfe. Ganz unsicher geworden, als kennte er sich selbst nicht mehr, richtet er jetzt die anfänglich rhetorische Frage als offene Frage an die „Kameraden": „Bin ich der Steuermann?" Der „Fremde" fragt indessen nicht viel, sondern befiehlt barsch: „Stört mich nicht".

Die „Mannschaft", das „Volk", zeigt sich unfähig, eine demokratische Entscheidung zu treffen. Man nickt dem entmachteten Navigator kurz zu und blickt anerkennend zu dem Usurpator, den man am Steuer gewähren läßt. Und keiner fragt, von woher der gekommen ist. Offenbar gehört er nicht zur Mannschaft, sonst wäre er kein „Fremder". Ihn dürfte es auf dem Schiff eigentlich gar nicht geben. Dennoch spielt er die entscheidende Rolle, während ein Kapitän, dem Aufgabenzuweisung und Kursbestimmung eigentlich zuständen, nicht vorhanden ist.

---

86) Anders in Eichendorffs Gedicht „Schiffergruß" (hier abgedruckt unter B 24), in dem ein „Fremder" sich am Schluß als allegorische Figur zu erkennen gibt:

[...]
Stolzes Schiff, wenn deine Feuer
Nachts verlöscht: beim falben Licht
Steht ein Fremder an dem Steuer,
[...]
Trau dem finstern Bootsmann nicht!
[...]
Denn der Bootsmann ist der Tod.

87) Wie stets bei Kafka, so ist auch hier mit halbverdeckten autobiographischen Bezügen zu rechnen. Seit 1917 hat er „Bluthusten", es wird Lungentuberkulose diagnostiziert. Er schreibt: „Falls ich in nächster Zeit sterben [...] sollte [...], so darf ich sagen, daß ich mich selbst zerrissen habe [...]." (Kafka: Hochzeitsvorbereitungen [...], New York/Frankfurt a.M. 1953, S. 131 f.) Die „Lungenwunde" betrachtet er immer als „Sinnbild". „Manchmal scheint es mir, Gehirn und Lunge hätten sich ohne mein Wissen verständigt", schreibt er an Max Brod. Diese Spaltung von Ich und Körper nennt er auch das Ich und „das Andere" (Briefe, a.a.O., 1958, S. 166). Vom biographischen Hintergrund her könnte dies also etwas Licht auf den mit dem Ich als dem Steuermann kämpfenden „dunklen hochgewachsenen Mann" werfen, der ihm „den Fuß *auf die Brust*" setzt. Der „Fremde" aber bleibt fremd; er wird durch einen biographischen Anhaltspunkt nicht enträtselt und sozusagen bekanntgemacht.

So bleibt bei dieser nächtlichen Seefahrt vieles im Dunkeln, nicht zuletzt die Herkunft der Existenzbedrohung, aber auch das Ziel der Reise. Der einzelne, der eine Lebensaufgabe zu haben glaubte, verliert die Gewalt über das Steuer des Lebens–Schiffs. Das „Volk", auf das sich einst die Romantiker („Volksgeist"), dann die Sozialisten und die Nationalisten („Volksgemeinschaft") emphatisch beriefen, ist zwar mächtig, aber schwankend und müde, und es gibt dem befehlssicheren Usurpator widerstandslos nach. Von seinen unter Deck arbeitenden angeblichen „Kameraden" ist das Ich isoliert, von ihnen hat es keine Bestätigung seiner Lenkungsaufgabe zu erwarten. Anscheinend „schlurfen sie nur sinnlos über die Erde". Und auch sein Leben als Steuermann ist nun offenbar sinnlos geworden.

Kafkas Erzählungen und Romane beginnen meist mit einem ebenso selbstverständlichen wie unbegreiflichen Verlust aller Orientierungsmöglichkeiten, und so enden sie oft auch. Diese düstere Parabel handelt gleichfalls von einem, der – ohne Sicht und sichere Orientierung durch Sterne vom Himmel oder Leuchtfeuer vom Land – Steuermann war und sein wollte, doch „vom Steuer vertrieben" wurde. Durch das dumpfe „Volk" war keine Entscheidungshilfe im Streit zu erlangen, und eine höhere Instanz gibt es hier nicht.

Der Zerfall des richtungweisenden universell Gültigen beginnt schon Ende des 18. Jahrhunderts. Schillers Gedicht „Die Größe der Welt" (A 6) und Torquato Tassos Scheitern als Mensch (A 11) ließen es – in unserem Zusammenhang – bereits ahnen. Tiecks schon im Jahre 1800 ausgesprochene Furcht vor dem „Fortschweben in dem Leeren" war nur allzu begründet. Doch er entdeckte – gerade noch – als ein wegweisendes Leuchtfeuer die „Poesie". Nietzsches „Neuer Columbus" ruft noch, anscheinend verzweifelt fragend:

> Vor mir Meer – und Land? – und Land? – –

In Kafkas Parabel aber ist weder von Leuchtfeuer noch von Land mehr die Rede. Es herrscht sternenlose Nacht. Sie wird allein ein wenig erhellt durch die „schwachbrennende Laterne" über dem Kopf eines einzelnen.

Der Kampf des „Steuermanns" mit dem dunklen „Fremden" erinnert an Kafkas frühere „Beschreibung eines Kampfes" (1904/1905). Hier sind es „zwei Gegner":

> Der erste bedrängt ihn von hinten, vom Ursprung her. Der zweite verwehrt ihm den Weg nach vorn. Er kämpft mit beiden. [...] Immerhin ist es sein Traum, daß er einmal in einem unbewachten Augenblick – dazu gehört allerdings eine Nacht, so finster wie noch keine war – aus der Kampflinie ausspringt und wegen seiner Kampfeserfahrung zum Richter über seine miteinander kämpfenden Gegner erhoben wird. (Beschreibung eines Kampfes. Frankfurt a.M. 1954, S. 300)

In der Steuermann–Parabel herrscht nun „eine Nacht, so finster wie noch keine war". Der frühere Traum, in dem er „zum Richter" erhoben wird, ist Vergangenheit. Jetzt endet der Kampf mit dem Sieg des unfaßbaren dunklen „Fremden". Und es bleibt Nacht.

Brüder – überm Sternenzelt
Muß ein lieber Vater wohnen.

So beteuerte Schiller einst in seiner Ode „An die Freude" (1786). Ja, es *„muß"* ein väterlicher Gott über allem walten, wenn unter den Menschen *„Freude"* herrschen soll. Damit wehrt sich Schiller, der zuvor selbst schon bis „zum Reich des Nichts" (A 6) vorgestoßen war, offenbar emphatisch gegen den „Alleszermalmer" Kant und seine „Kritik der reinen Vernunft" (1781), in der dieser zum maßlosen Erschrecken fast aller Intellektuellen erklärt hatte, Gott, Seele und Welt seien der theoretischen Vernunft grundsätzlich nicht zugänglich. Kant sagt über die Vernunft:

> [...] die eigentliche Bestimmung dieses obersten Erkenntnisvermögens sei, [...] der Natur [...] bis ins Innerste nachzugehen, niemals aber ihre Grenze zu überfliegen, außerhalb welcher für uns nichts als leerer Raum ist. (Kritik der reinen Vernunft, A 702 / B 730)

Der „leere Raum" jenseits der Grenze der Natur wurde vielleicht in Tiecks Wort vom „Fortschweben in dem Leeren" zitiert und wird von Hugo Friedrich im Blick auf Rimbaud (siehe das folgende Kapitel über Brechts Gedicht „Das Schiff") auf die schon erwähnte Formel der „leeren Transzendenz" gebracht.

Das uralte traditionelle Weltbild [88], das – trotz aller Schicksalsstürme, ja noch im persönlichen Scheitern – Lebenssinn im Schutz der Götter oder Geborgenheit in der Vaterhand des einen Gottes versprach, löst sich also schon seit dem Ende des 18. Jahrhunderts allmählich auf. Das Paradigma der Moderne setzt sich in Teilen der westlichen Welt durch – eindeutig seit Nietzsche Gott den Totenschein ausstellte und an seiner Statt die Herrschaft des Nihilismus proklamierte. Der Himmel hat nun mit dem metaphysischen zugleich auch den poetischen Glanz verloren. „Überm Sternenzelt" wohnt nun nichts mehr; an Gottes Stelle herrscht: das Nichts. Schillers bergendes Himmelszelt hat sich in Luft aufgelöst; die „goldnen Sternlein" des Matthias Claudius „prangen" nicht mehr „hell und klar". In Kafkas Parabel ist es nur noch Nacht.

Schon früh hat Kafka selbst „einen Einblick in den kalten Raum unserer Welt" bekommen, wie er im Tagebuch notiert. Später las er mit großem Interesse auch Nietzsche und dann Kierkegaard, der sich nicht nur in „Furcht und Zittern" und im „Begriff der Angst" – wie Kafka – in existentieller Einsamkeit als „der einzelne" erlebte. [89] Eine Welt, in der, nach Kierkegaard, Gott zum „ganz Anderen", zum letztlich Unerreichbaren, geworden ist, erscheint dunkel und leer. Das Individuum ist

---

88) Dieses Weltbild war und ist weltumfassend. Unter den Universal– und Prähistorikern gilt als gesichert: In der langen Geschichte der Menschheit wurde kein Stamm und kein Volk gefunden ohne Merkmale von Religion. (In der antiken Philosophie sprach man in dieser Hinsicht vom Consensus gentium.) Die Religion prägte nicht allein den über 3000 Jahre alten Monotheismus der Juden, Christen und Muslime, sondern auch die griechisch–römische Antike, in der nicht nur die olympischen Götter herrschten, sondern – nach Thales – „alles voll von Göttern" war. Und so ist es noch heute in Ostasien bei den Hindus, den Shintoisten und vielen Buddhisten.

89) Kafka ist, wie er sagt, „nicht von der allerdings schon schwer sinkenden Hand des Christentums ins Leben geführt worden wie Kierkegaard" (Hochzeitsvorbereitungen, a.a.O., S. 120 f.), und der jüdische Gebetsmantel hat ihn kaum noch gestreift. – Kierkegaard und Eichendorff lebten übrigens etwa zur gleichen Zeit (der eine starb 1855, der andere 1857). Es ist freilich kaum ein größerer Gegensatz denkbar als der zwischen dem ostdeutschen Katholiken und dem nordischen Protestanten. Eichendorffs Welt ist im Sternenschimmer versunken; Kierkegaard weist als Vorläufer des Existentialismus schon hin auf den „kalten Raum unserer Welt" des 20. Jahrhunderts.

allein. Von „Kameraden" oder vom „Volk" ist Hilfe nicht zu erhoffen. Das Ich steht einsam am Steuer und will seine Position halten, auch wenn es von keinem Ziel mehr weiß; vorderhand weiß es nur noch eins: daß es existiert. Im Existentialismus unseres Jahrhunderts ist die Zerstörung des Sinnhorizonts beim Ich selbst angekommen. Und hier zerbricht es: Am Ende ist das Ich kein Steuermann mehr. Welche dunkle, fremde Macht es auch immer „vom Steuer vertrieben" hat: Das Schiff treibt ohne erkennbares Ziel in der Nacht – einer Nacht, „so finster wie noch keine war".

A 19. Bertolt Brecht (1898 – 1956): Das verwesende Schiff (um 1919)

Das Schiff

1

Durch die klaren Wasser schwimmend vieler Meere
Löst ich schaukelnd mich von Ziel und Schwere
Mit den Haien ziehend unter rotem Mond.
Seit mein Holz fault und die Segel schlissen
Seit die Seile modern, die am Strand mich rissen
Ist entfernter mir und bleicher auch mein Horizont.

2

Und seit jener hinblich und mich diesen
Wassern die entfernten Himmel ließen
Fühl ich tief, daß ich vergehen soll.
Seit ich wußte, ohne mich zu wehren
Daß ich untergehen soll in diesen Meeren
Ließ ich mich den Wassern ohne Groll.

3

Und die Wasser kamen, und sie schwemmten
Viele Tiere in mich, und in fremden
Wänden freundeten sich Tier und Tier.
Einst fiel Himmel durch die morsche Decke
Und sie kannten sich in jeder Ecke
Und die Haie blieben gut in mir.

4

Und im vierten Monde schwammen Algen
In mein Holz und grünten in den Balken:
Mein Gesicht ward anders noch einmal.
Grün und wehend in den Eingeweiden
Fuhr ich langsam, ohne viel zu leiden
Schwer mit Mond und Pflanze, Hai und Wal.

5

Möw und Algen war ich Ruhestätte
Schuldlos immer, daß ich sie nicht rette.
Wenn ich sinke, bin ich schwer und voll.
Jetzt, im achten Monde, rinnen Wasser
Häufiger in mich. Mein Gesicht wird blasser.
Und ich bitte, daß es enden soll.

6

Fremde Fischer sagten aus: sie sahen
Etwas nahen, das verschwamm beim Nahen.

Eine Insel? Ein verkommnes Floß?
Etwas fuhr, schimmernd von Mövenkoten
Voll von Alge, Wasser, Mond und Totem
Stumm und dick auf den erbleichten Himmel los.

(Enstanden um 1919. Veröffentlicht in „Bertolt Brechts Hauspostille.
Mit Anleitungen, Gesangsnoten und einem Anhang", 1927. Zitiert
nach Bertolt Brecht: Große kommentierte Berliner und Frankfurter
Ausgabe. Gedichte 1. Frankfurt a.M.: Suhrkamp, 1988, S. 46–48)

Das Gedicht „Das Schiff" erschien 1927 in „Bertolt Brechts Hauspostille". Es ist
schon um 1919 entstanden, also lange vor seiner 1926/27 erfolgten ideologischen
und poetischen Wende zum Glauben an den *„neuen Menschen"* des Marxismus. Hier
ist Brecht noch der anarchische Nihilist der Augsburger Jahre und glaubt an den
Untergang des *letzten Menschen*. Seine damaligen Vorbilder waren die französischen poètes maudits [90], vor allem François Villon, Baudelaire und Rimbaud. Eine
Reihe von Gedichten in der „Hauspostille" zeigt Rimbauds Einfluß, besonders deutlich die „Ballade auf vielen Schiffen" und „Das Schiff", die beide von Rimbauds „Le
Bateau ivre" / Das trunkene Schiff (1871) angeregt sind. [91]

Rimbaud und Mallarmé sind „die Gründer und noch heutigen Führer der modernen Lyrik Europas", erklärt Hugo Friedrich [92]. Als Rimbauds berühmtestes Gedicht gilt „Le Bateau ivre". Ein Vergleich mit Brechts ein halbes Jahrhundert später
entstandenen beiden Schiffs–Gedichten hätte Übereinstimmungen und Abweichun-
gen im einzelnen aufzuzeigen. Das würde hier zu weit führen. Einige Hinweise mögen genügen.

Rimbauds „Bateau" hat seine Mannschaft verloren: Sie wurde gleich zu Beginn
am Flußufer von Rothäuten erschossen. Befrachtet mit flämischem Korn und engli-
schem Kattun, läßt es sich aufs Meer hinaustreiben. Es wird zur absoluten Metapher.
Wie trunken schlingert es in „Protuberanzen der Phantasie" (H. Friedrich) an exoti-
schen Ländern vorbei. Seine „autonomen Bewegungen" verlaufen „in drei Akten:
Abstoßung und Revolte, Ausbruch ins Überdimensionale, Absinken in die Ruhe der
Vernichtung" (a.a.O., S. 75). Darin zeigt sich Rimbauds „Verhältnis zur Realität wie
zur Transzendenz": „wühlendes Deformieren der Realität, Drang in die Weite, Ende
im Scheitern, weil die Realität zu eng, die Transzendenz zu leer ist." Am Ende „steht
das Nichts" (a.a.O.).

Verständlicherweise ist Brecht in seiner „Baal"–Phase (1920) fasziniert von
Rimbauds großer Schiffsmetapher. Von ihm übernimmt er zunächst einmal die sym-
bolische Gleichsetzung von Dichter und Schiff. [93] Und in hochpoetischer Sprache

90) So nannte man von der Gesellschaft verfemte, verkannte Dichter, die alle bürgerlichen Werte
   verachteten und oft an der Grenze zu Tod und Wahnsinn nur ihrer Kunst lebten. Der Begriff
   wird vor allem zur Kennzeichnung der Dichtergeneration seit Baudelaire verwendet.
91) In einem Entwurf dichtete Brecht Rimbauds „Le Bateau ivre" nach eigenen Vorstellungen um
   unter dem Titel „Liquidation vom trunkenen Schiff".
92) Hugo Friedrich: Die Struktur der modernen Lyrik. Erweiterte Neuausgabe. Hamburg:
   rowohlts deutsche enzyklopädie, 2. Aufl. 1968, S. 9. Ich stütze mich im Hinblick auf
   Rimbaud vorwiegend auf dieses Standardwerk, in dem Brechts Schiffs–Gedichte allerdings
   nicht erwähnt werden.
93) Die Gleichsetzung der Poesie mit einem Schiff ist allerdings schon ein alter Topos. E. R.
   Curtius stellt fest: „Die römischen Dichter pflegen die Abfassung eines Werkes einer

findet er hier auch sein nihilistisches Schwelgen in Bildern der Verwesung und seinen radikal antibürgerlichen Impuls vorgebildet

Die „Hauspostille" ist, das soll der Name besagen, eine Parodie auf alle möglichen religiösen Schriften wie Gebetbuch, Traktat oder Brevier. [94] Rilke hatte in seinem weitverbreiteten „Stundenbuch" (1905) Gedichte der poetisch–religiösen Erbauung in sehr freier Anlehnung an das Brevier gestaltet, das das Stundengebet der katholischen Priester enthält. Den Leser von Brechts „Hauspostille" erwartet stattdessen ein dezidiert antireligiöses Buch, von dem Brecht sich wünscht, daß es ein täglich zu benutzendes Hausbuch werde: nicht zur Erbauung, sondern – im Gegenteil – zur Zerstörung des Glaubens an Gott und an das Göttliche im Menschen. Mit „eigenen Haien" spielend und „unter rotem Mond" selbst als Schiffswrack untergehend, ließ es sich aber offenbar nicht auf Dauer leben. Brecht begann, schon während seine „Hauspostille" erschien, das Sinnvakuum auszufüllen durch seine Bekehrung zur rettenden Heilsbotschaft des Marxismus–Leninismus. [95]

Seine Postille sollte – das ist die erklärte Absicht des Nihilisten Brecht – ein antichristliches Volksbuch für „Städtebewohner" werden. Die 1. Lektion, die u.a. „Das Schiff" enthält, nennt er z.B. einigermaßen rätselhaft „Bittgänge". Im „Schlußkapitel", das ursprünglich „Luzifers Abendlied" hieß und mit dem man, nach Brechts Gebrauchsanweisung, „jede Lektüre in der Hauspostille" beschließen sollte, wendet er sich mit atheistischer Prediger–Geste „Gegen Verführung":

> Laßt euch nicht verführen!
> Es gibt keine Wiederkehr.
> [...]
> Ihr sterbt mit allen Tieren
> Und es kommt nichts nachher.

„Das Rimbaudsche Schiffssymbol steht in der Augsburger Lyrik für die Vergänglichkeit aller Lebensformen", sagt Klaus Schuhmann. [96] Das ist gewiß zutreffend,

---

Schiffahrt zu vergleichen. [...] Der Epiker fährt mit großem Schiff über das weite Meer, der Lyriker mit kleinem Kahn auf dem Fluß." (Europäische Literatur und lateinisches Mittelalter. Bern und München, 5. Aufl. 1965, S. 138.) Der Topos vom *Poesieschiff* ist freilich selten. In der „Divina Commedia" vergleicht Dante sein Epos einem singenden Schiff mit Kurs aufs „hohe Meer" (hier abgedruckt unter B 6). Der Lyriker Rimbaud läßt sein „Bateau" auf einem Fluß zum Meer hin treiben.

94) „Postillen" nannte man volkstümliche religiöse Bücher, die „post illa verba textus", d.h. „Texte nach jenen Worten" [der Heiligen Schrift] enthielten: Betrachtungen von Bibelstellen. Genau genommen ist Brechts Büchlein keine präzise Parodie auf die Textsorte „Postille", sondern eine frei gestaltete Textsammlung mit parodistisch antireligiöser Tendenz.

95) Auf einer Tagung (im Juni 1997) über „Die Verführungskraft des Totalitären" im Dresdner Hannah–Arendt–Institut für Totalitarismusforschung nannte Professor Saul Friedländer (Tel Aviv) als Ausgangspunkt der beiden Schreckensregime unseres Jahrhunderts den Nihilismus des 19. Jahrhunderts, der eine heimliche (anti–)bürgerliche Sehnsucht nach der Apokalypse auslöste und sowohl zum Faschismus als auch zum Kommunismus geführt habe. – Als Prototypen für den Weg vieler Intellektueller vom Nihilismus zu je einer der beiden Großideologien könnte man Benn und Brecht nennen.

96) Klaus Schuhmann: Der Lyriker Bertolt Brecht 1913 – 1933. München: dtv, 2. Auflage 1974, S. 59. Die Literaturwissenschaft der DDR hatte, wie der an den sozialistischen „Klassikern" geschulte spätere Brecht selbst, Schwierigkeiten mit den frühen Arbeiten. Es hieß, ihnen fehle Weisheit.

aber doch gar zu pauschal verschleiernd. Stellt man Brechts Gedicht vom Schiff aber tatsächlich in Bezug zu Rimbaud und zudem in den heuristischen Bezugsrahmen des *Topos von der Lebensfahrt auf dem Meer der Welt*, gibt der Text deutlich mehr zu erkennen.

„Das Schiff" hat merkwürdigerweise weder Mannschaft noch Steuermann. Ein Geisterschiff? Von Geist oder Geistern ist hier nicht die Rede. Es ist einfach leer. Doch es scheint, als wäre „Das Schiff" eine Fortsetzung der ebenfalls in der Postille enthaltenen „Ballade auf vielen Schiffen" (entstanden 1920). Und hier gibt es einen – freilich höchst merkwürdigen – Passagier. Daher wäre zunächst Brechts „Ballade auf vielen Schiffen" etwas näher betrachten.

Die „vielen Schiffe" sind „alte Schaluppen" (I 1) und haben verkommene, verfaulte, krumme Masten (I 4); die einst weißen Segel sind „jetzt wie kotige Hemden" (I 3). Kein Wunder, daß die „vielen Schiffe" verlassen sind. „Wer alles verließ sie? Es ziemt nicht zu zählen" (II 1), heißt es gespielt höflich.

> Doch kommt es noch vor, daß einer sich findet
> Der nach nichts mehr fragt und auf ihnen fährt.
> Er hat keinen Hut, er kommt nackt geschwommen
> Er hat kein Gesicht mehr, er hat zuviel Haut! (II 2–6).

Wer ist dieser letzte Passagier, der nackte Mann ohne Gesicht? Keiner weiß, woher er da ohne bürgerlichen Hut „nackt geschwommen" kommt. „Aus dem Himmel nicht" (III 2), spöttelt der Balladensänger. In der „Anleitung zum Gebrauch der einzelnen Lektionen" erklärt der Dichter lakonisch: Hier „kommt der Gummimensch in Sicht". Sein Anblick ist unvorstellbar schrecklich:

> Selbst dies Schiff erschauert noch vor seinem Grinsen
> Wenn er von oben seiner Spur im Kielwasser nachschaut. (II 7/8)

Der von Brecht erfundene grinsende „Gummimensch" ist aus Rimbauds Geiste geschaffen. H. Friedrich sagt: „Macht Rimbaud Menschen zum Inhalt eines Gedichtes, so erscheinen sie als herkunftslose Fremdlinge oder als Fratzen" (a.a.O., S. 70). Im gleichen Jahr wie „Le Bateau ivre" (1871) entstand z. B. das Gedicht „Les Assis", das Gestalten von ungeheuerlichster Häßlichkeit und Widerwärtigkeit malt. Rimbauds „Deformationstrieb" (H. Friedrich), seine Tendenz zur Verhäßlichung und Enthumanisierung, faszinierte und verführte dann auch den jungen Brecht. Sein „Gummimensch" ist sowohl ein herkunftsloser Fremder als auch eine gräßliche Fratze.

Trotz seines widerwärtigen Aussehens soll Brechts „Gummimensch" der „letzte Verführer" (III 5) sein (obwohl der Dichter doch in seiner antichristlichen Postille selbst „gegen Verführung" predigt). Da aber der „Verführer" samt dem allerletzten Schiff untergehen muß, wird er eben auch als „Verführer" der letzte sein. Doch wen mag diese Ekelgestalt verführen, bei deren Anblick sogar eines der vielen Schiffe „vor Angst Wasser läßt und vor Reu Salz erbricht" (III 8)? Wozu könnte er denn verführen? Und wen gäbe es überhaupt noch, der diesem letzten Menschen zuhörte?

> Haie hat er dabei!
> Haie sind mit ihm den Weg hergeschwommen
> Und sie wohnen bei ihm [...]. (III 2–4)

Für sie singt er oft „einen Song", während er selbst sich aalend – „verfaulend" wie „ein Aal" – in den Tauen liegt oder, nicht am Mast, sondern „am Marterpfahl" steht (V 2–4).

> Nach einem Tage ohne Gesang
> Erscheint er am Heck, und sie hören ihn reden
> Und was sagt er? „Morgen ist Untergang." (V 6–8)
> [...]
> Er kennt seine Welt. Er hat sie gesehn.
> Er hat eine Lust in sich: zu versaufen
> Und er hat eine Lust: nicht unterzugehn. (VIII 6–8)

„Versaufen", ohne „unterzugehn" – diese nicht ganz konsequent erscheinende Lust am Untergang predigt der Mensch ohne Gesicht als „Verführer" seinen Haien (vgl. V 8): eine groteske Persiflage des heiligen Franziskus, der einst dem Vieh, den Vögeln und den Fischen von ihrem Schöpfer predigte.

Brechts Lust am Untergang verkünden beide Gedichte. Im einen spielt sein letzter Mensch im Imponiergestus des furchtlosen Dompteurs mit „eigenen Haien" (VIII 5), im anderen genießt der Poet den Hautgout der Verwesung. Seine Anleitung zur „Ballade auf vielen Schiffen" lautet, sie sei „zu lesen in Stunden der Gefahr". Und in bezug auf „Das Schiff" heißt es – offenbar ebenso zynisch [97] – , es „sollen nur ganz gesunde Leute von dieser für die Gefühle bestimmten Lektion Gebrauch machen". Zweifellos sind es die Gefühle des Ekels und der Angst, denn hier ist ausführlich von einer grinsenden Horrorgestalt und von Verwesungsprozessen die Rede, bei deren Anblick sich selbst eines der vielen Schiffe erbrechen muß (III 8). Dem, der lesend von dieser Lektion für die Gefühle Gebrauch macht, kann sie also auch als Brechmittel dienen.

Was hätte ein unbefangener Leser zu erwarten, wenn er die anspruchsvolle Überschrift „Das Schiff" liest? Wovon würde die Rede sein? Das Lexikon sagt: Das Schiff ist ein Wasserfahrzeug zum Transport von Personen oder Gütern oder zur Ausübung von Seemacht auf dem Wasser. Der lexikalischen Definition scheint im Gedicht auch noch die 1. Zeile zu entsprechen, in der wir das Schiff vor uns zu sehen glauben:

> Durch die klaren Wasser schwimmend vieler Meere [...].

Doch sogleich beginnt das Schiff – wie in der Fabel – zu sprechen. Es redet rückblickend im Präteritum monologisch selbst vor sich hin, denn da ist kein Kapitän oder Steuermann, kein Passagier und keine Mannschaft, es wird auch nichts transportiert und erst recht keine „Seemacht" ausgeübt. Das Schiff ist leer, ja, es ist gar kein Schiff mehr, sondern ein Wrack, das im Meer treibend verrottet. [98] Statt der Seefahrt eines stolzen Schiffes, ausgerichtet auf ein bestimmtes, bekanntes Ziel, oder statt einer wagemutigen Entdeckungsfahrt ins Unbekannte, ins Blaue hinein, schil-

---

97) Zynismus ist beißender Spott, der verletzen will, indem er möglichst jede Art von Wertbewußtsein zerstört.

98) Ohne dies als billige Erklärung heranzuziehen, ist auf die volkstümliche maritime Redewendung hinzuweisen, die besagt, jemand sei ein Wrack und lasse sich treiben.

dert hier ein Schiff ausführlich selbst den langen Prozeß seines Verfallens und Verfaulens.

LOSLÖSUNG (STROPHE I – II)

Vor der Selbstauflösung aber (Strophen III bis V) geschieht die fast unauffällige, ganz gelassene Loslösung von seinem (eigentlichen) „Ziel" (I 2) sowie vom „Horizont" (I 6) und den „Himmeln" (II 2). Das Sich–Lösen ist die Voraussetzung für das Wissen des Schiffs davon, daß es „untergehen soll" (II 5). Diese conditio sine qua non verlangt eine genaue Untersuchung, so wie jeder Schiffsuntergang dies erfordert. [99]

Als das Schiff noch „am Strand" lag, hielten es „die Seile" so fest, daß sie es „rissen" (I 5). Irgendwann „löst" es sich von seinem „Ziel", das es mit belastender „Schwere" gleichsetzt (I 2). Dieses Aufgeben des Fahrtzieles, des eigentlichen Bestimmungszwecks jedes Schiffes, wird (wie bei Rimbaud) nicht begründet, sondern nur fast beiläufig anfangs erwähnt. Das Schwimmen geht einfach in ein Schaukeln über, und auf einmal verfolgt das Schiff nicht seine von einem Schiffseigner vorgegebene Fahrtroute, es zieht ziellos „mit den Haien", deren Raubzüge sich jedoch immerhin tief unter Wasser abspielen, also vom Schiff aus gar nicht erkennbar sind, zumal nachts (als gäbe es keinen Tag mehr) „unter rotem Mond" (I 3). Das beinahe wie die Sonne gefärbte nächtliche Gestirn ist offenbar für die Reise ins Nirgendwo von besonderer Bedeutung, denn der Mond wird noch zwei weitere Male genannt. An keiner Stelle dagegen scheinen die Sterne oder gar die Sonne am Himmel, nach denen die Navigatoren der Segelschiffe sich einst richteten (nie aber nach dem 'wankelmütigen' Mond).

„Die Seile modern", die das Schiff einst hielten, das „Holz", das den Schiffsleib bildete, „fault", und die „Segel", die es im Wind antrieben, „schlissen" (I 4/5). Seit sich das Schiff vom Ufer gelöst hat und sich selbst allmählich auflöst, verändert sich auch sein „Horizont" (I 6). Offenbar hatte dieser einst eine andere, eine klare Kontur, solange das Schiff noch seetüchtig war. Mit dem Zerfall des Schiffes zerfällt auch seine Welt. Jetzt, in seinem Auflösungsprozeß, löst sich auch der Horizont immer mehr auf: Er wird zunehmend „entfernter" und „bleicher" (I 6). Und „seit jener [Horizont] hinblich" (II 1), werden auch „die [...] Himmel" entfernt und bleich (vgl. II 2 und VI 6). „Entfernte Himmel" (II 2)? Das kann ein Doppeltes bedeuten: Sie können, vom Betrachter aus gesehen, weit weg, also „entfernt" sein, oder gänzlich weg, also absichtlich „entfernt" worden sein. Im Hinblick auf den „Horizont" und „die Himmel" ist zweimal vom Entferntsein die Rede und dreimal vom Erbleichen. So wird unübersehbar, wie sich hier der Blick zum Horizont: vorwärts in die Welt, und zum Himmel: aufwärts zum Überirdischen, entscheidend verändert, während gleichzeitig auch das „Gesicht" des Schiffes selbst wie im Tode erbleicht (vgl. V 5). Wie hängt das zusammen? „Seit" das Schiff und die Seile, die es hielten, verrotten, „ist entfernter mir und bleicher auch mein Horizont" (I 5/6), sagt das Schiff. Indem es sich also vom „Ziel" löst (I 2), wird ihm sein „Horizont" immer ferner und blasser (I 6), und die „entfernten Himmel" überlassen es, nachdem sie sich entfernt haben oder entfernt worden sind, dem Meer (II 2), in welches sich das Wrack auflösen

---

99) Auch die kursiv gesetzten Aussagen der „fremden Fischer" in der letzten Strophe (vgl. VI 1) antworten offenbar auf eine Befragung über das Geschehene und Gesehene.

wird. [100] Daß es „vergehen" und „untergehen soll", fühlt und weiß es von dem Zeitpunkt an, da es sein „Ziel" aus dem Blick verlor und da sein „Horizont" allmählich „hinblich" und „die entfernten Himmel" es losließen.

Der Anblick der ungeheuren Unendlichkeit im Schwinden der feinen Trennlinie des Horizonts (zwischen Himmel und Erde) und der Tod Gottes (im Himmel) lösten bei Nietzsche vierzig Jahre vorher höchste Erregung – Erschrecken und Jubel – aus. Rimbauds etwa fünfzig Jahre vor dem Brechtschen entstandenes „Schiff" ist trunken und treibt durch traumbunte, irreale Welten, bis es erschöpft endet in der „Mattigkeit der Wellen". „Es ist die Ruhe des Nichtmehrkönnens, des Schiffbruchs im Grenzenlosen wie der Unfähigkeit für das Begrenzte", erklärt H. Friedrich (S. 74). Der Vorstoß über die einst von Kant markierte „Grenze", „außerhalb welcher für uns nichts als leerer Raum ist" (Kritik der reinen Vernunft, B 730), in das Gebiet, das H. Friedrich „die leere Transzendenz" nennt (a.a.O., S. 61 ff.), ist bei Nietzsches Sehnsucht „Nach neuen Meeren" von fast wahnsinnsnahem Pathos getragen und bei Rimbaud in fiebrigen Visionen ausgemalt. Brechts Schiff dagegen ist von Anfang an emotionslos, es wehrt sich nicht und überläßt sich dem Untergang „ohne Groll" (II 6). In der „Hauspostille" sind Atheismus und Nihilismus nun fast zur Selbstverständlichkeit geworden. Sottisen gegen Bürgertum und Christentum, Persiflagen von Schriften zur seelischen Erbauung gibt es noch aus zynischer Spottlust und atheistischem Missionseifer. Doch an der Stelle von aufgipfelndem Pathos und Fieberträumen herrschen bei Brecht Gefühlskälte und gelangweilter Ekel. So erzählt er gemütlich von dem absaufenden Monstermenschen:

> Er liegt in der Sonne und badet am Abend
> In des Schiffsrumpfs Wasser reinlich seinen Zeh. (IV 3/4)

VERWESUNG (STROPHE III – V)

In drei der sechs Strophen erzählt das Schiffswrack ausführlich von seiner fortschreitenden Auflösung im Meer: ein überraschend friedlicher Vorgang, an dem Tiere und Pflanzen, Mond und Himmel im Wasser beteiligt sind. Im Hohlraum des Schiffskörpers freundeten sich verschiedene Tiere an (III 3), und „Algen [...] grünten in den Balken" (IV 1). Haie tauchen dreimal auf: Anfangs zog das Schiff „mit den Haien" (I 3), dann blieben sie im Hohlraum des Wracks (III 6), endlich wohnte neben dem Hai noch der riesige Wal im Schiffsrumpf (IV 6). [101] Dieser ist auch „Ruhestätte" für „Möw und Algen" (V 1), die, wie die Haie, dreimal genannt werden. Beide sind offenbar Repräsentanten der Flora und Fauna: der Welt des Lebendigen im Meer, in dem das Schiff untergehen oder aufgehen wird. Zudem überglänzt das Licht des Mondes das monatelange Verwesungsgeschehen. Anfangs zog das Wrack noch gemeinsam „mit den Haien [...] unter rotem Mond" (I 3), später gehörte der sich im Wasser spiegelnde Mond wie selbstverständlich zur Last des sich mit „Pflanze, Hai und Wal" (IV 6 und VI 5) anfüllenden Schiffskadavers. Sogar „Himmel" fiel einst

---

100) Es ist *sein* „Horizont", der *ihm* immer bleicher wird. Und wenn es „die Himmel" sind, die es am Ende dem Meer überlassen (II 2), muß das Schiff anfänglich den Himmeln zugehörig gewesen sein. Einst waren es auch *seine* Himmel.

101) „Ihr sterbt mit allen Tieren", heißt es im „Schlußkapitel" der „Hauspostille". Hier scheint dies nicht 'wie alle Tiere' – das heißt 'animalisch' – zu bedeuten, sondern das Sterben geschieht – wörtlich – in Gemeinschaft „mit allen Tieren".

„durch die morsche Decke" (III 4). Himmelslicht und Mondschein, Pflanzen und Tiere im Meer – oben und unten, Lebendes und Totes – verschwimmen in eins: Dies ist anscheinend das Bild einer coincidentia oppositorum, des Zusammenfallens aller Gegensätze. [102] Und wenn dies keine langwierige moderne Seebestattung und auch keine einsame Apotheose des Verrottens draußen im Weltmeer ist, dann handelt es sich doch womöglich um eine materialistische unio mystica.

Einst fuhren im *Topos von der Lebensfahrt auf dem Meer der Welt* mutige Steuerleute zum guten Ende gar bis zum jenseitigen Paradies – eine gefährliche Fahrt, die (bei Bewährung) mit dem Leben in der Ewigkeit, mit dem ewigen Leben in Gott, ihr Ziel fand und belohnt wurde. Auch der atheistische Materialist findet nun – gleichgültig, was er „durch die klaren Wasser schwimmend vieler Meere" (I 1) erlebt, getan und nicht getan haben mag – sein ewiges Leben: im Diesseits. Die Materie Mensch löst sich auf im Stoffwechsel der unendlichen Materie der Welt. Für den Menschen ist das Schiff, für die Unendlichkeit ist das Meer hier die Metapher.

So lustvoll und eigenwillig der junge Brecht auch als Bürgerschreck Verwesungsprozesse ausmalt – dieses Untergangsbild ist zweifellos auch beeinflußt durch das ästhetische Spiel mit dem Tod, wie es schon seit langem die bürgerliche Décadence liebte [103], und es setzt den Tod Gottes und den Nihilismus fraglos als Vulgärphilosophie voraus. Doch hier ist der Untergang nicht ganz das Ende. Schon der „Gummimensch" wollte ja gern „versaufen", *ohne* „unterzugehn" (VIII 7/8). Unauffällig kündigt sich am Schluß ein freudiges Ereignis an.

Der verrottende Schiffsleib saugt sich immer voller und wird immer gravider. Dies ist Brecht so wichtig, daß er es zweimal sagt: Das Schiff ist

> Schwer mit Mond und Pflanze, Hai und Wal (IV 6),

und

> Voll von Alge, Wasser, Mond und Totem (VI 5).

„Im achten Monde" wird das „Gesicht" des Wracks noch „blasser", und im Sinken bittet es, offenbar zu Tode erschöpft, „daß es enden soll" (V 5/9). Im folgenden Monat ist es dann so weit.

---

102) Mit dieser Formel definierte der größte Mathematiker und Mystiker des 15. Jahrhunderts, Nikolaus von Kues, einst Gott.

103) Man denke an die große Rolle, die Tod und Untergang seit dem Fin de siècle im bürgerlichen Lebensgefühl und in der Kunst spielen. Es sei nur erinnert an Böcklins „Selbstbildnis mit fiedelndem Tod" (1872) und an seine „Toteninsel" (1880), an Thomas Manns Novelle „Der Tod in Venedig" (1912), an Gottfried Benns Gedichtzyklus „Morgue" (ebenfalls 1912) oder schließlich an Oswald Spenglers „Der Untergang des Abendlandes" (2 Bände, 1918 – 1922), ein Werk, das nach dem verlorenen Weltkrieg und dem allgemeinen Zerfall der bürgerlichen Normen und Werte vom Bürgertum mit Behagen rezipiert wurde.

AUSSAGE ÜBER DAS ENDE (Strophe VI)

Das Ende erscheint, sieht man genauer hin, wie ein neuer Anfang. Der Tod (so wissen es die Juden, Christen und Muslime) ist das Tor zum Leben, einem anderen Leben. Hier geschieht nun die Metamorphose vom „Ich" zu einem „Etwas" (VI 2 + 4), im neunten Monat, wie eine Menschengeburt: eine Neugeburt. Daher spricht in der letzten Strophe das „Ich" des „Schiffes" nicht mehr: Es ist untergegangen. Die Perspektive wechselt; nun berichten „Fremde". (Diese Zäsur verdeutlicht Brecht dadurch, daß er die letzte Strophe kursiv setzt.) Als „Fischer" wurden sie anscheinend, wie dies bei einem Schiffsuntergang Vorschrift ist, nach ihren Beobachtungen befragt. Ihre Aussage spricht von einem verschwimmenden „Etwas". Es war „stumm und dick" (VI 6), denn es war ja „voll von Alge, Wasser, Mond und Totem" (VI 5). Und über allem lag ein merkwürdig verklärender Glanz: Es schimmerte weiß „von Möwenkoten" (VI 4). Doch das zum „Etwas" verrottete „Ich" verschwamm nicht einfach im Allgemeinen. Es wurde zum Schluß plötzlich tätlich und „fuhr" – als „Etwas" – „stumm und dick auf den erbleichten Himmel los" (VI 6). Ein „in den Himmel stoßendes Schiff" findet sich, nach H. Friedrich (S. 73 f.), schon in Victor Hugos „Plein Ciel". Hier diente dieses Bild „einem trivialen Pathos des Fortschritts und des Glücks. 'Le Bateau ivre' aber mündet in die zerstörende Freiheit eines Einsamen und Gescheiterten", indem es – nicht als finale Aktion, sondern zwischendurch einmal –, so sagt Rimbaud, „den Himmel, rot wie eine Wand, durchfuhr". Bei Brecht ist diese Fahrt die abschließende Geste und wohl eher eine atheistische Parodie auf die Himmelfahrt des Gäubigen, der glaubt, am Ende glücklich zu landen im ewigen Licht des strahlenden Himmels. Hier endet die Lebensfahrt des „Ichs" auf dem Meer der Welt demonstrativ damit, daß es als undefinierbares Häufchen verschwimmend losfährt auf einen leichenhaft „erbleichten Himmel".

Klingt es nicht merkwürdig altmodisch und märchenhaft, daß da ein „Schiff" als „Ich" sprechen kann? Und dabei schildert es noch seine eigene Verwesung. Warum spricht hier – *der Topos von der Lebensfahrt* legte das nahe – nicht wie bei Gryphius das Ich als Seele des Schiffes oder wie bei Kafka als Steuermann? Ein Blick auf die Tradition des Topos kann auch diese scheinbare Absonderlichkeit klären. Schiff und Steuermann entsprechen traditionell Leib und Seele, Körper und Ich. Doch schon bei Rimbaud spricht allein das Schiff – von Anfang bis Ende. Das Schiff selbst ist trunken (wie Verlaine und Rimbaud zur Zeit der Entstehung dieses Gedichts in fortwährenden Absinth– und Opiumräuschen). Es treibt führerlos ohne das Ich als den überlegen denkenden Steuermann. Dieser wurde nicht, wie später bei Kafka, durch einen unidentifizierbaren „Fremden" überwältigt. Er hat sich längst selbst aufgegeben. H. Friedrich spricht im Blick auf Rimbaud generell von der „Selbstpreisgabe des Ich. [...] Doch die Überwältigung kommt jetzt von unten. Das Ich versinkt nach unten, wird entmächtigt durch kollektive Tiefenschichten ('l'âme universelle')" (a.a.O., S. 62). Und in der Tat. Die wirr–visionären Bilder Rimbauds von der Fahrt dieses Schiffes sind nicht die eines zielorientiert denkenden, steuernden Ichs (wie etwa eine Generation früher noch bei Eichendorff). Sie steigen von daher auf, wohin das als Ich sprechende Schiff trunken versunken ist: von unten, aus dem „irrealen Chaos" (H. Friedrich). Brechts Schiff hingegen spricht zwar auch allein vor sich hin, aber es ist doch ein anderes Schiff, oder es sind gar „viele Schiffe", die freilich alle dabei sind unterzugehen. Aber es zieht sie nicht in Rimbauds chaotische Entgrenzung.

Brechts letztes Schiff tut keineswegs alles, um, wie Rimbaud, „im Unbekannten anzukommen" (H. Friedrich, S. 63). Es drängt nicht zur Entdeckung einer unbekannten „leeren Transzendenz"; Brecht setzt sie als bekannt voraus. Er ist Materialist und dementsprechend zugleich Monist. [104] Während der Lebens– oder Todesfahrt seines Schiffes auf dem Weltmeer gibt es nur *einen* Sprecher. Einst waren es als Kapitän oder Steuermann Geist oder Seele; jetzt ist es konsequenterweise die personifizierte Materie, also allein das Schiff. Denn dieses ist ja traditionell das Bild für den Menschenleib, und der artikuliert sich hier – bewußt oder unbewußt in der Tradition des *Topos von der Lebensfahrt auf dem Meer der Welt* – als sprechendes Schiff, als ein Ich sagendes Pars pro toto der Materie, bis dieses zeitweilig Ich gewordene Stück Welt – unter der feierlichen Sterbebegleitung von Pflanze und Tier, Himmel und Mond – sich neun Monate lang in die All–Materie auflöst: in die ewige Materie hineingeboren wird.

Brecht stellt den Schiffsuntergang dementsprechend nicht als tragisches Scheitern dar. Hier segelte ja auch kein mutiger, zu Entdeckungen entschlossener Navigator [105] und sprengte sich, falls er denn scheitern sollte, womöglich „mit aller Ladung in die Luft", wie sich das der junge Goethe vornimmt (A 9). Hier geht kein Tasso am Felsenriff auf berstenden Schiffsplanken tragisch unter (A 11). Auf Brechts Schiff steht nicht mehr Kafkas sich wehrender „Steuermann" (A 18) [106], sondern ein unprofilierter „Gummimensch": nicht standhaft am Steuer ausharrend, sondern rückwärtsgewandt am Heck, und da füttert er seine Haie. Das sehr langsam untergehende personifizierte Wrack wehrt sich nicht (II 4), es überläßt sich „den Wassern ohne Groll" (II 6) und „ohne viel zu leiden" (IV 5). Dabei wird der Verwesungsprozeß mit Mitteln der schwarzen Romantik verklärt: Das sterbende Schiff schaukelt, zieht mit gruseligen Haien unter expressionistisch rotem Mond wie ein Geisterschiff antriebslos durch viele Meere, Tiere freunden sich im kaputten Schiffsbauch an, Haie, die Hyänen des Meeres [107], bleiben in dieser Heimstatt gut, Algen wehen grün „in den Eingeweiden", das sinkende Wrack entschuldigt sich bei den auf ihm ruhenden Möwen und den in ihm schlummernden Algen zum Schluß noch sanftmütig dafür, daß es sie „nicht rette" (V 1/2), und der übrig gebliebene undefinierbare Rest schimmert weiß, weil er von Möwen bekotet ist. Fast ein romantisches Happy–End, bei dem nur die letzte flehentliche Bitte irritiert, „daß es enden soll" (V 6).

---

104) Der Monismus, der sich u.a. auf den Zoologen und Philosophen Ernst Haeckel berief, war um 1900 eine weitverbreitete Bewegung, die auch als Religionsersatz diente. – Als frühester Monist kann der römische Dichter Lukrez (gestorben 55 v. Chr. durch Selbstmord), gelten, den Brecht verständlicherweise schätzte: In dem philosophischen Natur–Epos „De rerum natura" / Über die Natur der Dinge erklärt Lukrez Geist und Seele zu Bestandteilen des Körpers. Zudem will er durch seine Naturphilosophie die Menschen von der Götterfurcht und der Angst vor dem Tode befreien, und als Epikureer animiert er sie zum Lebensgenuß.

105) Von Brechts letztem Menschen heißt es – ganz im Gegenteil – am Schluß: „Er kennt seine Welt. Er hat sie gesehn" (VIII 6). Es gibt nichts mehr zu entdecken für ihn.

106) Die Texte sind fast gleichzeitig entstanden: Brechts „Das Schiff" um 1919, seine „Ballade auf vielen Schiffen" 1920, Kafkas „Der Steuermann" ebenfalls 1920. Veröffentlicht wurden diese Texte erst wesentlich später.

107) Da Brechts „Gummimensch" ohne Gesicht im Aussehen an einen gänzlich in einen Gummianzug gehüllten Taucher erinnert, mag man auch Schillers bekannte Ballade assoziieren. Hier ist „der entsetzliche Hai des Meeres Hyäne".

Dieser poetische Abgesang ähnelt einem der „Gesänge", die Gottfried Benn 1913 anstimmte und 1917 in seinem expressionistischen Lyrikzyklus „Fleisch" veröffentlichte:

O daß wir unsere Ururahnen wären.
Ein Klümpchen Schleim in einem warmen Moor.
Leben und Tod, Befruchten und Gebären
glitte aus unseren stummen Säften vor.

[...]

Die Lebensreise soll sich also zu Anfang unseres Jahrhunderts anscheinend umkehren. Als regressive Utopie endet sie bei Benn wie bei Brecht im warmen Moor oder im weiten Meer. Die Auflösung verklärt sich zur Erlösung.

Als Abgesang erweist sich Brechts sprechendes Schiff auch, wenn man das Reimschema des Gedichts nicht übersieht. Die acht meist sechshebigen Verse jeder Strophe enden im Schweifreim; dies aber ist eines der seltensten Reimschemata. Der Paarreim (a a b b ...) ist extrem häufig, der Kreuzreim (a b a b ...) ist sehr häufig, der umarmende Reim (a b b a ...) ist relativ selten. Der sehr seltene Schweifreim setzt sich eigentlich aus zwei der genannten Schemata zusammen: auf den Paarreim folgt der umarmende Reim. Das Reimschema in Brechts Gedicht lautet also: a a b c c b. Was aber ist das Besondere an dieser so seltenen Reimfolge? Wer sich eine Sammlung von Gedichten mit Schweifreim anlegt, kommt zu der Annahme, diese Gedichte seien auch inhaltlich miteinander verwandt: Es ist eine Reihe Lieder, die seit Jahrhunderten vom Abschied und Abend singen. Das älteste ist offenbar ein beliebtes Volkslied (um 1495), das Kaiser Maximilian zugeschrieben wird:

Innsbruck, ich muß dich lassen,
Ich fahr dahin mein Straßen,
In fremde Land dahin.
Mein Freud ist mir genommen,
Die ich nit weiß bekommen,
Wo ich im Elend bin.

[...]

Die Dichter der folgenden bekannten Lieder – sie sind alle „Abendlied" überschrieben – dürften die ihrer Vorgänger sehr wohl gekannt haben: Paul Gerhardt („Nun ruhen alle Wälder"), Johann Christian Günther („Der Feierabend ist gemacht"), Christian Fürchtegott Gellert („Herr, der du mir das Leben / Bis diesen Tag gegeben"), Matthias Claudius („Der Mond ist aufgegangen"), Eichendorff („Komm Trost der Welt, du stille Nacht!") und sein älteres Vorbild Grimmelshausen („Komm Trost der Nacht, o Nachtigall [...]!") sowie Eduard Mörike („Gesang zu zweien in der Nacht"). Weshalb auch immer dieses Reimschema mit dem Abschied, dem Abend und der Nacht verbunden worden sein mag – es ist höchst unwahrscheinlich, daß Brecht etwa keines der vielgesungenen Lieder gekannt hätte, zumal er von Kindheit an gern zur Klampfe sang und für 14 Gedichte der „Hauspostille" eigene „Gesangsnoten" im Anhang beifügte. (Die beiden besprochenen Schiffsgedichte sind nicht darunter.)

So läßt sich Brechts Gedicht „Das Schiff" einreihen sowohl in eine spezifische alte Lied– und Gedichttradition wie in die noch weit ältere Tradition des *Topos von der Lebensfahrt*: ein letztes nächtliches Abschiedslied, eine letzte *Todesfahrt auf dem Weltmeer* „unter rotem Mond".

Sieht man Brechts „Schiff" im Zusammenhang mit dem *Topos von der Fahrt auf dem Meer der Welt*, ist zuzugestehen, daß von den Metaphern, die ohnehin seit jeher unterschiedlich akzentuiert und variiert werden, hier allein die vom Schiff und vom Meer erscheinen, so wie bei Kafka nur der Steuermann auf dem Schiff im Dunkeln beleuchtet wird. Bei Arthur Rimbaud ist das Schiff trunken, bei Gottfried Benn ist es die Flut. Im gleichen Jahr (1927) wie Brechts Gedicht „Das Schiff" erschien **Benns Gedicht „Trunkene Flut".** [108] Es beginnt mit einer ekstatischen Anrufung:

> Trunkene Flut,
> trance– und traumgefleckt,
> o Absolut,
> das meine Stirne deckt [...].

Und nach den Evokationen expressiver Bilder erscheint dann am Ende „eine Schöpfergestalt",

> die viel gelitten,
> die vieles sah,
> immer in Schritten
> dem Ufer nah
> der trunkenen Flut,
> die die Seele deckt [...].

Dieses schöpferische Ich steht trancetrunken am Rande einer Flut, die immer wieder seine Seele überflutet. In scheinbarer Vertauschung ist schon bei Rimbaud das Schiff trunken, das als Ich spricht, wie dann bei Benn die Flut trunken ist, die als „Absolut" seine „Stirne" und die „Seele deckt": ein mystisches Einswerden „im Zeiten–Einen".

Zweifellos hat Benn Rimbauds berühmtes Gedicht „Le Bateau ivre" gekannt. Doch es gibt ein unmittelbares Vorbild für das seinerseits berühmt gewordene Bild Benns von der „trunkenen Flut"; ja, es ist ein Zitat. Annette von Droste–Hülshoff (1797 – 1848) erfand diese poetische Formel des rauschhaften naturmystischen Einsseins beim Ruhen „Im Grase":

> Süße Ruh, süßer Taumel im Gras,
> Von des Krautes Arome umhaucht,
> Tiefe Flut, tief tief trunkne Flut,
> Wenn die Wolk am Azure verraucht,
> Wenn aufs müde, schwimmende Haupt
> Süßes Lachen gaukelt herab,
> Liebe Stimme säuselt und träuft
> Wie die Lindenblüt auf ein Grab.

> [...]

Rimbauds „trunkenes Schiff" ließ sich ins Entgrenzte treiben; Brechts Schiffswrack verschwamm im Meer. Nun aber ist die Flut selber trunken. Schon die Droste be-

---

108) Diese Formel hielt Benn für so vielsagend, daß er unter diesem Titel 1949 seine „Ausgewählten Gedichte" zusammenfaßte.

schwört das auf „tief tief trunkner Flut [...] schwimmende Haupt"; bei Benn bedeckt die „trunkene Flut" die „Stirne" und die „Seele" – das Ich ist bei seiner Lebensfahrt sozusagen am Endpunkt angelangt. Von hier aus führt kein Kurs zu einem Bestimmungshafen in der Ferne, gar im Jenseits, von dem ein Steuermann wüßte. In trunkenen Fluten will und kann kein Schiff mehr in die Weite hinaussegeln. Nun führt die Lebensfahrt nur noch nach innen, in die Tiefe.

So sah es schon Novalis (rauscherfahren wie Benn) in einem der „Blütenstaub"–Fragmente (1798):

> Wir träumen von Reisen durch das Weltall: ist denn das Weltall nicht in uns? Die Tiefen unseres Geistes kennen wir nicht. – Nach innen geht der geheimnisvolle Weg. In uns oder nirgends ist die Ewigkeit mit ihren Welten, die Vergangenheit und Zukunft.

A 20. Oskar Loerke (1884 – 1941):
Das Lebensschiff ist nicht mein eigen (1939)

Lebensschiff

Die Einsamkeit, das Ungeheuer,
Die sie durchfliehen, die Gedanken,
Sind nur geliehen wie die Planken
Am Fuß, zu Kopf die Irrwischfeuer.

Das Lebensschiff ist nicht mein eigen,
Jedoch die Flut in mir, die Riffe:
Drum werde ich zum Schluß dem Schiffe
Selbst nicht als letzter Mann entsteigen.

Kann meine Nacht nur Nächte sichten
Bei Seegedonner, Kettenjammern?
Kann meine Hand kein Mensch umklammern?
Es pfeift und widerhallt: mitnichten!

....

(Geschrieben 1939. Das Gedicht stammt aus dem Nachlaß, in: Oskar
Loerke: Die Gedichte. Frankfurt a.M.: Suhrkamp 1983, Abteilung
„Späte Gedichte, S. 625 f. – Die letzten drei Strophen sind hier
weggelassen.)

Loerke war Verlagslektor, Essayist, Erzähler und vor allem ein bedeutender Lyriker von hoher Musikalität und kosmischem Naturgefühl. Sein „Hauptgeschäft der Trauer" gilt dem Verlust der Zeit und der Vergänglichkeit des Irdischen, der er eine stoische Selbstbehauptung im Annehmen des Schicksals und des Todes entgegensetzt.

Sein letzter Gedichtzyklus „Der Steinpfad" (1938) wurde zu einem Requiem. Während dieser „Jahre des Unheils" fühlte er sich auch aufgrund immer häufiger und heftiger werdender Erkrankungen dem Tode nahe. Das Gedicht „Lebensschiff", geschrieben „nachts vom 22. zum 23. November 1939", fand sich im Nachlaß. Es gehört nicht zu seinen bedeutendsten Gedichten. In der zweiten Hälfte verliert es die im Titel angesprochene Großmetapher des bekannten Topos aus dem Blick; daher verzichte ich auf die letzten drei Strophen. [109] Die Gestaltungskraft aber, mit der Loerke in den ersten Strophen den *Topos von der Lebensfahrt auf dem Meer der*

---

109) Hier schwirren plötzlich rätselhafte „Hähne" als „bunte Fahrtgesellen", „krähen vom Mast" und verkünden dem untergehenden Ich: „Wer Flügel hat, wird nicht zerschellen". Sie kommen „von drüben" – was immer dies für ein Jenseits sein mag – und eilen voraus, um das Ich dann „bei uns drüben zu begrüßen".

Welt neu formt, stellt es in die Reihe der wesentlichen Variationen dieses Topos im 20. Jahrhundert. Der zentrale Vers lautet:

Das Lebensschiff ist nicht mein eigen [...].

Das Ich erlebt sich offenbar nicht mehr als Eigner des Schiffes; es verfügt nicht mehr frei über sein Leben, das ihm „nur geliehen" ist wie die Schiffsplanken unter seinen Füßen und die „Irrwischfeuer" über seinem Kopf oben am Mast. Nicht einmal die „Gedanken" des Ichs sind sein geistiges Eigentum. Es kann sie nicht festhalten, sie „durchfliehen" seine „Einsamkeit", die wie ein „Ungeheuer" droht. Das Schiff und die Gedanken – Leib und Geist des Ichs – werden als fremd erlebt. Körper und Seele, die als psychosomatische Einheit das Individuum ausmachen, sind nicht frei verfügbar, sind – von woher auch immer – „nur geliehen", also nach verstrichener Frist wieder abzugeben. Ein für Christen selbstverständlicher Gedanke: Das von Gott verliehene Leben ist nach einer ungewissen Frist wieder zurückzuerstatten in seine Hände. Doch hier erlebt das Ich nur noch das Fehlen der Selbstgewißheit als ein Ausgeliehensein, wohl auch als ein Ausgeliefertsein. Was aber ist das für ein Ich, das nur noch „Nächte sichten" kann, das sich selbst so fremd ist und sein eigenes Scheitern so formvollendet in Verse faßt?

Manche lassen die vielberedete Moderne beginnen mit dem Imperativ von Descartes: „De omnibus dubitandum est!" Der radikale wissenschaftliche Zweifel an allem führte den Philosophen, wie man weiß, letztlich zu dem in seinen Augen unbestreitbaren, selbstevidenten Axiom: „Cogito, ergo sum." [110] Weil es sich denkt, ist mein Ich unbezweifelbar da: Es existiert, mag auch alles andere zweifelhaft sein. Doch die Moderne verlor im Verlaufe ihres Fortschritts auch diese letzte Grundgewißheit. Was seit je als das Unzerstörbare, das „Unteilbare" galt (lateinisch „individuum", griechisch „átomon"), wurde dann doch gespalten, löste sich in seiner Einmaligkeit auf. Wie konnte das geschehen?

Das als letzte Bastion verbliebene autonome Ich hatte zahlreiche tödliche Kränkungen hinzunehmen. Schon längst war ja die „Krone der Schöpfung" durch Kopernikus vom Mittelpunkt an die Peripherie des Kosmos verwiesen worden. Darwin machte aus dem Menschen, dem Ebenbild Gottes, ein Ebenbild des Tieres. Von Freud wurde das als einziges mit einer unsterblichen Seele begabte Wesen psychoanalytisch seziert. Die Soziologie erklärte das selbstbewußte Individuum im „Zeitalter der Massen" zum Teilchen von Großgruppen. Und in den rasch wachsenden Großstädten erlebte sich der einzelne in der Tat inmitten der anonymen und desorientierten Masse als vereinsamt und allem entfremdet, nicht zuletzt sich selbst. Wie zur Bestätigung des abgrundtiefen Dekadenz–Gefühls des Fin de siècle

---

110) Am Ende seines Weges der radikalen Fraglichkeit sieht sich Descartes, wie er schreibt, „von undurchdringlichen Finsternissen" umschlossen. Als ihm dann endlich „das Licht einer wunderbaren Einsicht aufgegangen" ist – offenbar ist dies die Erkenntnis der Autonomie des Ichs als das Axiom, auf das er das Gebäude seiner Philosophie gründet –, gelobt er immerhin zum Dank eine Wallfahrt nach Loreto, die er dann auch ausführt. Die „undurchdringlichen Finsternisse" wird das autonome, auf sich allein gestellte Subjekt in der Moderne noch oft durchleben und immer wieder tief erschüttert schildern. Nur Nacht herrscht während der Lebensfahrt auf dem Meer bei Kafka, Brecht und Loerke. Wer hätte da noch vom „Licht einer wunderbaren Einsicht" zu berichten und wüßte gar dafür zu danken?

stürzten die traditionellen staatlichen und gesellschaftlichen Strukturen Europas, das doch an der Spitze der Zivilisation stand, im Ersten Weltkrieg zusammen. Ein Zweiter sollte dann die Fundamente Europas noch gründlicher, abgründiger zerstören.

Alle Gewißheiten der überkommenen Welt scheinen im 20. Jahrhundert nun endgültig zerbrochen, und so mußte auch das letzte „Unteilbare", auf das die moderne Welt doch so stolz war, das autonome „Individuum", zerfallen. [111] Dem „verlorenen Ich" widmet Gottfried Benn 1943 untröstliche Verse der Trauer als Nachruf:

> Verlorenes Ich, zersprengt von Stratosphären,
> Opfer des Ion –: Gamma–Strahlen–Lamm –
> Teilchen und Feld –: Unendlichkeitschimären
> auf deinem grauen Stein von Notre–Dame.
>
> [...]
>
> Die Welt zerdacht. Und Raum und Zeiten
> und was die Menschheit wob und wog,
> Funktion nur von Unendlichkeiten –
> die Mythe log.

Weltentfremdung und Selbstzerstörung des Ichs. Loerkes „Lebensschiff" weiß daher längst von keinem sturmerprobten, standhaften Steuermann mehr. Ja, das „Lebensschiff" gehört ihm gar nicht, ebensowenig seine „Gedanken": Sie „durchfliehen" nur seine „Einsamkeit" oder erleuchten die Mastspitze über seinem Kopf gespenstisch wie ein Elms– oder „Irrwischfeuer". Das Ich des Menschen, das schon so lange auf seiner Lebensfahrt durch die Fährnisse des Weltmeeres gesegelt ist, schien – bei aller Lebensangst – bis hin zu Nietzsche sich doch wenigstens seiner selbst gewiß. Aber schon der Kulturhistoriker Jacob Burckhardt notiert in seinen „Fragmenten" den erschreckenden Satz:

> Wir möchten gerne die Welle kennen, auf welcher wir im Ozean treiben,
> allein wir sind diese Welle selbst. (6.11.1867)

Neun Jahrzehnte zuvor hatte der junge Goethe noch von seinem Ich als Seefahrer gesagt (A 10):

> Herrschend blickt er auf die grimme Tiefe [...].

Nun, bei Burckhardt schon, versinkt das Orientierung suchende Ich, ziellos im Ozean der Welt treibend, und erkennt sich – nicht mehr unterscheidbar – als „diese Welle selbst". Bei Loerke ist es „die Flut in mir", bei Benn eine „trunkene Flut", ein „verlorenes Ich". Kafkas „Steuermann" hat den Kampf um den Kurs seines Lebensschiffes verloren gegen einen dunklen „Fremden". Loerkes Ich erlebt nun – wie in einer Steigerung der tödlichen Bedrängnis – als Eigenes allein noch das, was einst immer von außen her als das Fremde und Feindliche drohte: „die Flut", „die Riffe". Sie sind jetzt in ihm selbst – eingedrungen in ein leergewordenes Ich. Und so muß

---

[111] Während die einen die geistige Auflösung kulturkritisch beklagen, setzen andere gerade auf die Kräfte, die im Zerfall freiwerden und eine moderne, gar postmoderne neue Welt Wirklichkeit werden lassen.

dieses Ich widerstandslos scheitern an sich selbst: an der „Flut" der sein Innerstes bedrängenden Gefühle und an den „Klippen" der schroffen inneren Widersprüche. Darum wird das Ich sein sinkendes Schiff „selbst nicht" (das heißt: nicht einmal) „als letzter Mann" verlassen, wie es sich für den Kapitän gehört. Es war ja nie Kapitän oder Steuermann; es war auch nicht Schiffseigner. So kann Loerke auch nicht mehr wie Gryphius als scheiternder Seefahrer trotz allem selbstbewußt und glaubensstark am Ende als Über–Ich zu seinem Ich sprechen (A 5):

> Steig aus, du müder Geist! Steig aus! Wir sind am Lande.

Das moderne Ich geht mit dem Schiff unter: ein längst „verlorenes Ich". Und auch ein verlassenes. Beim Schiffsuntergang im „Seegedonner" und „Kettenjammern" ist ihm kein Mitmensch nahe, der die Hand des Ertrinkenden rettend umklammerte, und erst recht kein gnädiger Gott, dessen helfende Hand ihn im Scheitern auffinge und väterlich zu sich nähme. „Die Irrwischfeuer" an der Mastspitze des „Lebensschiffs" erscheinen dabei nur wie ein Spott auf die einst richtunggebenden Gestirne oder auf die Rettung verheißenden Leuchtfeuer, von denen früher die Segler bei ihrer stürmischen Lebensfahrt auf dem Meer der Welt noch zu wissen glaubten. Für Loerke strahlt in der „Nacht" seines Lebens, wie bei Kafka, längst kein wegweisender „Meerstern" mehr am Himmel. Auch Kafkas „Steuermann" hatte ja nur noch eine „schwachbrennende Laterne" über seinem Kopf. Vertrauen zu einer welterhellenden Philosophie, zu sich selbst oder gar zu Gott – all das liegt ebenso wie ein Lebensziel, ein bergender Hafen, in dieser Nacht der ungeheuren „Einsamkeit" außer Sichtweite für Loerkes zugrundegehendes „Lebensschiff".

A 21. Hans Magnus Enzensberger (geb. 1929):
Das Leuchtfeuer bedeutet weiter nichts (1964)

Leuchtfeuer

I
Dieses Feuer beweist nichts,
es leuchtet, bedeutet:
dort ist ein Feuer.
Kennung: alle dreißig Sekunden
drei Blitze weiß. Funkfeuer:
automatisch, Kennung SR.
Nebelhorn, elektronisch gesteuert:
alle neunzig Sekunden ein Stoß.

II
Fünfzig Meter hoch über dem Meer
das Insektenauge,
so groß wie ein Mensch:
Fresnel–Linsen und Prismen,
vier Millionen Hefnerkerzen,
zwanzig Seemeilen Sicht,
auch bei Dunst.

III
Dieser Turm aus Eisen ist rot,
und weiß, und rot.
Diese Schäre ist leer.
Nur für Feuermeister und Lotsen
drei Häuser, drei Schuppen aus Holz,
weiß, und rot, und weiß. Post
einmal im Monat, im Luv
ein geborstner Wacholder,
verkrüppelte Stachelbeerstauden.

IV
Weiter bedeutet es nichts.
Weiter verheißt es nichts.
Keine Lösungen, keine Erlösung.
Das Feuer dort leuchtet,
ist nichts als ein Feuer,
bedeutet: dort ist ein Feuer,
dort ist der Ort wo das Feuer ist,
dort wo das Feuer ist ist der Ort.

(Veröffentlicht 1964)

Zitiert nach: Hans Magnus Enzensberger: Gedichte 1955 – 1970. suhrkamp taschenbuch 4, Frankfurt a.M. 1971, S. 88 f.

I 4/6: Kennung = typisches Kennzeichen von Leucht– und Funkfeuern. Kennung SR = spezielle Kennung eines Funkfeuers durch die Morsebuchstaben S+R, mit deren Hilfe man den Ort des Schiffes bestimmen kann.

II 4: Fresnel–Linse = zusammengesetzte Linse für Beleuchtungszwecke (und in Fotoapparaten). Hier fördert sie die Reichweite eines beleuchteten Seezeichens.

II 5: Hefnerkerze = frühere Lichtstärkeeinheit

III 3: Schäre = Küstenklippe der skandinavischen Küste

III 7: Luv = die dem Wind zugekehrte Seite

Der Topos von der Lebensfahrt auf dem Meer der Welt kann sich – das haben die bisherigen Beipiele gezeigt – aus einer Reihe von Metaphern zusammensetzen: Heimathafen und Zielhafen, Schiff, Kapitän oder Steuermann, Meer, Sturm, Klippen, Leitstern oder Leuchtfeuer. Doch keine der Gestaltungen dieses Topos fügt alle die genannten Bilder zusammen; immer wird dieses oder jenes Systemstück als bekannt vorausgesetzt oder als weniger wichtig weggelassen, um bestimmte Teilaspekte ins Licht zu heben und neu zu deuten. Denn einerseits bleiben sich die Lebens– und Leidenserfahrungen der Menschen über die Zeiten hin gleich, andererseits verändern sie sich – geistesgeschichtlich gesehen – beträchtlich. Seit jeher ist dies vorgegeben: Jeder Lebenslauf gleicht einer unaufhaltsamen Fahrt (es gibt kein Zurück); der Leib (das Schiff) und das Ich (der Steuermann) haben unterwegs Schicksalsschläge (Stürme) zu bestehen und Klippen zu umschiffen; Orientierung (durch Kompaß, Sonnenstand, Polarstern, Leuchtfeuer) ist lebensnotwendig; schließlich wird die Lebensfahrt scheitern oder, wie auch immer, am Ende ihr Ziel (den Hafen) erreichen.

Den Lebensfahrt–Topos erzählt immer nur einer, der in besonderer Weise von den Gefahren der Irrfahrt und des Scheiterns weiß. Schon der erste Gestalter des Topos, Alkaios (um 620 v. Chr.), schildert ein leckgeschlagenes Schiff. (Das Gedicht ist hier abgedruckt unter B 1.) Ebendeshalb wird ja dieser Topos meist neugestaltet – um eine Rettungsmöglichkeit zu zeigen: die Philosophie (Cicero, Seneca), den christlichen Glauben (Adam von Sankt Viktor, Gryphius, Eichendorff), das Selbstvertrauen (Goethe: „Seefahrt"), die Poesie (Tieck). Merkwürdig modern ist unter diesem Gesichtspunkt der Text von Augustinus, der kein Positivum als Rettungsmittel nennt. Statt dessen sind es für ihn die Stürme (die Schicksalsschläge und Grenzerfahrungen), ohne die keiner ins Land des glücklichen Lebens gelangt.

Seit Nietzsche aber ist nirgends mehr ein rettendes Leitbild in Sicht. Im Gegenteil. Die Sinnbilder, aus denen sich dieser Topos zusammensetzt, werden eins nach dem andern destruiert. Bei Nietzsche ist kein *Land* mehr in Sicht. Bei Kafka wird der *Steuermann* beseitigt. Bei Brecht geht das führerlose *Schiff* als Wrack langsam zugrunde. Bei Loerke sind die *Riffe* und die *Flut* ins Ich selbst eingedrungen. Bei Benn wird das *Meer* zur „trunkenen Flut": Schließlich scheint alles unbefahrbar, uferlos. Es ist zudem kein Zufall, daß bei Kafka, Brecht und Loerke beständig *Nacht* herrscht während der Lebensfahrt.

Und das Sinnbild der Orientierung für die nächtliche Lebensfahrt, der *Leucht-turm*? Enzensberger widmet dem „Leuchtfeuer" ein Gedicht, um konsequent auch dessen Symbolkraft zum Verlöschen zu bringen oder das Erloschensein zu konstatieren.

Von Strandfeuern für Schiffe berichtet schon Homer. In der klassischen Antike gab es Leuchtfeuer auf zwei Säulen an der Hafeneinfahrt des Piräus. Als Weltwunder galt in hellenistischer Zeit der über hundert Meter hohe „Pharos" von Alexandria, der bis heute in vielen Sprachen das namengebende Vorbild für die späteren Leuchttürme wurde. Ist es nicht einleuchtend, daß ein solches Zeichen der Rettung in finsterer Nacht über den praktischen Zweck hinaus zum strahlenden Symbol der Orientierung schlechthin wurde? In den hier vorgelegten Textbeispielen des *Topos von der Lebensfahrt* erscheint es erst bei Tieck. [112] Ikonographisch ist dieses technische Gebilde als Symbol aber viel älter. An den Wänden der frühchristlichen Katakomben findet sich das Schiff als Bild für die Lebensfahrt und dazu als das Richtziel der *Leuchtturm* und das Christusmonogramm. Hier, in der finsteren, unterirdischen Totenstadt, hat die Lebensfahrt ihr Ziel als lux aeterna, als ewiges Licht, unmittelbar vor Augen. Von der nur zu sehr begründeten Furcht des Seefahrers vor dem Versinken in den Fluten und dem Scheitern an den Klippen, zumal im nächtlichen Dunkel, befreit endlich das wie eine Erlösung wirkende Leuchtfeuer, das sicher in den Hafen geleitet. Heute verfügt auch die Luftschiffahrt über ein vielfältiges Netz von Funkfeuern und elektronischen Leitsystemen. Doch diese gewinnen kaum noch poetische Symbolkraft. [113]

Hans Magnus Enzensberger entkleidet nun das uralte Sinnbild des Leuchtturms seiner traditionellen symbolischen Bedeutung: Das „Leuchtfeuer" hat nur noch einen *Zweck*; aber es ist ohne *Sinn*. Und diese Erkenntnis, welche den Menschen früherer Jahrhunderte als 'nichtssagend' im wahren Sinne des Wortes erschienen wäre, artikuliert sich in einem Gedicht. Diente Lyrik aber nicht seit Menschengedenken dazu, Gedanken und Gefühle 'bedeutend' zu machen, über die krude Banalität des Alltags zu erheben? Hier nun sind die Verse ein Mittel zu dem Zweck, alte, Jahrhunderte-lang von Menschen erlebte und gestaltete Bedeutung abzubauen. Einst wollte und konnte der Rhythmus von Versen bezaubern. Jetzt dienen Verse der Entzauberung – auf poetische Weise?

Wie es scheint aber handelt es sich – abgesehen von den ersten drei Zeilen und dem Schluß des Gedichts – um eine Gegenstandsbeschreibung in Freien Rhythmen. Wohl an einer Schäre der norwegischen Küste – Enzensberger hatte sich 1961 für einige Zeit auf eine kleine Insel im Oslofjord zurückgezogen – wird dem Leser wie von einem ortskundigen Fremdenführer ein Leuchtturm gezeigt und in allen technischen Einzelheiten erklärt. Aber natürlich geht es um mehr als um ein paar Informa-

---

112) Im Kommentar zum Text A 11 zitiere ich Goethes Anekdote vom „Schiffer" und dem „Leuchtturm", die er in der „Italienischen Reise" unter dem 21. 2. 1787 erzählt. Hier nimmt sich der schwankende Italienreisende vor, selbst „die Glut des Leuchtturms [...] scharf im Auge" zu behalten; nur so werde er „doch zuletzt am Ufer genesen".

113) Ein Gedicht Gottfried Benns mit dem Titel „Radar" (B 37) poetisiert moderne Ortungstechnik im Blick auf eine metaphorische Seefahrt.

tionen aus einem trockenen Sachbuch. Schon der erste Satz wehrt kurz und sachlich eine vom Dichter unterstellte Erwartung des Lesers ab:

> Dieses Feuer beweist nichts.

Sollte es denn etwas beweisen? Und wenn ja – was wohl? Nun, offenbar haben sich – jeder weiß das – mit dem Bild des Leuchtfeuers höhere Bedeutungen verbunden: Es ist ein Symbol der Orientierung, der Hoffnung, der Rettung vielleicht. Kein Zweifel: Auch heute noch erlebt wohl jeder zur See Fahrende, der nachts – womöglich bei rauher See oder im Nebel – das erhoffte Leuchtfeuer endlich im Dunkeln aufleuchten sieht, ein starkes Gefühl: ein Gefühl der Erleichterung, orientiert zu sein, oder des Glücks, bald das Ziel erreicht zu haben. Und das ist weit mehr als das Registrieren der zu Anfang und zum Schluß wiederholten Information Enzensbergers:

> Dort ist ein Feuer (I 3 und IV 6).

Dieser jederzeit erlebbare emotionale 'Mehrwert' dürfte allerdings einst tiefer, genauer und inhaltsreicher nicht nur gefühlt, sondern auch verstanden worden sein.

Die abendländische Tradition sieht in fast jedem Gegenstand einen Fingerzeig auf Höheres. Ein Anker ist nicht nur ein nützliches und notwendiges Schiffszubehör, sondern seit der Antike ein Emblem der Hoffnung. Norwegische Fjorde und Schären vermitteln das Gefühl herb–romantischer Einsamkeit. Eine Rose gilt uns als Symbol für Schönheit und Liebe ... Das weiß jeder, auch heute noch.

Poesie, Philosophie und Theologie haben als Entdecker und Erzeuger von Bedeutungen ihre eigene Geschichte. War in der Antike – wie noch heute für die Hindus – „alles voll von *Göttern*" (Thales), so war im Mittelalter alles erfüllt von *Sinn*, der von dem einen Gott ausging, um wieder auf ihn zurückzuweisen. [114] Nichts, vom Kleinsten bis zum Größten, ist ohne höhere Bedeutung. Und eben darum ist es schön. Gott hat den Menschen die *Sinne* geschenkt, damit sie den *Sinn* wahrnehmen, der aus allen geschaffenen Dingen hervorleuchtet. Dieses sinnlich–geistige, beglückende Erleben nannte man pulchritudo, Schönheit. [115] Erst die moderne Naturwissenschaft – beispielhaft Galilei – beobachtet jeden Gegenstand nur als solchen. Sie sucht Naturgesetze, nicht Lebenssinn; Systeme, nicht Schönheit. [116] So scheint unsere Welt – jenseits der abstrakten mathematisch–naturwissenschaftlichen Systeme –

---

114) In seinem Buch „Kunst und Schönheit im Mittelalter" stellt der Romanautor und Professor für Semiotik Umberto Eco aufgrund der Quellen im einzelnen dar, wie im europäischen Mittelalter schlechterdings alles von Sinnsystemen durchdrungen war und welche überragende Rolle damals das Schöne spielte.

115) Nikolaus von Kues (1401 – 1464) bringt es auf die Formel: „In omnibus partibus relucet totum." / In allen Teilen leuchtet das Ganze hervor. Noch in Klopstocks „Frühlingsfeier" ist sogar ein „grünlichgoldenes" Würmchen in seiner Schönheit ein Hinweis auf den Schöpfer des Alls. Auch Goethes Werther fühlt in den „unergründlichen Gestalten der Würmchen, der Mückchen [...] die Gegenwart des Allmächtigen [...]" (Brief vom 12. Mai). Und der späte Goethe säkularisiert und generalisiert nur diese Welt– und Gotteserfahrung, wenn er erklärt, daß in der Symbolik „das Besondere das Allgemeine repräsentiert" (Maximen und Reflexionen 752, HA 12, S. 471).

116) Ebendeshalb kämpft der Naturforscher Goethe in seiner Polemik gegen Newton zugleich gegen das Grundprinzip der modernen Naturwissenschaft, die sinnlichen Qualitäten auf abstrakte Quantitäten zu reduzieren. Denn hierdurch scheint ihm seine gesamte Weltsicht wie seine Dichtung bedroht.

allmählich sinnleer und fremd geworden zu sein. [117] Und zugleich schwand für viele
das Schöne aus der Welt. In Novalis' Romanfragment „Heinrich von Ofterdingen"
(1800) träumt der Held zu Beginn noch den wundersam romantischen Traum von der
„blauen Blume". Ein, zwei Generationen später erscheinen Baudelaires „Die Blumen
des Bösen" (entstanden seit 1840; Erstausgabe 1857). Dieser Gedichtzyklus gilt
vielen als Beginn der Moderne in der Poesie. Von nun an artikuliert sich zunehmend
die Erfahrung sinnloser Existenz, von Entfremdung, Absurdität und Lebensekel. Als
„les phares", die Leuchtfeuer, bezeichnet Baudelaire hier berühmte Maler und Bild-
hauer, deren (angebliche) Verwünschungen, Lästerungen und Klagen über die Jahrhunderte hinweg zu Gott hinauf tönen.

> Car c'est vraiment, Seigneur, le meilleur témoignage
> Que nous puissions donner de notre dignité
> Que cet ardent sanglot qui roule d'âge en âge
> Et vient mourir au bord de votre éternité.

> Denn dies ist wahrhaftig, Herr, das beste Zeugnis,
> das wir von unserer Würde geben können:
> dieses heiße Schluchzen, das sich durch die Zeiten wälzt
> und erstirbt am Gestade deiner Ewigkeit.

Baudelaires „vrais voyageurs", die wahren Reisenden, gelangen im Ergebnis ihrer
Lebensfahrten – weiß Gott – zu „bitterem Wissen" über diese Welt. Sie ist

> Une oasis d'horreur dans un désert d'ennui!
> eine Oase des Grauens in einer Wüste der Langeweile!

(Vgl. auch den Textauszug B 28. Baudelaire: Die große Reise in den Tod.)
    Die antike Welt voller großer und geringer Götter, die mittelalterliche Welt
voller offenkundigem und verborgenem Sinn, die frühneuzeitliche Welt der großen
Entdeckungen – die ganze überkommene Welt ist nun zur „Wüste der Langeweile"
mit einer „Oase des Grauens" geworden. Ohne Pathos und Poesie gesagt: Dem Nihilismus lösen sich alle höheren Bedeutungen allmählich in nichts auf. Dies bringt anscheinend Gertrude Steins berühmte Tautologie schlicht konstatierend auf den
Punkt:

> A rose is a rose is a rose.

So ist auch Enzensbergers Gedicht eine nüchterne Absage an die Symbolik [118]:

> Das Feuer dort leuchtet,
> ist nichts als ein Feuer [...]. (IV 4/5)

---

117) Das Gefühl des Fremdseins in dieser Welt hat seine eigene Geschichte. Im Mittelalter fühlte
sich so mancher als homo viator aut peregrinus, d.h. als Wanderer oder Pilger in der Fremde
auf dem Weg zur wahren Heimat. Georg Thurmair sagt es (1935) in einem Kirchenlied so:
„Wir sind nur Gast auf Erden / und wandern ohne Ruh / mit mancherlei Beschwerden / der
ewigen Heimat zu." Für die Romantik ist der „Fremdling überall" (so in Schuberts
„Wanderer–Fantasie") geradezu ein Topos. Camus' Roman „L'Etranger" (1942) gibt dem
Lebensgefühl seiner Generation Ausdruck, in einer sinnlosen, absurden Welt wie ein Fremder
zu leben.

118) Enzensberger ist nicht bei der Entsymbolisierung geblieben. Das zeigt u.a. seine „Komödie"
über den Untergang der „Titanic", des modernen Real–Symbols für das Lebensschiff, die im
folgenden partiell interpretiert wird.

Orientierung wird also allein bewirkt durch von Fachleuten installierte Technik, nicht durch Sinn–Suche und Sinn–Bilder. Das Bild vom „Feuer", das Enzensberger dem Leser vor Augen stellt, verweist nur auf sich selbst, weist nicht über sich hinaus. Enzensberger macht auf seine Weise Ernst mit dem Satz von Novalis:

> Wir suchen überall das Unbedingte und finden immer nur Dinge.

Doch will er keineswegs mehr, wie einst Novalis, „romantisieren", indem er etwa als Dichter „dem Gemeinen einen hohen Sinn, dem Gewöhnlichen ein geheimnisvolles Ansehn, dem Bekannten die Würde des Unbekannten, dem Endlichen einen unendlichen Schein" gibt. Das alte Vorrecht der Poeten, mit ihrem „Zauberwort" Sinnbilder zu evozieren – und sei es als schöner Schein –, gilt ihm hier als erledigt. Alles ist, was es ist; es steckt nichts dahinter; es ist nichts dabei. [119] Die Schäre ist nicht einsam, sondern „leer". Dieses „Feuer" ist kein Symbol, sondern eine Signalanlage. Die seit alters mit Bedeutung beladenen Bildelemente des *Topos von der Lebensfahrt auf dem Meer der Welt* sind allesamt nicht weiter nennenswert. Sie sind bedeutungslos.

Wirklich? Enzensberger ist ein poeta doctus. Er hat über den Romantiker Clemens Brentano promoviert. Er weiß, gegen welche überwältigende Tradition der Sinnbild–Erzeugung er sich wendet. Daher das auffällige Insistieren: Das Feuer beweist nichts, bedeutet und verheißt weiter nichts, es „ist nichts als ein Feuer"; es ist schon gar kein Aufscheinen von „Erlösung" (IV 3). Aber – wäre dieses Verlangen nach Sinnbildlichkeit nicht doch noch in uns lebendig, brauchte es nicht so rigoros zurückgewiesen zu werden. Es ist vielleicht auch kein Zufall, daß sich Enzensberger für seine Destruktion der Zeichenhaftigkeit gerade ein Phänomen wählt, das einst bei den seefahrenden Griechen als Seezeichen „semeîa", also „Zeichen" schlechthin hieß. Seine Verse zielen in der Tat ins Zentrum der Sprache: auf ihre Zeichenhaftigkeit, ihre Semantik. Dienen Sprache und Poesie also nur noch der Benennung – ohne Bedeutung? Gewiß ist das „Leuchtfeuer" für viele nicht mehr ein Bild der „Erlösung" (IV 3) auf immer und ewig. Ist es indessen nicht wenigstens noch ein Zeichen der Richtungsweisung und der Rettung auf Zeit, in der Zeit?

Der Rahmen des Gedichts – von der Anfangszeile zur Schlußstrophe – erklärt den *bewußten* Sinnverzicht eines modernen Dichters. Es findet sich in einem Gedichtband mit dem Titel „Blindenschrift" (1964). Ist die Gabe, die Welt so sinnreich zu sehen wie einst in den vergangenen Jahrtausenden, nun gänzlich geschwunden? Das Augenlicht, das einmal eine ganze Welt voll von Göttern und voller Sinn–Bilder oder selbst neue Welten sah, scheint ihm erloschen. Ein blinder Lyriker? Auf jeden Fall auf andere Weise blind als der archaische Epiker: Die Sonne Homers, seine sinnlich–sinnerfüllte Welt, von der er einst sang, leuchtet von ferne noch heute. Bleibt dem modernen Schriftsteller nun nur noch eine Punktschrift, aus der jeder sich Informationen ertasten mag, ohne den freien Blick in eine Welt, die ihn anspricht, die selber offen zu ihm spricht wie seit der Antike bis zu Klopstock, Goethe, Eichendorff ...?

Doch dieser Verlust ist Enzensberger, dem Dichter, offenbar keineswegs gleichgültig. Die abschließenden zwei Zeilen lauten:

---

119) „ ... Und es kommt nichts nachher", könnte man, Brechts Abschluß–Vers des Gedichts „Gegen Verführung" aus der „Hauspostille" zitierend, fortfahren. Hier bedeutet auch das Menschenleben nichts als sich selbst. Kein ewiges Leben führt darüber hinaus.

> dort ist der Ort wo das Feuer ist,
> dort wo das Feuer ist ist der Ort.

Dieser Chiasmus hebt neben dem Haupt–Wort „Feuer" das Nomen „Ort" hervor. Es ist sein letztes Wort. Auf griechisch heißt Ort „Topos". Diesen „Ort", diesen Topos, erreicht nun das Prinzip Hoffnung nicht mehr. [120] Er ist kein erträumtes „Utopia" (das heißt, nach der Wortschöpfung von Thomas Morus, wörtlich „Nicht–Ort"). Er ist nicht, wie einst in der Antike, ein ersehnter sicherer „Hafen" für den Philosophierenden; er ist nicht, wie beim Romantiker Tieck, die „Heimat", zu der uns nach furchtbarer Fahrt vom Leuchtfeuer der Poesie beglänzte „goldne Wellen" tragen.

Der Topos, der Ort, hat hier nichts mehr zu bedeuten.

1978 veröffentlichte Enzensberger ein Vers–Epos in 33 Gesängen: **„Der Untergang der Titanic. Eine Komödie".** [121] Das damals größte Schiff der Welt, das 1912 sank, galt bekanntlich als Inbegriff des Fortschritts. Auch für Enzensberger ist die „Titanic" nicht nur ein Vier–Schornstein–Passagier–Schiff, ein Luxusdampfer der absoluten Extraklasse. Sie hat darüber hinaus etwas zu bedeuten. Dieses Schiff ist – anders als Enzensbergers „Leuchtfeuer" von 1964 – auch für ihn jetzt ein Symbol. Ja, in seinen Augen ist es als eine Art Geisterschiff noch immer unterwegs, denn ihm geht es vornehmlich um den „Untergang im Kopf". Er schreibt: „Auch der Mensch, dem das Wasser bis zum Halse steht, kann seinen Kopf noch benutzen: zum Denken, nicht nur zum Schreien."

In seiner „Komödie" vom Schiffsuntergang greift er scheinbar unbefangen zurück auf die älteste Tradition des Erzählens, den „Gesang". Wie Homer und Vergil, die Sänger der großen Irrfahrten, oder Dante [122], der Sänger der Jenseitsreise, erhebt Enzensberger seine 33 Kapitel über das große Scheitern zu „Gesängen" in Freien Rhythmen. Wie aber steht es hier mit der ebenso alten *Metapher vom Schiff?*

Etwa in der Mitte, im „fünfzehnten Gesang", reflektiert Enzensberger im Modus eines Streitgesprächs über den „tintenschwarzen, triefnassen Tiefsinn seiner Metaphern" (S. 53). Ganz „außer sich" schreit er, seine Montagetechnik beschreibend:

---

120) In seiner Büchner–Preis–Rede „Der Meridian" stellt auch Paul Celan die Frage nach den „Bildern" im Gedicht:
„Toposforschung?
Gewiß! Aber im Lichte des zu Erforschenden: im Lichte der U–topie.
Und der Mensch? Und die Kreatur?
In diesem Licht."

121) Frankfurt a.M.: Suhrkamp Verlag 1978; suhrkamp taschenbuch 681, 1981

122) In Enzensbergers Untergangs–Gesang ist immer wieder kurz von Dante die Rede (vgl. S. 16, 22, 53, 54, 71, 78, 114). „Ein Passagier, der so heißt, befindet sich immer an Bord" (S. 54), behauptet der Dichter merkwürdigerweise. Zum Schluß erscheint gar ein weißgekleideter Dante, der – wie Enzensberger selbst sein in Cuba begonnenes „Gedicht über den Untergang der Titanic" (S. 21) – ebenfalls sein Manuskript „in schwarzes Wachstuch gewickelt" hat (S. 114). Der „erkennungsdienstlichen Behandlung" Dantes ist eigens ein Gedicht gewidmet (S. 78). Enzensbergers Gattungsbezeichnung „Komödie" für sein „Gedicht", das ja kein Theaterstück ist, mag zudem eine versteckte Anspielung sein auf die „Commedia" Dantes, der erst Boccaccio den Beinamen „divina" gab. Sie heißt, nach Dante, u.a. deshalb „Commedia", weil sie sich in allen Stilbereichen und Stilhöhen bewegt. Ähnliches gilt für Enzensbergers Text, den er wohl darum auch „ein Pasticcio" nennen läßt (S. 54). Auch die Zahlensymbolik der 33 „Gesänge" verweist im übrigen auf Dante.

[...]
ich stottre, ich radebreche, ich mische, ich kontaminiere,
aber ich schwöre euch: Dieses Schiff ist ein Schiff! –
[...]
was kann ich dafür? Nicht ich habe diese Geschichte erfunden
vom Untergehenden Schiff, das ein Schiff und kein Schiff ist;
[...]
es gibt keine Metaphern. Ihr wißt nicht, wovon ihr redet.
(S. 53 f.)

Kein Wunder, daß seine Diskussionspartner zurückschreien:

Das ist verworren! [...]
das ist kein Gedicht! das ist ein Pasticcio!
(S. 54)

Die hier in Serie A zusammengestellten Texte zeigten das *Lebensschiff* fast stets als
das eines einzelnen, der es lenkt wie das Ich seinen Leib. Das Schiff ist aber auch –
seit Alkaios und Horaz (vgl. B 1 und B 2) – *ein Sinnbild der Gesellschaft*. Die mit
Bedeutungen befrachtete alte Schiffsmetapher wird geradewegs zum Star in der europäischen Poesie und Rhetorik. Also stand auch die Metapher für das Scheitern des
Gesellschaftsschiffs zur Verfügung, längst bevor sich der spektakuläre Untergang des
titanischen Schiffs 1912 tatsächlich ereignete. Die Abbildung war schon da, bevor
die Realität eintraf. Anscheinend haben große Ereignisse generell Ähnlichkeit mit
großen Metaphern: In beiden verdichtet sich Weltgeschehen.

Die traditionelle metaphorische Gleichung scheint dem Dichter heute allerdings
nicht mehr möglich: Der Staat ist (so etwas wie) ein Schiff, ein *Staatsschiff*; das
Schiff im *Topos von der Lebensfahrt* ist der Leib des Menschen – solche Allegorien
sind Vergangenheit. Die Dinge haben weitgehend die klaren Umrisse und die Bilder
haben ihre Symbolkraft verloren, die sie beispielsweise noch in der Malerei der Renaissance hatten. [123] Ihre Bedeutungen deuten nun nicht mehr eindeutig in eine bestimmte Richtung. Sie werden undeutlich, vieldeutig. Sie haben keine Perspektive
mehr, sie werden aperspektivisch. Sie bieten keine Antworten, sie bleiben fragwür-
dig.

So wird in Enzensbergers letztem, dem „dreiunddreißigsten Gesang" die zuvor
ohnedies in Frage gestellte Metapher vom Schiff als Sinnbild der menschlichen Gesellschaft zur unbeantworteten Frage:

Ich frage mich, sind es wirklich nur ein paar Dutzend Personen,
oder hanget da drüben das ganze Menschengeschlecht,
wie auf einem x–beliebigen Musikdampfer, der schrottreif
und nur noch einer Sache geweiht ist, dem Untergange?
Ich weiß es nicht. Ich triefe und horche. [...]
(S. 114)

Und die menschliche „Komödie" vom untergehenden Schiff endet schließlich mit
dem Blick auf den einzelnen und seine finale *Lebensfahrt auf dem Meer der Welt*:

---

123) Zwischen die „Gesänge" fügt Enzensberger viermal scheinbar unvermittelt lange, präzise
Bildbeschreibungen ein. Drei davon geben nicht zufällig vielfigurige Gemälde aus der Zeit
um 1500 wieder.

> Alles, heule ich, wie gehabt, alles schlingert [...],
> undeutlich, schwer zu sagen, warum, heule und schwimme ich weiter.
> (S. 115)

Das symbolbefrachtete modernste Schiff ist gescheitert. Kein Rettungsboot steht hier zur Notaufnahme bereit; kein Leuchtfeuer, kein Land ist in Sicht. Nach dem Versinken des *Gesellschaftsschiffs* schwimmt das Ich des einzelnen allein weiter, verloren auf dem Meer der Welt. Ja, war das Ich nicht einst sogar selbst der Schiffssteuermann? Nun aber weiß es, nicht mehr steuernd, sondern heulend und hoffnungslos schwimmend, nichts mehr von seinem Warum und Wohin.

A 22. Werner Heisenberg (1901 – 1976):
Der Wunsch des Kapitäns, nicht im Kreis zu fahren (1955)

Das Bewußtsein der Gefahr in unserer Situation

[...] Mit der scheinbar unbegrenzten Ausbreitung ihrer materiellen Macht kommt die Menschheit in die Lage eines Kapitäns, dessen Schiff so stark aus Stahl und Eisen gebaut ist, daß die Magnetnadel seines Kompasses nur noch auf die Eisenmasse des Schiffes zeigt, nicht mehr nach Norden. Mit einem solchen Schiff kann man kein Ziel mehr erreichen; es wird nur noch im Kreis fahren und daneben dem Wind und der Strömung ausgeliefert sein. Aber um wieder an die Situation der modernen Physik zu erinnern: Die Gefahr besteht eigentlich nur, solange der Kapitän nicht weiß, daß sein Kompaß nicht mehr auf die magnetischen Kräfte der Erde reagiert. In dem Augenblick, in dem Klarheit geschaffen ist, kann die Gefahr schon halb als beseitigt gelten. Denn der Kapitän, der nicht im Kreise fahren, sondern ein bekanntes oder unbekanntes Ziel erreichen will, wird Mittel und Wege finden, die Richtung seines Schiffes zu bestimmen. Er mag neue, moderne Kompaßarten in Gebrauch nehmen, die nicht auf die Eisenmasse des Schiffes reagieren, oder er mag sich, wie in alten Zeiten, an den Sternen orientieren. Freilich können wir nicht darüber verfügen, ob die Sterne sichtbar sind oder nicht, und in unserer Zeit sind sie vielleicht nur selten zu sehen. Aber jedenfalls schließt schon das Bewußtsein, daß die Hoffnung des Fortschrittsglaubens eine Grenze findet, den Wunsch ein, nicht im Kreise zu fahren, sondern ein Ziel zu erreichen. In dem Maße, in dem Klarheit über diese Grenze erreicht wird, kann sie selbst als der erste Halt gelten, an dem wir uns neu orientieren können. [...]

(Veröffentlicht 1955)

Zitiert nach: Werner Heisenberg: Das Naturbild der heutigen Physik.
Hamburg: rowohlts deutsche enzyklopädie 8, 1955, S. 22

Werner Heisenberg erhielt 1932 den Nobelpreis für Physik. Gemeinsam mit Max Born und Pascual Jordan begründete er die Quantenmechanik und stellte 1927 die für sie grundlegende Unschärferelation auf. Des weiteren arbeitete er über die Wellenmechanik, die Kernphysik, die Physik der kosmischen Ultrastrahlung und der Elementarteilchen. Doch stets hatte er nicht nur den Teil, sondern das Ganze im Blick. [124] In seinem Buch „Das Naturbild der heutigen Physik", dem der abgedruckte Abschnitt entnommen ist, beschreibt er die Naturwissenschaft nicht als Arsenal ewig gültiger Formeln, sondern als Teil eines Wechselspiels zwischen Mensch und Natur.

Bis zum Beginn der Neuzeit galt unbestritten die Kosmologie des Aristoteles. Die kopernikanische Wende führte über Bruno, Galilei, Newton, Kant schließlich zur neuen Physik, für die, neben vielen anderen, die Namen Einstein, Planck, Heisenberg stehen. Nur sehr langsam aber drang das wissenschaftliche Welt–*Bild* in das Welt–*Erleben* der Menschen ein. Unsere Sinne wollen es immer noch nicht wahrhaben, daß das beglückende Erlebnis eines strahlenden Sonnenaufgangs eine vorko-

---

124) Heisenberg: Der Teil und das Ganze. Gespräche im Umkreis der Atomphysik. München: dtv 1973

pernikanische Täuschung ist. Der achtzigjährige Naturforscher Goethe verkündete noch in seinem „Vermächtnis" (1829):

[...]

Den Sinnen hast du dann zu trauen,
Kein Falsches lassen sie dich schauen,
Wenn dein Verstand dich wach erhält.
Mit frischem Blick bemerke freudig,
Und wandle sicher wie geschmeidig
Durch Auen reichbegabter Welt.

[...]

Nach der Wende von der klassischen zur modernen Physik aber wissen wir: Die wahrgenommene Welt löst sich auf in ein Meer von Täuschungen. Schließlich huschen nur noch Elektronenschatten vorüber – unfaßbar. [125] Die „reichbegabte Welt" hat sich dem modernen Forscher verflüchtigt in eine Gesamtheit von mathematischen Sachverhalten. Wer könnte in dieser entsinnlichten Welt noch wie Goethe allein „den Sinnen [...] trauen" und auf diese Weise „sicher" wandeln? Sein „gegenständliches Denken" und sein großer Glaube an die „Gott–Natur", die sich dem sonnenhaften Auge offenbart, wird überholt durch Relativitätstheorie, Atomphysik und Unschärferelation. Heisenberg erklärt daher zu Recht,

daß die Veränderungen in den Grundlagen der modernen Naturwissenschaft ein Anzeichen sind für tiefgehende Veränderungen in den Fundamenten unseres Daseins, die ihrerseits sicher auch Rückwirkungen in allen Lebensbereichen hervorrufen. (Naturbild, S. 7)

Der Glaube der klassischen Physik, die Gesetze der Natur als objektive Wahrheiten – unabhängig vom menschlichen Subjekt als Beobachter – erfassen zu können, hat sich im atomaren Bereich als Selbsttäuschung herausgestellt. „Das Naturbild der heutigen Physik" ist in Wahrheit kein objektives Bild der Natur, sondern *„ein Bild unserer Beziehungen zur Natur"* (a.a.O., S. 21; Hervorhebung von Heisenberg).

In früheren Epochen stand der Mensch einer meist feindlichen Natur gegenüber, die ihren eigenen, geheimnisvoll verborgenen Gesetzen gehorchte. Heute leben wir in einer vom Menschen fast gänzlich verwandelten und beherrschten Welt, so „daß wir gewissermaßen immer nur uns selber begegnen" (a.a.O., S. 18). Auch in der modernen Physik finden wir uns in einer Erkenntnissituation, wo Naturvorgänge letztlich nicht mehr objektiviert werden können. Auch hier ist

der Gegenstand der Forschung nicht mehr die Natur an sich, sondern die der menschlichen Fragestellung ausgesetzte Natur (a.a.O., S. 18),

und insofern begegnet der Mensch auch hier wieder sich selbst.

Das naturwissenschaftliche Weltbild hört damit auf, ein eigentlich naturwissenschaftliches zu sein. (A.a.O., S. 21; Hervorhebungen von Heisenberg.)

Diesem Erkenntnisstand, wie ihn Heisenberg beschreibt, wäre hinzuzufügen: Wenn das beobachtende Subjekt nicht mehr vom wissenschaftlich beobachteten Objekt ge-

---

125) Vgl. in Heisenberg: Das Naturbild [...], das enzyklopädische Stichwort „Natur", S. 138.

trennt werden kann, ist nicht nur nach der Natur, sondern verstärkt auch nach dem Subjekt zu fragen. Das erfordert einige Stichworte zur *Bewußtseinskrise des modernen Menschen*, über die schon im Hinblick auf Nietzsches Gedicht „Nach neuen Meeren" (A 17) und mit Bezug auf die darauf folgenden Texte einiges zu sagen war.

Gott, dem das Urvertrauen der Menschen seit unvordenklichen Zeiten weltweit gegolten hat, dem Tempel, Dome, theologische und philosophische Systeme errichtet wurden – diesen Gott erklärt Feuerbach für eine Projektion des Menschen, Marx für eine interessenbedingte Vertröstung, Freud für eine infantile Illusion. Und Nietzsche verkündet „das größte neuere Ereignis – daß 'Gott tot ist' [...]". [126]

Atheismus und Nihilismus bestimmten seit langem das Weltbild vieler Intellektueller. Als unbezweifelbar sicher und wahr galt ihnen nur noch die Naturwissenschaft mit ihren ewig gültigen Gesetzen. Sie allein, so glaubte nicht nur Haeckel, kann „Die Welträtsel" (1899) endgültig lösen. Doch bald schon wird die Selbstgewißheit der klassischen Physik durch die moderne Physik aus den Angeln gehoben. Was bislang als unumstößlich und objektiv wahr galt, scheint sich nun aufzulösen in Gebilde des menschlichen Denkens. Der Demontage des göttlich Absoluten folgte alsbald die des Absolutheitsanspruchs der Naturwissenschaft. Heisenberg zitiert Eddington, der hier übrigens zur Erklärung die maritime Metapher von den erreichten Gestaden gebraucht:

> Wir haben gesehen, daß da, wo die Wissenschaft am weitesten vorgedrungen ist, der Geist aus der Natur nur wieder zurückgewonnen hat, was der Geist in die Natur hineingelegt hat. Wir haben an den Gestaden des Unbekannten eine sonderbare Fußspur entdeckt. Wir haben tiefgründige Theorien, eine nach der anderen, ersonnen, um ihren Ursprung aufzuklären. Schließlich ist es uns gelungen, das Wesen zu rekonstruieren, von dem die Fußspur herrührt. Und siehe! Es ist unsere eigene. (Heisenberg: Naturbild, S. 111)

Was also bleibt? Gewiß scheint nur noch die Fußspur, die beweist, daß ich existiere. Der seit den zwanziger Jahren sich in Philosophie und Dichtung ausbreitende *Existentialismus* kann dementsprechend als das große Gefühl völliger Freiheit oder als die verzweifelte Erfahrung des Geworfenseins – oder als beides zugleich – erlebt werden. Unabhängig davon bewegt sich gleichzeitig in einem Teil der Welt der technische Fortschritt mit größter Geschwindigkeit voran. Doch wer weiß eine Antwort auf die Frage: Fortschritt – wohin? „Entwicklungsfremdheit" sei die Antwort „des Weisen", erklärt Gottfried Benn 1948/49 in den „Statischen Gedichten". Doch sie kann die Progression als Selbstläufer nicht aufhalten und erst recht keine Zukunftsfrage beantworten. Auch wer sich wie Benn heroisch zum „Ptolemäer" stilisiert, macht die kopernikanische Wende nicht rückgängig.

Im „Bewußtsein der Gefahr unserer Situation" greift Heisenberg auf den alten *Topos von der Fahrt des Schiffes auf dem Ozean* zurück. Ein mächtiges stählernes Schiff fährt auf dem Weltmeer. Sein Kapitän soll die heutige Menschheit verkörpern. Die Kompaßnadel zeigt immer auf denselben Punkt im Schiff, denn dessen gewaltige Eisenmasse macht den Kompaß unbrauchbar. Und so fährt dieses moderne Schiff ziellos im Kreis, es sei denn, daß Wind oder Strömung, also äußere Einflüsse, es „versetzen" (wie es in der Seemannssprache heißt). Der Kompaß reagiert nicht mehr auf die „magnetischen Kräfte der Erde", nicht auf die Grundkräfte, die bisher Orien-

---

126) Die fröhliche Wissenschaft V, 343

tierung ermöglichten, sondern allein auf die Eisenmasse des Schiffes, die fälschlich als magnetischer Nordpol angezeigt wird. Und so kreist es um sich selber. Man könnte, Gertrude Stein variierend und Enzensbergers „Titanic" zitierend, sagen: „Dieses Schiff ist ein Schiff!" (15. Gesang). Es kennt nur sich selbst, es hat, so scheint es, keine weitere Bedeutung, keine weiterführende Aufgabe mehr.

Doch Heisenberg zieht sich nicht heroisch wie Benn auf das „Verharren vor dem Unvereinbaren" zurück. In den fünfziger Jahren, während manche Existentialisten in Szenekneipen die „Lust am Untergang" zelebrieren, sieht Heisenberg in dieser Situation eine „Gefahr". Und der Entdecker der Unschärferelation findet für das orientierungslose Schiff im Ansatz einen neuen Kurs:

> In dem Augenblick, in dem Klarheit [über die Situation] geschaffen ist, kann die Gefahr schon halb als beseitigt gelten.

Der Kapitän mag selbstzufrieden im Kreise fahren, *oder* er kann die Situation als „Gefahr" erkennen und das Steuer herumwerfen. Die alles entscheidende Verhaltensweise des Kapitäns angesichts der Situation ist der Drehpunkt. Auf das Erkennen der eigenen Verantwortung käme es zunächst an. Der Mensch muß die Lage (das selbstverursachte Ausfallen der bisher funktionierenden Orientierungsmethoden) erkennen, und – er muß entscheiden. Das ist seit je die Aufgabe eines Kapitäns. Ob die Menschheit, mit der Heisenberg den Kapitän gleichsetzt, dazu fähig und willens ist? Immerhin aber könnte *der einzelne*, der sich etwa die Varianten des *Topos von der Lebensfahrt auf dem Meer der Welt* vor Augen geführt hat, diesem Appell folgen und als Kapitän *seines* Lebensschiffes die Situation klären, um dann für sich zu entscheiden. Aber – in diesem Jahrhundert – nach welchen Kriterien?

Heisenberg sieht für den Kapitän „Mittel und Wege", auch in dieser Situation „die Richtung seines Schiffes zu bestimmen". Modernste Technik könnte Kompaßmodelle ohne Deviation entwickeln, oder man kann sich, „wie in alten Zeiten, an den Sternen orientieren", und das heißt für Heisenberg, sich nach den Leitbildern der großen Philosophien und Religionen ausrichten. Er fährt fort:

> Freilich können wir nicht darüber verfügen, ob die Sterne sichtbar sind oder nicht, und in unserer Zeit sind sie vielleicht nur selten zu sehen.

Will man im Bilde bleiben, darf man hinzufügen: Die Sterne mögen zeitweise durch Wolken und Unwetter verdeckt sein; sie waren und sind aber generell heute wie einst zu sehen. Die dichte Bebauung und das Streulicht der modernen Städte behindern zwar die Sicht. Wer aber weit genug hinaus ins Freie geht, sieht sie wie eh und je. Es kommt heute wie nie zuvor existentiell auf den einzelnen und seinen Weg an.

Das Erkennen der Grenze des „Fortschrittsglaubens", erklärt der Physiker, müßte den Wunsch hervorrufen, „nicht im Kreise zu fahren, sondern ein Ziel zu erreichen". „Ein Ziel" – aber welches? Und: Gibt es denn überhaupt noch ein Ziel?

Trotz oder wegen modernster Technik hat sich die alte *Geschichte von der Lebensfahrt* gefährlich entwickelt. „Die Himmel wechseln ihre Sterne", klagt Benn. Orientierung wird beliebig, der Kompaß weist keine objektive Richtung mehr, er kreist nur mehr subjektiv um sich selbst. Augustinus sah im Sturm, im Durchleben von Grenzsituationen, das Mittel, zum wahren, beständigen Ziel hin verschlagen zu werden. Heisenberg spricht im Zusammenhang mit seiner Schiffsmetapher mehrmals von der „Grenze", die es zu erkennen gelte:

[...] die Gefahren werden umso größer, je stärker die Welle des vom Fortschrittsglauben getragenen Optimismus gegen diese Grenze brandet.
(Naturbild, S. 22)

Das Mittel zur Rettung sieht Heisenberg im Erkennen der „Grenze" des Fortschritts-
optimismus, im Erkennen der Gefährlichkeit der Situation und – als Konsequenz – in
der Entwicklung „neuer, moderner Kompaßarten".

Wer sich auf den jahrtausendealten *Topos von der Lebensfahrt auf dem Weltmeer* einläßt, sieht, daß in den früheren Epochen die Gefahren von außen überwälti-
gend groß waren, der Steuermann sich aber als standhaft erwies, denn er kannte die
Sterne, die Richtung, sein Lebensziel. Lebensinhalt und Zielbestimmung waren die
(stoische) Philosophie oder der christliche Glaube. In der Neuzeit werden die äuße-
ren Bedrängnisse weniger bedrohlich, der Steuermann aber weiß nun nicht mehr,
wohin er soll oder will, ja, er wird niedergemacht (Kafka), er geht mit dem Schiff
unter (Loerke), oder es gibt ihn gar nicht mehr, und das führerlose Schiff verrottet
auf dem offenen Meer (Brecht), das Ich wird eins mit der „trunkenen Flut" (Benn),
das „Leuchtfeuer" (Enzensberger) weist nicht weiter, es signalisiert nur sich selbst.

Heisenberg hat den alten Topos – mit seinen bekannten Bildelementen, die inzwischen fast alle destruiert worden waren – unbefangen neu gestaltet. Und als erster
nach fast einem Jahrhundert hat er einen Ausweg aus dem gegenwärtigen Zustand,
den er als „Gefahr" erkennt, angedeutet. Da sollte es auch erlaubt sein zu fragen:
Was glaubt Heisenberg als Physiker und Mensch des 20. Jahrhunderts selbst? Er
antwortet mit einer Formel, die sich „wie in alten Zeiten an den Sternen" (dem traditionellen Bild für die Transzendenz) *und* an den „modernen Kompaßarten" (einem
Bild für heutige Forschungsziele) orientiert. Heisenberg nennt sie

die zentrale Ordnung der Dinge oder des Geschehens, an der ja nicht zu
zweifeln ist.

(Der Teil und das Ganze, S. 253, vgl. dazu S. 288.)

„**Die zentrale Ordnung**", das ist die Leitformel für sein „**Weltbild**". Anders als
viele Dichter seit Nietzsche sucht der Naturwissenschaftler letztlich Chaos zu überwinden und in seinen Forschungen weiterhin etwas von dem zu entdecken, was die
Griechen einst „Kosmos" nannten; und das heißt wörtlich: „Ordnung, Schönheit,
Weltall" zugleich.

In ähnlicher Weise bekennt sich der bedeutendste Physiker des 20. Jahrhunderts, Albert Einstein, zu einer „**kosmischen Religiosität**" [127], die nach seiner öfters
geäußerten Überzeugung „die stärkste und edelste Triebfeder wissenschaftlicher Forschung" ist (a.a.O., S. 17). Ja, er erklärt:

Ein Zeitgenosse hat nicht mit Unrecht gesagt, daß die ernsthaften Forscher in
unserer im allgemeinen materialistisch eingestellten Zeit die einzigen tief religiösen Menschen seien. (A.a.O.)

Unbeschadet ihres wissenschaftlichen Streits gerade in den letzten Fragen der Wirk-
lichkeitsdeutung, gilt dies einerseits für Einstein, der sich zu Spinozas Determinis-
mus bekannte, und andererseits für Born sowie dessen Schüler Jordan und Heisen-

---

127) Albert Einstein: Religion und Wissenschaft, in: Berliner Tageblatt vom 11. November 1930.
Jetzt in Albert Einstein: Mein Weltbild, hrsg. von C. Seelig, Berlin 1955, S. 15.

berg, die die Quantenmechanik und die Unbestimmtheitsrelation entdeckten. Einstein schreibt an Born, sie hätten sich zu wissenschaftlichen „Antipoden" entwickelt. Die Quantentheorie „liefert viel, aber dem Geheimnis des Alten bringt sie uns kaum näher. Jedenfalls bin ich überzeugt, daß *der* nicht würfelt". [128] Born, der Quäker geworden war, sah es gerade umgekehrt: Die Unfähigkeit der Begriffe, das Ganze wahrzunehmen, schien ihm eher als eine Bestätigung des christlichen Gottesglaubens. Ähnliches gilt für Heisenberg.

Für ihn gibt es neben der „zentralen Ordnung" noch einen zweiten Ausgangspunkt seiner Zielrichtung. Hier taucht wiederum eine bekannte nautische Metapher auf. Er befragt einmal selbst seine wiederholte Erklärung, „daß der Kompaß letzten Endes immer nur aus der Beziehung zur zentralen Ordnung komme", und sieht bestätigt, daß man in der westlichen Welt in den letzten Fragen „doch immer wieder den **ethischen Wertmaßstab des Christentums**" finde. [129] Und er fügt besorgt hinzu:

> Wenn einmal die magnetische Kraft ganz erloschen ist, die diesen Kompaß gelenkt hat – und die Kraft kann doch nur von der zentralen Ordnung her kommen –, so fürchte ich, daß sehr schreckliche Dinge passieren können, die über die Konzentrationslager und die Atombomben noch hinausgehen. (A.a.O.)

Die richtunggebende Kraft des Kompasses kann nur aus der „zentralen Ordnung" kommen. Das gilt also offenbar auch für die zu entwickelnden „neuen, modernen Kompaßarten", die den durch die „Eisenmasse des Schiffes" irritierten Kompaß in Zukunft ersetzen müssen. Voraussetzung ist freilich „das Bewußtsein, daß die Hoffnung des Fortschrittsglaubens eine Grenze findet". Der „erste Halt [...], an dem wir uns neu orientieren können", ist das „Erkennen der Grenze" des „Fortschrittsglaubens". Vom *letzten* Halt ist in der Grund–Metapher des großen Eisenschiffes die Rede, und zwar verschlüsselt durch das Bild des Kompasses. Er weist in die Richtung, aus der in Heisenbergs Weltbild die Orientierungkraft kommt: auf die „zentrale Ordnung" und den „Wertmaßstab des Christentums".

Das von Heisenberg beschriebene ziellose Im–Kreis–Fahren ist ein Bild für die Situation im **Nihilismus**. Nietzsche, dessen bekanntester Verkünder, nennt ihn den „unheimlichsten der Gäste" und definiert ihn kurz als „die radikale Ablehnung von Wert, Sinn, Wünschbarkeit". [130] Dieses Sinnvakuum wird im 20. Jahrhundert vornehmlich gefüllt durch die drei Großideologien, von denen inzwischen zwei katastrophal gescheitert sind: Faschismus/Nationalsozialismus, Sozialismus/Kommunismus, Kapitalismus/Konsumismus.

Das Zentrum der Gestaltung des Topos durch Heisenberg ist das Bild vom im Kreis fahrenden riesigen Eisenschiff. Dieses Sinnbild hat einen weltgeschichtlichen Hintergrund: Der Kreis bestimmte als Grundmodell ein ganzes Weltbild. Während

---

128) Brief an Max Born vom 4. 12. 1936
129) Der Teil und das Ganze, a.a.O., S. 254
130) Friedrich Nietzsche: Werke in drei Bänden, herausgegeben von Karl Schlechta, München: Hanser Verlag, 2. Aufl. 1960, Band III, S. 881. – Gottfried Benn beschreibt die Genese prägnant in seinem Aufsatz „Nach dem Nihilismus" (1932) – und verfällt bald darauf (für kurze Zeit) dem Heilsversprechen des Nationalsozialismus. „Das Schiff" Brechts, dessen Verwesung er poetisch ausmalt, läuft 1926/27 in den rettenden Hafen des Marxismus–Leninismus ein. Zwei Beispiele für viele, die dem Nihilismus zu entkommen suchten.

die Antike und die asiatischen Religionen des Hinduismus und Buddhismus sich den Weltlauf als große Kreisbewegung vorstellten, entspricht ihm bei Juden, Christen und Muslimen ein Zeitpfeil – ausgerichtet letztlich auf den Einen, den Allerhöchsten, vor dem sich jeder einzelne mit dem einen Leben, das er hat, verantworten muß. Dementsprechend war auch in den alten Ausformungen des Topos die Fahrt des Lebensschiffes stets auf ein Ziel ausgerichtet. Es ist daher kein Zufall, daß Nietzsche, der Zerstörer der alten Werthierarchie, die ewige Wiederkehr des Immergleichen predigt. Diese Lehre ist es, mit der er den Nihilismus überwinden will. So ist ihr Prophet, „Zarathustra", „der Fürsprecher des Kreises". Dieser sein „abgründlichster Gedanke" [131] ist freilich durchaus ambivalent: Er ist ihm die höchste Formel der Bejahung *und* des Abscheus; er ist „Heil" *und* zugleich „Ekel, Ekel, Ekel [...]!" (ebd.); er ist die „Geheimnis-Welt der doppelten Wollüste, dies mein 'Jenseits von Gut und Böse', ohne Ziel, wenn nicht im Glück des Kreises ein Ziel liegt [...]". [132] An einem solchen *„Glück des Kreises"* möchten wohl auch die Anhänger der gegenwärtigen Esoterikwelle teilhaben, die an Reinkarnation glauben (freilich mehr zum Zwecke der Selbstverwirklichung ad infinitum als in der Unterwerfung unter das harte Gesetz des indischen Karma).

Eine philosophische Antwort auf die geistesgeschichtliche Situation „nach dem Nihilismus" war der *Existentialismus*. [133] Es ist bezeichnend, daß Camus nicht den Topos vom Schiff auf dem Meer – und sei es der vom fluchbeladenen Schiff des „Fliegenden Holländers" oder eben der von einem im Kreis fahrenden Schiff (wie später Heisenberg) – wählt, um ein Leben nach dem Nihilismus zu verbildlichen. In Camus' „Mythos von Sisyphos" (1942) geht es nicht einmal mehr um eine stürmische Lebensfahrt mit oder ohne Ziel. Sisyphos galt in der Antike als ein Schreckbild der menschlichen Hybris, als ein Verdammter, der sich zur Strafe im Hades nicht mehr vorwärts, sondern nur noch ein wenig vertikal bewegen kann, indem er einen Stein, seine Lebenslast, unaufhörlich den Berg hinaufwälzt – „frustra", vergeblich. Camus' „Versuch über das Absurde" ist dementsprechend, wie er auf der ersten Seite sagt, die „Beschreibung eines geistigen Übels im Reinzustande" – zunächst. Das Übel wird dann aber im Laufe der Darstellung umfunktioniert zu einem Glücksgefühl. Und so lautet der letzte Satz des „Versuchs über das Absurde": „Wir müssen uns Sisyphos als einen glücklichen Menschen vorstellen." [134]

Doch für viele ist Camus' Kampf des revoltierenden Menschen um das Glücksgefühl heute überholt, ja geradezu so unverständlich wie die Lebensreisen der alten Seefahrer. Gewiß, im *Topos von der Lebensfahrt auf dem Meer der Welt* können unterschiedliche Lebensentwürfe ihren Ausdruck finden: z.B. die Lebensfahrt als Bewährung der philosophischen Vernunft oder des christlichen Glaubens, als Fahrt zum Jenseits, als Entdeckungsfahrt und Aufbruch zu neuen Ufern, als heroische Bewährung im Scheitern, als Abenteuerreise und Mutprobe, als

---

131) Nietzsche, a.a.O., Band II, S. 462
132) Nietzsche, a.a.O., Band III, S. 917
133) Vergleiche hierzu Karl Jaspers: Die geistige Situation der Zeit. Erstmals erschienen 1931. Berlin: Sammlung Göschen Band 1000, 1955.
134) Ähnlich wie Nietzsche angesichts seiner Lehre von der „ewigen Wiederkehr des Gleichen" zunächst „Ekel, Ekel, Ekel!" empfindet, den er sich zum „Glück des Kreises" umdichtet, so wird bei Camus ein „geistiges Übel im Reinzustande" schließlich zum Lebensgefühl eines „glücklichen Menschen".

Vergnügungsfahrt für Genießer ... Doch die Entscheidung, wie einer seine Lebensreise gestalten möchte, ist nicht allein dem persönlichen Belieben anheimgestellt. Vom Denkenden zumindest fordert „die geistige Situation der Zeit" (Jaspers) eine verantwortbare Konzeption seiner Lebensplanung, und diese könnte Entscheidungsgründe gewinnen aus einem Überblick über bisherige Lebensfahrten und deren Widerspiegelung in den verschiedenen Gestaltungen des *Topos von der Lebensfahrt*. Wer es sich – anders als Camus – gemütlich macht im Absurden und sich, ohne alte Mythen und neue Revolten, einfach gleich „als einen glücklichen Menschen vorstellen" möchte, der will das von Heisenberg beschriebene Herumfahren des großen Schiffes der menschlichen Gesellschaft im Kreis von vornherein als lebenslange Vergnügungsfahrt erleben. Heisenberg aber weiß sich noch dem zielgerichteten Denken verpflichtet und sieht darum eine große „Gefahr" darin, daß das moderne Riesenschiff im Kreis fährt. In einer hedonistischen Wohlstands-, Erlebnis-, Freizeit- und Spaßgesellschaft freilich scheint vielen schon die Frage nach einem Ziel der Lebensfahrt selbst absurd. Dereinst aber wurden die Wohlstandsbürger, die ohne Sinn und Sehnsucht indifferent und selbstzufrieden vor sich hin lebten, von den Dichtern als engstirnige Philister und Spießer verlacht. [135] Das einst so „oft bestürmte Schiff" (Gryphius) ersetzt heute mancher in seinem Weltbild durch das „Traumschiff", wie es eine höchst erfolgreiche Fernsehserie vorführt. Auch dies ist zweifellos eine Spielart des *Topos von der Lebensfahrt auf dem Meer der Welt*, und zwar die erfolgreichste: das Schiff als Metapher für die Gesellschaft in der Nußschale, ein bunt zusammengewürfeltes Völkchen (mit fester Mannschaft und wechselnden Passagieren), allerlei herzergreifende Schicksale, dazu jeweils ein schönes Stück touristisch gesehener Welt. Ausgeblendet sind die auch heute noch drohenden Gefahren der Seefahrt, das Elend in weiten Teilen der Welt oder gar die Sinnkrise der Moderne. Hier will man weder von Seneca noch von Heisenberg wissen, wohin die Reise geht.

In der Schlußvision seiner „Titanic"-"Komödie" zeigt Enzensberger den

> x–beliebigen Musikdampfer, der schrottreif
> und nur noch einer Sache geweiht ist, dem Untergange [136]
> (33. Gesang).

Heisenberg wählt ein anderes Bild: Das Im–Kreis–Fahren des (vielleicht ebenfalls an der „Titanic" orientierten) hochmodernen Gesellschafts–Schiffes hält er für eine große „Gefahr", nicht zuletzt wegen der „Welle des vom Fortschrittsglauben getragenen Optimismus" (Naturbild, S. 22). Andere – Optimisten wie Hedonisten – sehen darin lieber eine vergnügliche Rundfahrt.

Wer sich jedoch auf die verschiedenen Gestaltungen des alten *Lebensfahrt-Topos* eingelassen hat, der wird sich selbst besser begründet entscheiden können.

---

135) Man denke etwa an Heines und Börnes Spottverse und an die Satire des Romantikers Eichendorff: „Krieg den Philistern" (1823).

136) Daß beim Untergang der „Titanic" die Bordkapelle *nicht*, wie es die Legende will, am Ende den Choral „Nearer, My God, to Thee" spielte, gilt heute als sicher. Vermutlich spielte sie einen sentimentalen Schlager, einen „popular waltz" über den Traum vom Herbst: „Songe d'Automne". (Dietrich Schwanitz verdanke ich den Hinweis auf den Beleg bei Walter Lord: The Knight Lives On. New York 1986, S. 16 – 17; ders.: Interview with Steven Biel, Author of the Book „Down with the Old Canoe". New York 1996, S. 63.)

Der eine will vielleicht auf eigene Faust, möglichst gut und modern ausgerüstet, auf Entdeckungsfahrt gehen, um dann wohl wie der Irrfahrer Odysseus – trotz Schiffbruchs – am Ende die Heimat, sein *Ithaka*, zu finden. Ein anderer bucht lieber, für sein Leben gern, pauschal die allseits beliebte Rundfahrt auf dem „Traumschiff". Dabei wird er sich – wie auf der „Titanic" – heutzutage auf eines verlassen dürfen: Die Unterhaltungskapelle an Bord spielt bis zum Schluß.

TEXTE SERIE B

B 1. Alkaios (um 620 – um 580 v. Chr.):
Das leckgeschlagene Staatsschiff im Sturm (um 600 v. Chr.)

Über der Stürme Rasen bin ich bestürzt:
Wogen rollen von allen Seiten heran,
  Doch wir inmitten treiben dahin
    Auf schwarzem Schiffe, mühsam

Kämpfend gegen den schweren Wintersturm.
Denn die Fluten umspülen des Mastes Fuß.
  Das ganze Segel ist schon zerfetzt,
    Von mächtigen Rissen durchlöchert;

Schon erschlaffen die Taue; die Ruder sind ...

(Das Fragment ist zitiert nach: Griechische Lyriker, griechisch und deutsch. Übertragen, eingeleitet und erläutert von Horst Rüdiger. Zürich und Stuttgart: Artemis, 2. Aufl., 1968, S. 106 f. Vgl. auch das Alkaios–Fragment Lobel–Page 6.)

Der griechische Lyriker Alkaios beteiligte sich am Anschlag auf einen Tyrannen, wurde verbannt und kehrte auf seine Heimatinsel Lesbos zurück, wo zur gleichen Zeit auch die Lyrikerin Sappho lebte. Nach der Überlieferung des Grammatikers Herakleitos handelt es sich bei dieser Schilderung eines Schiffes im Seesturm um eine Allegorie, *die sich auf den revolutionären Umsturz des Tyrannen Myrsilos in Mytilene bezieht. (Manche Interpreten bestreiten dies.) Das Fragment gilt als die älteste* Staatsschiffs–Allegorie.

B 2. Horaz (65 – 8 v. Chr.):
Das Staatsschiff in Gefahr (35/33 v. Chr.)

O navis, referent in mare te novi
fluctus, o quid agis? fortiter occupa
  portum! nonne vides, ut
    nudum remigio latus

et malus celeri saucius Africo
antemnaeque gemant ac sine funibus
  vix durare carinae
    possint imperiosius

aequor? non tibi sunt integra lintea,
non di, quos iterum pressa voces malo.
  quamvis Pontica pinus,
    silvae filia nobilis,

iactes et genus et nomen inutile:
nil pictis timidus navita puppibus

fidit. tu nisi ventis
    debes ludibrium, cave.

nuper sollicitum quae mihi taedium,
nunc desiderium curaque non levis,
    interfusa nitentis
    vites aequora Cycladas.

O Schiff, zurück werden reißen ins Meer dich neue
Fluten – o was tust du? Entschlossen strebe an
    den Hafen! Siehst du nicht, wie
    entblößt ist von Riemen die Seite

und wie der Mast, heftig getroffen von Afrikas Sturm,
wie die Rahen ächzen und wie ohne Seile
    kaum zu überdauern der Kiel
    vermag die übergewaltige

Flut? Nicht sind dir heil mehr die Segel,
keine Götter mehr da, die wieder du riefest, getroffen vom Unheil.
    Freilich, du bist eine pontische Fichte,
    Waldes Tochter von Rang,

rühmen magst du Herkunft und Namen, jetzt doch so nutzlos:
nicht mehr will der bangende Seemann dem bunt bebilderten Schiffsheck
    trauen. Du, wenn du nicht den Winden
    willst werden zum Spielball – sei auf der Hut!

Unlängst noch du meine Unruh und meine Last,
nun du meine Neigung und sehnliche Sorge:
    Zwischen den schimmernden
    Kykladen meide das Meer!

(Zitiert nach Quintus Horatius Flaccus: Sämtliche Gedichte lateinisch / deutsch. Hrsg. von Bernd Kytzler. RUB 8753, Stuttgart 1992. Oden, 1. Buch Nr. 14, S. 38 ff.)

Horaz schrieb diese Ode (I, 14) im Jahre 35 oder 33 v. Chr., gegen Ende des Jahrhunderts der Bürgerkriege und zur Zeit des Entscheidungskampfes zwischen Antonius und Octavian (dem späteren Kaiser Augustus). Seit Quintilian hundert Jahre nach Horaz in seiner Redelehre dieses „Carmen" exemplarisch interpretierte, gilt es als Muster einer Allegorie, d.h., dieses Gedicht ist eine Komposition aus zusammenstimmenden Metaphern, welche Gleichungen bedeuten. Quintilian decodiert die Bilder folgendermaßen: Horaz „sagt Schiff für die res publica, Wogen und Stürme für die Bürgerkriege, Hafen für Frieden und Eintracht" (Institutio oratoria, 8. Buch, 6,44). Das angesprochene Schiff also ist der Staat. Dessen Bestandteile sind schwer beschädigt: Die Flanken sind ohne Ruder, Mast und Rahen wurden vom Sturm getroffen, die das Schiff zusammenhaltenden Seile sind zerrissen, die Segel zerfetzt, die Götterbilder am Heck gingen im Sturm verloren.

Horaz kannte das ca. 600 Jahre ältere Gedicht des Alkaios. Während sich Alkaios beim Sturm selbst auf dem Schiff befindet, steht Horaz am Meeresufer nach einem Sturm, befürchtet einen folgenden und ersehnt Ruhe für das schwer beschädigte Staatsschiff.

B 3. Horaz (65 – 8 v. Chr.): Der goldene Mittelweg (35/33 v. Chr.)

Rectius vives, Licini, neque altum
semper urgendo neque, dum procellas
cautus horrescis, nimium premendo
    litus iniquum.

Richtiger wirst du leben, Licinius, wenn weder du ins offene Meer
ständig steuerst noch, vor den Stürmen
vorsichtig in Furcht, allzusehr dich drängst
    an das tückische Ufer.

(Oden, 2. Buch Nr. 10, a.a.O., S. 86 ff.)

Zitiert ist die erste der sechs Strophen der sogenannten Licinius–Ode.

B 4. Ezzo: Das Schiff des Glaubens (1063)

O crux saluatoris,
du unser segelgerte bist.
disiu werlt elliu ist das meri,
min trehtin segel unte uere,
div rehten werch unser segelseil,
di rihtent uns di uart heim.
der segel de ist der ware geloube,
der hilfet uns der wole zuo.
der heilige atem ist der wint,
der vuoret unsih an den rehten sint.
himelriche ist unser heimuot,
da sculen wir lenten, gote lob.

O Kreuz des Heilands,
du bist unser Mastbaum.
Diese ganze Welt ist das Meer.
Mein Herr [ist] Segel und Steuermann.
Die guten Werke [sind] unsere Segelseile,
die lenken uns die Fahrt heimwärts.
Das Segel ist der wahre Glaube,
der verhilft uns gut dazu.
Der Heilige Geist ist der Wind,
der führt uns auf den rechten Weg.
Das Himmelreich ist unsere Heimat.
Dort werden wir landen, gottlob!

(Der frühmittelhochdeutsche Text ist zitiert aus: Althochdeutsches Lesebuch, hrsg. von Braune, Helm, Ebbinghaus. Tübingen: Niemeyer, 15. Aufl., 1969, S. 151.)

Ezzos „Lied von den Wundern Christi", aus dem die zitierten Verse (395 bis 405) ein kurzer Ausschnitt sind, ist der älteste frühmittelhochdeutsche Hymnus. Der Bamberger Domherr Ezzo dichtete das Lied im Jahre 1063, Wille komponierte die

Melodie. Es wurde seinerzeit berühmt und während einer Pilgerfahrt ins Heilige Land, an der Ezzo teilnahm, als Kreuzlied gesungen.

Die sechs allegorischen Bilder sind Gleichungen: Mastbaum = Kreuz; Meer = Welt; Steuermann = Christus; Segel = Glaube; Wind = Heiliger Geist; Heimathafen = Himmelreich.

B 5. Johannes Tauler (um 1300 – 1361) (?): „Es kommt ein Schiff geladen" (14. Jh.)

Es kommt ein Schiff geladen
Bis an seinen höchsten Bord,
Es trägt Gotts Sohn vollr Gnaden,
Des Vaters ewigs Wort.

Das Schiff geht still im Triebe,
Es trägt ein teure Last,
Das Segel ist die Liebe,
Der heilge Geist der Mast.

Der Anker haft auf Erden,
Und das Schiff ist am Land:
Gotts Wort tut uns Fleisch werden,
Der Sohn ist uns gesandt.

[...]

(Der Text wird dem Mystiker Johannes Tauler zugeschrieben und ist in vielen Variationen überliefert. Zitiert nach Franz Ludwig Mittler: Deutsche Volkslieder. Sammlung. Frankfurt a.M. 1865, S. 319, Nr. 405. – Die weiteren drei Strophen über die Geburt und den Tod Jesu sind hier weggelassen.)

Auch dieses Lied ist eine Allegorie. Das Schiff ist angefüllt mit göttlichen Gnaden. Seine teuerste Fracht ist Gottes Sohn, der von Gottvater wie auf einem Schiff an Land, auf die Erde zu den Menschen, gesandt wird. Segel = Liebe; Mast = Heilger Geist; Anker = Halt am Land.

B 6. Dante Alighieri (1265 – 1321): Das singende Schiff (1307/1321)

O voi che siete in piccioletta barca,
    Desiderosi d' ascoltar, seguiti
    Dietro al mio legno che cantando varca,
Tornate a riveder li vostri liti!
    Non vi mettete in pelago! Chè forse,
    Perdendo me, rimarreste smarriti.
L'acqua ch'io prendo, giammai non si corse:
    Minerva spira, e conducemi Apollo,
    E nove Muse mi dimostran l' Orse.

Die ihr bisher in eurem kleinen Nachen,
    um zuzuhören, hinter meinem Schiff,
    das singend weiterzieht, einhergefahren,

kehrt um zu euern heimatlichen Ufern,
  begebt euch nicht aufs hohe Meer! Ihr könntet
  euch weit verirren, falls ihr mich verlört!
Ich nehme einen nie befahrnen Kurs,
  Minerva treibt, Apollo lenkt die Fahrt,
  neun Musen weisen mir des Nordpols Sterne.

(La Divina Commedia. Paradiso II 1–9. Übersetzt von Karl Vossler.)

Da der 2. Gesang des Paradiso der Beginn des Höhenfluges zum Himmel ist, setzt er mit einer (erneuten) Anrede an die Leser und einer Nennung Apollos und der Musen ein. Die Schiffahrtsmetapher, die schon seit der Antike bisweilen ein Bild für die Dichtung ist, gestaltet Dante auf ganz eigene Weise aus. Das selten dargestellte Poesieschiff tritt so in einem erhebenden Bild neben das bekanntere Staats- und Kirchenschiff.

B 7. Andreas Gryphius (1616 – 1664):
Gebet um die Stillung des Seesturms (1639)

Auf! Auf! Wach auf, Herr Christ! Schau, wie die Winde toben!
Wie Mast und Ruder knackt! Izt sinkt dein Schiff in Grund!
Izt schäumt die wilde Flut, wo Flagg' und Segel stund!
Uns fehlts an Stärk' und Rat! Bald kracht die Luft von oben!

Bald schluckt die Tief' uns ein! Wird dich denn jemand loben,
Der ab zur Höllen fährt? Ist dies der feste Bund,
Der stets uns hoffen heißt, ob gleich der weite Schlund
Der Höllen sich reißt auf? Wo hast du hin verschoben,

Was deine Treu versprach? Hilf, eh der Kahn sich trennt!
Hilf, eh das schwache Brett an jene Klippen rennt!
Kann denn kein Zeterschrein dich aus dem Schlaf erwecken?

Auf! Auf! Schilt Flut und Meer! Sobald du auf wirst stehn,
Wird Brausen, Sturm und Wind im Augenblick vergehn!
Durch dein Wort muß, was uns mit Nöten schreckt, erschrecken.

(Überschrift: „14. Am IV. Sonntag nach dem Fest der Weisen. Matth. 8." In Andreas Gryphius: Sonn- und Feiertags-Sonette. Erstausgabe Leiden 1639, Ausgabe letzter Hand 1664.)

Am 4. Sonntag nach Epiphanias/Erscheinung des Herrn oder dem Fest der Weisen aus dem Morgenland wird als Evangelium ein Abschnitt aus Matthäus 8, 23–27 gelesen. Gryphius gestaltet in seinem Sonntagssonett die von den drei Synoptikern berichtete Szene, wie Jesus mit seinen Jüngern auf dem See Tiberias in einen Seesturm gerät und erstaunlicherweise währenddessen „am Heck des Bootes" (Markus) schläft. Als ihn die Jünger wecken und um Rettung anflehen, gebietet er dem Wind und den Wellen, „und es trat eine große Stille ein". Dieses Schiff wird traditionell schon sehr früh als „Schifflein Petri" betrachtet und als Allegorie der Kirche gedeutet: Mit Christus an Bord – auch wenn er bisweilen zu schlafen scheint – steuern die Jünger Jesu in den Stürmen der Jahrhunderte durch das Meer dieser Welt. – Als

Goethe am 14. Mai 1787 vor Capri in Seenot gerät, mahnt er die vor Angst schrei-
enden Passagiere, daran zu denken, wie Jesus einst den Seesturm stillte, und hält
sich in seiner Todesangst selbst dieses Bild vor Augen. (Vgl. hier den Kommentar zu
A 11. Goethe: Torquato Tasso, Schluß.)

B 8. Angelus Silesius (1624 – 1677): „Die geistliche Schiffahrt" (1657)

Die geistliche Schiffahrt

Die Welt ist meine See, der Schiffmann Gottes Geist,
Das Schiff mein Leib: die Seel' ists, die nach Hause reist.

(Angelus Silesius, d.i. Johannes Scheffler: Cherubinischer Wandersmann oder
Geistliche Sinn– und Schlußreime. Erstausgabe Wien 1657, vermehrte Zweit-
ausgabe 1675. Der zitierte Spruch stammt aus dem 2. Buch, Nr. 69.)

B 9. Catharina Regina von Greiffenberg (1633 – 1694): „Auf meinen bestürmeten Lebenslauf" (1672)

Auf meinen bestürmeten Lebenslauf

Wie sehr der Wirbelstrom so vieler Angst und Plagen
mich drehet um und um, so bist du doch mein Hort,
mein Mittelpunkt, in dem mein Zirkel fort und fort,
mein Geist, halb haften bleibt, vom Sturm unausgeschlagen.

Mein Zünglein stehet stet, von Wellen fortgetragen,
auf meinen Stern gericht'. Mein Herz und Aug ist dort,
es wartet schon auf mich am ruhevollen Port,
dieweil muß ich mich keck in Weh und See hinwagen.

Oft will der Mut, der Mast, zu tausend Trümmern springen,
bald tun die Ruderknecht, die Sinnen, keinen Zug,
bald kann ich keinen Wind in Glaubens–Segel bringen.

Jetzt hab ich, meine Uhr zu richten, keinen Fug,
dann wollen mich die Wind auf andre Zufahrt dringen.
Bring in den Hafen mich, mein GOtt! Es ist genug!

(Dieses Sonett findet sich in den „zwölf andächtigen Betrachtungen [...] des allerheiligst– und
allerheilsamsten Leidens und Sterbens Jesu Christi [...]", veröffentlicht 1672, Abdruck in:
Das Zeitalter des Barock. Texte und Zeugnisse. Hrsg. von Albrecht Schöne, München: Beck
1963, S. 248.)

Im Seefahrttopos allegorisierten Alkaios und Horaz einst den Zustand des
Staatsschiffs. Ezzo und Tauler (?) dichteten eine Allegorie des Glaubensschiffs. C.
R. v. Greiffenberg sieht – wie Cicero, Seneca, Augustinus, Gryphius – in diesem
Bilde ihr eigenes Lebensschiff. Das Sonett besteht, wiederum, großenteils aus einem
Ensemble von Gleichungen: Schiffsreise= Lebenslauf; Mast = Mut; Ruderknechte =
die Sinne; Segel = Glaube; mein Zünglein = Magnetnadel, d.h. die unbeirrbare

Ausrichtung auf Gott; mein Stern = der richtungweisende Polarstern; Port/Hafen = ewiger Friede und ewige Ruhe; See, Wellen, Wirbelstrom, Wind, Sturm = Einflüsse der (Um–)Welt. Eine ungewöhnliche Metapher ist „mein Zirkel" = „mein Geist". Der Zirkel ist hier ein Instrument der Navigation. Seine beiden Schenkel haben entgegengesetzte Funktionen: Die eine Hälfte ist dauernd auf den Mittelpunkt, d. h. auf Gott, fixiert; darum wird die andere, die bewegliche, die den Kurs ausmißt, letztlich von den Stürmen nicht irritiert. Das Uhrengleichnis (IV 1) war im Barock sehr beliebt und galt als vielfältig verwendbar. Dahinter steht die vor allem von Descartes und Leibniz entfaltete philosophische Vorstellung von der Welt als einem Ablauf zweier Uhren: Affekt und Vernunft, Körper und Geist.

B 10. Daniel Casper von Lohenstein (1635 – 1683): Der Kompaß der ewigen Vorsehung (1689/90)

[...] und wenn wir gleich alle Segel unserer Klugheit ausspannen, alle an den Rudern unser Mühsamkeit schwitzen, kommen wir doch nirgends hin anders, als wo uns der Kompaß der ewigen Versehung hinleitet, indem sie uns entweder sonder Zwang unsers freien Willens ihr Absehen erkiesen läßt, oder auch durch Sturm auf ihrem unerforschlichen Wege dahin verwirft, wohin wir auch traumsweise nie gedacht hatten. Gleichwohl aber kann der nicht scheitern noch eines Hafens fehlen, der auf diesem Meer der Welt GOtt zu seinem Angelstern, sein Gewissen zur Magnetnadel hat.[...]

(Aus dem Roman „Großmütiger Feldherr Arminius [...]", Leipzig 1689/90, I, S. 1105 b.)

Der Lebensweg des Menschen wird hier vorwiegend in maritimen Genitiv–Metaphern gezeichnet, die wiederum Gleichungen sind: Meer = Welt; Hafen = Lebensziel; Segel = Klugheit; Ruder = Mühe; Kompaß = ewige Vorsehung; Magnetnadel = Gewissen; Sturm = der unerforschliche Weg der Vorsehung; Angelstern (Polarstern) = Gott.

B 11. Daniel Casper von Lohenstein (1635 – 1683): „Der Magnet ist Schönheit"

Der Magnet ist Schönheit

Das Meer ist unser Leben,
die Liebeswellen sind die Angst, in der wir schweben,
das Segel, wo hineinbläst der Begierden Wind,
ist der Gedanken Tuch. Verlangen, Hoffnung sind
die Anker. Der Magnet ist Schönheit. Unser Strudel
sind Bathseben. Der Wein und Überfluß die Rudel.
Der Stern, nach welchem man die steifen Segel lenkt,
ist ein benelkter Mund.

Bathseba /Batscheba war die Frau des hethitischen Söldners Urija. Durch ihre Schönheit ließ sich König David verführen. (Vgl. 2. Samuel 11,3.)

Hier wird der Seefahrt-Topos – anscheinend erstmals – in den Dienst der amourösen Lyrik gestellt.

B 12. Anonymus: „Mein Wandel auf der Welt ..." (18. Jh.)

Mein Wandel auf der Welt
Ist einer Schiffahrt gleich:
Betrübnis, Kreuz und Not
Sind Wellen, welche mich bedecken
Und auf den Tod
Mich täglich schrecken.
Mein Anker aber, der mich hält,
Ist die Barmherzigkeit,
Womit mein Gott mich oft erfreut.
Der rufet so zu mir:
Ich bin bei dir,
Ich will dich nicht verlassen noch versäumen!
Und wenn das wütenvolle Schäumen
Sein Ende hat,
So tret ich aus dem Schiff in meine Stadt
Die ist das Himmelreich,
Wohin ich mit den Frommen
Aus vieler Trübsal werde kommen.

Johann Sebastian Bach (1685 - 1750) komponierte die Kantate zum 19. Sonntag nach Trinitatis, die „Kreuzstabkantate" (BWV 56), nach 1728. Der Verfasser des hier abgedruckten Textes zum 2. Satz der Kantate, einem Accompagnato-Rezitativ, ist unbekannt. Diese Verse enthalten fast alle Bildmotive des Topos von der Lebensfahrt auf dem Meer der Welt.

B 13. Friedrich Schiller (1759 – 1805):
Kolumbus, der geniale Segler (1795)

Kolumbus

Steure, mutiger Segler! Es mag der Witz dich verhöhnen,
    Und der Schiffer am Steur senken die lässige Hand.
Immer, immer nach West! Dort *muß* die Küste sich zeigen,
    Liegt sie doch deutlich und liegt schimmernd vor deinem Verstand.
Traue dem leitenden Gott und folge dem schweigenden Weltmeer,
    Wär sie noch nicht, sie stieg' jetzt aus den Fluten empor.
Mit dem Genius steht die Natur in ewigem Bunde,
    Was der eine verspricht, leistet die andre gewiß.

(Das Epigramm ist 1775 entstanden und wurde 1796 im Musenalmanach veröffentlicht.)

Hier erscheint – wohl erstmals – „der Segler", der Schiffskapitän, als weltgestaltendes Genie. Schillers Argumentation ist kühn: Das gesuchte Land muß vorhanden sein, weil es im Kopf des Kapitäns existiert. Es kann keine Einbildung sein, denn der „Genius", das Genie, ist so unmittelbar ein Teil der „Natur", daß die geniale Idee ihre Entsprechung in der Wirklichkeit haben muß. (Dies kommt geradewegs einer alten theologischen Aussage über Gott gleich: Das, was der Schöpfergott denkt, sein Wort, ist immer sogleich Wirklichkeit.) In Nietzsches Gedichten „Der neue Co-

lumbus" und „Nach neuen Meeren" (beide 1882/84) ist die Entdeckung eine andere: Das Genie entdeckt hier nicht im „schweigenden Weltmeer" am Ende – na-
turnotwendig – das neue Land, sondern ein neues Meer: die Unendlichkeit. (Vgl.
Text A 17.)

B 14. Friedrich von Matthisson (1761 – 1831):
Zuruf an den Steuermann (1829)

Zuruf

Alles kann sich umgestalten!
Mag das dunkle Schicksal walten.
Mutig! auf der steilsten Bahn.
Trau dem Glücke! Trau den Göttern!
Steig trotz Wogendrang und Wettern,
Kühn, wie Cäsar, in den Kahn.

Laß den Schwächling angstvoll zagen!
Wer um Hohes kämpft, muß wagen,
Leben gelt es oder Tod!
Laß die Wogen donnernd branden:
Nur bleib immer, magst du landen
Oder scheitern, selbst Pilot!

(Veröffentlicht 1829.)

*Auch hier ist, ähnlich wie bei Schiller, das Subjekt selbstverantwortlicher „Pilot",
d.h. Steuermann seines Lebensschiffes. Hier wird nun nicht Kolumbus als der Prototyp des genialen Entdeckers herausgestellt, sondern Cäsar als der Prototyp des genialen Feldherrn und Herrschers. Vermutlich ist dabei an seine sprichwörtliche ge-
wagte Überquerung des Grenzflüßchens Rubikon gedacht, mit der sein Kampf um
die Alleinherrschaft begann.*

B 15. Friedrich Rückert (1788 – 1866):
Vergebliche Lebensreise (1821)

Reiseziel

Nun ist das Leben an seinem Ziel,
und ohne Zweck war die Reise.
O Jüngling, rühre das Saitenspiel,
schon morgen wirst du zum Greise.

Das lecke Schiff und der morsche Kiel
in Meeren ohne Geleise,
der Winde Ball und der Wellen Spiel,
unnütz gewirbelt im Kreise.

So viel gehofft und gewünscht so viel,
getäuscht in jeglicher Weise,

hindurch durchs ewige Widerspiel,
gequält von Glut und von Eise.

Nun sinkt die Rose auf mattem Stiel,
die Blätter fallen vom Reise.
Nun ist das Leben an seinem Ziel,
und ohne Zweck war die Reise.

(Friedrich Rückert: Östliche Rosen. Drei Lesen. Leipzig: Brockhaus 1821. Hier zitiert aus: Gesammelte poetische Werke in 12 Bänden. Frankfurt a.M.: Sauerländer 1868–69; neue Ausgabe 1882, Band 5, S. 312.)

Dieses Gedicht ist eine frei gestaltete Übersetzung nach Hafis (1325 – 1389), der als der größte Lyriker Persiens gilt. Seine Gedichte bewegen sich zwischen sinnlicher Mystik und weiser Melancholie.

B 16. Joseph von Eichendorff (1788 – 1857): Eines „Schiffers" Abschiedslied (1824)

Zum Abschied

Horcht! Die Stunde hat geschlagen,
Und ein Schiffer steht am Bord,
Grüßt noch einmal, und es tragen
Ihn die Wellen rauschend fort.

Sturm wühlt und die Zeiten bäumen
Sehnsüchtig sich himmelan,
Hoch in solcher Wellen Schäumen
Segle, kühner Steuermann!

Und den letzten Becher, Brüder,
Eh wir hier verlassen stehn,
Und den letzten Klang der Lieder
Auf ein freudig Wiedersehn!

(Eichendorff schrieb dieses Lied zum Abschied von der Danziger Liedertafel 1824; veröffentlicht 1837.)

B 17. Joseph von Eichendorff (1788 – 1857): Ein preußischer Staatsmann als braver Schiffer (1835)

Der brave Schiffer

Der Sturm wollt uns zerschmettern,
Was morsch war, lag zerschellt,
Es schrieb mit feurgen Lettern
Der Herr, und sprach in Wettern
Zu der erschrocknen Welt.

Durch wilder Wogen Spritzen
Vorüber manchem Riff,

Wo auf Korallenspitzen
Die finstern Nornen sitzen,
Flog da das Preußenschiff.

Das war von echtem Kerne;
Gedankenvoll die Wacht
Schaut durch die wüste Ferne
Zum königlichen Sterne,
Der leuchtet aus der Nacht.

Und ob sie Nebel decken
Was groß und heilig war,
Lenkten da aus den Schrecken
Gewaltig die treuen Recken –
Du mitten in dieser Schar.

Da sah man wohl den schlanken
Wald kühner Masten sich
Zum Himmel pfeilernd ranken!
Du lehntest voll Gedanken
Auf deine Harfe dich.

Bald mächtiger, bald leise,
Mit wunderbarem Klang,
Zogst du Gesangeskreise,
Daß eine tiefe Weise
Das wilde Meer bezwang.

Und Sturm und Nacht verzogen,
Schon blitzt' es hier und da,
Das Land stieg aus den Wogen,
Und unter dem Friedensbogen
Die alte Viktoria.–

Fahr wohl! Wie Adlerschwingen
Wird in der Zeiten Schwung
Dein Ringen und dein Singen
Durch deutsche Herzen klingen,
So bleibst du ewig jung!

(Eichendorff schrieb dieses Gedicht 1835 zum 5ojährigen Dienstjubiläum des preußischen Staatsmannes Friedrich August von Stägemann, dessen Haus in Berlin Treffpunkt von Künstlern war.)

B 18. Joseph von Eichendorff (1788 – 1857): „Der Schiffer" (1836)

Der Schiffer

Die Lüfte linde fächeln,
Aus stillen Meeres Schaum
Sirenen tauchend lächeln,
Der Schiffer liegt im Traum.

Da faßt der Sturm die Wellen,
Durchwühlt die Einsamkeit:
Wacht auf, ihr Traumgesellen,
Nun ist nicht Schlafenszeit! –

In jenen stillen Tagen
Wie war ich stolz und klug,
In sichern Glücks Behagen
Mir selber gut genug.

Du hast das Glück zerschlagen;
Nimm wieder, was Du gabst,
Ich schweig und will nicht klagen,
Jetzt weiß ich, wie Du labst.

Das sind die mächtgen Stürme,
Die wecken, was da ruht,
Es sinken Land und Türme
Allmählich in die Flut.

Kein Meerweib will sich zeigen,
Kein Laut mehr langt zu mir,
Und in dem weiten Schweigen
Steh ich allein mit Dir.

O führe an den Riffen
Allmächtig Deine Hand,
Wohin wir alle schiffen,
Uns zu dem Heimatstrand!

(Entstanden 1836; veröffentlicht 1837.)

B 19. Joseph von Eichendorff (1788 – 1857): Der erprobte Schiffmann (1837)

Die Freunde

Wer auf den Wogen schliefe,
Ein sanft gewiegtes Kind,
Kennt nicht des Lebens Tiefe;
Vor süßem Träumen blind.

Doch wen die Stürme fassen
Zu wildem Tanz und Fest,
Wen hoch auf dunklen Straßen
Die falsche Welt verläßt:

Der lernt sich wacker rühren,
Durch Nacht und Klippen hin
Lernt er das Steuer führen
Mit sichrem, ernstem Sinn.

Der ist von echtem Kerne,
Erprobt zu Lust und Pein,

Der glaubt an Gott und Sterne,
Der soll mein Schiffmann sein!

B 20. Joseph von Eichendorff (1788 – 1857):
Gefahrvolle Nachtfahrt (1837)

Es will die Zeit mit ihrem Schutt verdecken
Den hellen Quell, der meiner Brust entsprungen,
Umsonst Gebete himmelan geschwungen,
Sie mögen nicht das Ohr der Gnade wecken.

So laß die Nacht die grausen Flügel strecken,
Nur immerzu, mein tapfres Schiff, gedrungen!
Wer einmal mit den Wogen hat gerungen,
Fühlt sich das Herz gehoben in den Schrecken.

Schießt zu, trefft Pfeile, die durchs Dunkel schwirren!
Ruhvoll um Klippen überm tückschen Grunde
Lenk ich mein Schiff, wohin die Sterne winken.

Mag dann der Steuermann nach langem Irren,
Rasch ziehend alle Pfeile aus der Wunde,
Tot an der Heimatküste niedersinken!

B 21. Joseph von Eichendorff (1788 – 1857): Sirenengesang (1839)

Verloren

Still bei Nacht fährt manches Schiff,
Meerfei kämmt ihr Haar am Riff,
Hebt von Inseln an zu singen,
Die im Meer dort untergingen.

Wann die Morgenwinde wehn,
Ist nicht Riff noch Fei zu sehn,
Und das Schifflein ist versunken,
Und der Schiffer ist ertrunken.

(Entstanden 1839; veröffentlicht 1841.)

B 22. Joseph von Eichendorff (1788 – 1857):
Maria, die Schutzpatronin auf einem Felsen im Meer (1839)

Die heilige Mutter

Es ist ein Meer, von Schiffen irr durchflogen,
Die steuern rastlos nach den falschen Landen,
Die alle suchen und wo alle stranden
Auf schwanker Flut, die jeden noch betrogen.

Es ist im wüsten Meer ein Felsenbogen,
An dem die sturmgepeitschten Wellen branden

Und aller Zorn der Tiefe wird zu Schanden,
Die nach dem Himmel zielt mit trüben Wogen.

Und auf dem Fels die mildeste der Frauen
Zählt ihre Kinder und der Schiffe Trümmer,
Stillbetend, daß sich rings die Stürme legen.

Das sind die treuen Augen, himmelblauen –
Mein Schiff versenk ich hinter mir auf immer,
Hier bin ich, Mutter, gib mir Deinen Segen!

(Entstanden 1839; veröffentlicht 1841.)

B 23. Joseph von Eichendorff (1788 – 1857): „Schifferspruch" (1839)

Schifferspruch

Wenn die Wogen unten toben,
Menschenwitz zu Schanden wird,
Weist mit feurgen Zügen droben
Heimwärts dich der Wogen Hirt.
Sollst nach keinem andern fragen,
Nicht zurückschaun nach dem Land,
Faß das Steuer, laß das Zagen!
Aufgerollt hat Gottes Hand
Diese Wogen zum Befahren
Und die Sterne, dich zu wahren.

(Entstanden 1839; veröffentlicht 1841.)

B 24. Joseph von Eichendorff (1788 – 1857): „Schiffergruß" (1840)

Schiffergruß

Stolzes Schiff mit seidnen Schwingen,
Fährst mein Boot zu Grunde schier,
Sang von Bord und Lauten klingen,
O du fröhlicher Schiffsherr dir;
Ich muß selbst mein Lied mir singen,
Nur der Sturmwind singt mit mir.

Stolzes Schiff, wenn deine Feuer
Nachts verlöscht: beim falben Licht
Steht ein Fremder an dem Steuer,
Mit den Winden laut er spricht,
Und die Wogen rauschen scheuer –
Trau dem finstern Bootsmann nicht!

Gleiche Winde, gleiche Wellen,
Reiches Schiff und armes Boot
Nach demselben Strande schwellen,
Deine Hoffart, meine Not

Wird an einem Riff zerschellen,
Denn der Bootsmann ist der Tod.

B 25. Heinrich Heine (1797 – 1856):
Mit dem Liebchen trostlos auf weitem Meer (1823)

Mein Liebchen, wir saßen beisammen,
Traulich im leichten Kahn.
Die Nacht war still, und wir schwammen
Auf weiter Wasserbahn.

Die Geisterinsel, die schöne,
Lag dämmrig im Mondenglanz;
Dort klangen liebe Töne
Und wogte der Nebeltanz.

Dort klang es lieb und lieber
Und wogt' es hin und her;
Wir aber schwammen vorüber,
Trostlos auf weitem Meer.

(Aus Heines „Buch der Lieder. Lyrisches Intermezzo", 1822/23, Nr. 42.)

B 26. Heinrich Heine (1797 – 1856): „Lebensfahrt" (1843)

Lebensfahrt

Ein Lachen und Singen! Es blitzen und gaukeln
Die Sonnenlichter. Die Wellen schaukeln
Den lustigen Kahn. Ich saß darin
Mit lieben Freunden und leichtem Sinn.

Der Kahn zerbrach in eitel Trümmer,
Die Freunde waren schlechte Schwimmer,
Sie gingen unter, im Vaterland;
Mich warf der Sturm an den Seinestrand.

Ich hab' ein neues Schiff bestiegen,
Mit neuen Genossen; es wogen und wiegen
Die fremden Fluten mich hin und her –
Wie fern die Heimat! mein Herz wie schwer!

Und das ist wieder ein Singen und Lachen –
Es pfeift der Wind, die Planken krachen –
Am Himmel erlischt der letzte Stern –
Wie schwer mein Herz! die Heimat wie fern!

(Aus Heines Gedichtsammlung „Zeitgedichte", Nr. 10. Heine schrieb diese Verse ins Stammbuch Hans Christian Andersens 1843; veröffentlicht im selben Jahr.)

B 27. Heinrich Heine (1797 – 1856):
Mit dem Zauberschiff zur Wunderinsel Bimini (etwa 1853/54)

Wer will mit nach Bimini?
Steiget ein, ihr Herrn und Damen!
Wind und Wetter dienend, bringt
Euch mein Schiff nach Bimini.

[...]

Fürchtet nichts, ihr Herrn und Damen,
Sehr solide ist mein Schiff;
Aus Trochäen, stark wie Eichen,
Sind gezimmert Kiel und Planken.

Phantasie sitzt an dem Steuer,
Gute Laune bläht die Segel,
Schiffsjung' ist der Witz, der flinke.
Ob Verstand an Bord? Ich weiß nicht!

Meine Rahen sind Metaphern,
Die Hyperbel ist mein Mastbaum.
Schwarzrotgold ist meine Flagge,
Fabelfarben der Romantik –

Trikolore Barbarossas,
Wie ich weiland sie gesehen
Im Kyffhäuser und zu Frankfurt
In dem Dome von Sankt Paul. –

Durch das Meer der Märchenwelt,
Durch das blaue Märchenweltmeer,
Zieht mein Schiff, mein Zauberschiff,
Seine träumerischen Furchen.

Funkenstäubend, mir voran,
In dem wogenden Azur,
Plätschert, tummelt sich ein Heer
Von großköpfigen Delphinen –

Und auf ihrem Rücken reiten
Meine Wasserpostillione,
Amoretten, die pausbäckig
Auf bizarren Muschelhörnern

Schallende Fanfaren blasen –
Aber horch! da unten klingt
Aus der Meerestiefe plötzlich
Ein Gekicher und Gelächter.

Ach, ich kenne diese Laute,
Diese süßmokanten Stimmen –
Das sind schnippische Undinen,
Nixen, welche skeptisch spötteln

Über mich, mein Narrenschiff,
Meine Narrenpassagiere,
Über meine Narrenfahrt
Nach der Insel Bimini.

Die Versdichtung „Bimini" ist in Heines letzten Lebensjahren entstanden, unvollendet geblieben und erst postum veröffentlicht worden. Angeregt wurde sie von einem Bericht Washington Irvings über die „Reisen und Entdeckungen der Gefährten des Kolumbus". Hier heißt es, der alt gewordene Don Juan Ponce de Leon sei von Kuba aus mit drei Schiffen aufgebrochen, um die angeblich zur Bahamagruppe gehörende Insel Bimini zu finden, von der ihm eine alte Indianerin erzählt hatte, dort gebe es ein Wasser, das ewige Jugend schenke. Die Suche nach der „Insel des Lebens" freilich ist uralt, ja, sie ist schon ein Hauptmotiv im „Gilgamesch", dem ältesten Epos, das wir kennen.

Heine ruft in seinem „Prolog" zu „Bimini" wie Homer am Beginn der „Odyssee" die göttliche Muse an, und diese verwandelt sogleich sein Lied in ein wundersames Schiff: „Und vom Stapel des Gedankens / Läuft herab das Zauberschiff". Aus dem 185 Strophen langen Erzählgedicht sind hier die Verse zitiert, in denen Heine das Bild des Schiffes zur Allegorie seiner Dichtung ausgestaltet. Dieses Poesieschiff ist sein Lebensschiff und zugleich sein „Narrenschiff" für die „Irrfahrt" durch das „blaue Märchenweltmeer" fernhin zum „ew'gen Jugendlande". Am Schluß freilich erweist dieses sich als „das stille Land, wo schaurig / Unter schattigen Zypressen" Lethe, der Totenfluß des ewigen Vergessens, fließt.

B 28. Charles Baudelaire (1821 – 1867):
Die große Lebensreise in den Tod (1861)

Die Reise

[...]

Wir brechen eines Morgens auf, das Hirn voll Glut, das Herz geschwellt von Groll und ätzenden Begierden, und, wie die Woge auf und nieder schaukelt, wiegt unsere Unendlichkeit sich auf der Endlichkeit der Meere.

[...]

Unsere Seele ist ein Dreimaster, der sein Ikarien sucht; eine Stimme erschallt auf Deck: „Die Augen auf!" Im Mastkorb eine Stimme, vor Verzückung närrisch, ruft: „Liebe ... Ruhm ... Glück!" Teufel, da ist ein Riff!

Jedes Eiland, das der Mann im Ausguck meldet, ist ein Eldorado, das das Schicksal uns verhieß; die Phantasie, die ihre Feste rüstet, findet nichts als eine Klippe, wenn der Morgen tagt.

O der Sehnsuchtskranke, der von Ländern träumt, die es nicht gibt! Soll man ihn in Ketten legen, ins Meer ihn werfen, diesen betrunkenen Matrosen, der ein Amerika sich ausmalt, dessen Wunschbild den Meeresschlund noch bittrer macht?

[...]

[...] Wie wir einst nach China ausfuhren, die Augen starr auf das offne Meer gerichtet, das Haar im Winde flatternd,

So werden wir uns auf dem Meer der Finsternisse einschiffen, freudigen Herzens wie ein junger Passagier! Vernehmt ihr jene Stimmen, die so düster lockend singen: „Hierher! ihr, die ihr

Den süßduftenden Lotos essen wollt! [...]"

[...]

O Tod, alter Kapitän, es ist Zeit! laß uns die Anker lichten! dieses Land hier sind wir leid, o Tod! Laß uns ausfahren! Ob Meer und Himmel auch schwarz wie Tinte sind, unsre Herzen, die du kennst, sind voller Strahlen!

Flöße uns dein Gift ein, daß es uns stärke! Wir wollen, so sehr sengt dieses Feuer uns das Hirn, zur Tiefe des Abgrunds tauchen, Hölle oder Himmel, gleichviel! Zur Tiefe des Unbekannten, etwas *Neues* zu erfahren!

Baudelaires großer Gedichtzyklus „Les fleurs du mal" / Die Blumen des Bösen endet in der zweiten Ausgabe von 1861 mit dem Abschnitt „La mort" / Der Tod. Hier bildet das lange Gedicht „Le voyage" / Die Reise den Abschluß des Ganzen. Es besteht aus 36 vierzeiligen, in gereimten Alexandrinern geschriebenen Strophen. Immer wieder tauchen darin Passagen mit Motiven des Lebensfahrt–Topos *auf. Sie werden hier zitiert in der Prosaübersetzung von Friedhelm Kemp.*

B 29. Conrad Ferdinand Meyer (1825 – 1898): Huttens Fahrt ins Jenseits (1871)

Abfahrt

Ich reise. Freund, ein Boot! Ich reise weit.
Mein letztes Wort ... ein Wort der Dankbarkeit ...

Auch dir, du Insel, dunkle grüne Haft!
Den Hutten treibt es auf die Wanderschaft.

Gewoge rings! Kein Segel wallt heran!
Die Welle drängt und rauscht! Wo ist der Kahn?

Es starrt der Firn mir blaß ins Angesicht ...
Die steile Geisterküste schreckt mich nicht ...

Ein einzler hagrer Ferge rudert dort ...
Schiffer! Hieher! Es will ein Wandrer fort!

Du hältst mich, Freund, in deinen Arm gepreßt?
Bin ich ein Sklave, der sich binden läßt?

Leb wohl! Gib frei! Leb wohl! Ich spring ins Boot ...
Fährmann, ich grüße dich! Du bist – der Tod.

(Dies ist das Abschlußgedicht (LXXI) der Vers–Erzählung „Huttens letzte Tage".)

B 30. Paul Verlaine (1844 – 1896):
Auf einem Meer von Tränen (1888)

Ein Witwer spricht

Ich sehe jemand auf dem weiten Meer,
auf einem Meer von Tränen, von den meinen.
Ein harter Wind macht meine Augen schwer,
und in der Nacht voll dunkler Schatten scheinen
sie wie zwei Sterne überm wilden Meer.

Ich sehe eine junge, junge Frau
mit ihrem Kind in einem kleinen Boote;
es fehlen Segel, Kette, Mast und Tau,
kein Rudrer lenkt das Schifflein, das bedrohte.
Ein kleiner Knabe, eine junge Frau.

Getrieben von den Wellen und dem Wind!
Der Knabe hält die Mutter fest umschlungen.
Sie weiß nicht aus noch ein, noch wo sie sind,
und hofft nur noch, das Schifflein werd bezwungen
von wilden Wogen und von Sturm und Wind.

Vertrau auf Gott, du Arme, sei getrost,
und glaub an unsern Vater, Kleiner, lieber.
Der Sturm, der so verwirrend euch umtost,
dies sagt mein Herz euch, geht nun bald vorüber.
Drum, Arme, lieber Kleiner, seid getrost.

Und stille ward es auf dem weiten Meer,
auf diesem Meer von allen meinen Tränen,
und meine Augen, nicht mehr wie bisher
getrübt von bangem Weh und wildem Sehnen,
sind wie zwei gute Engel überm Meer.

(Aus Paul Verlaine: Gedichte. Französisch und deutsch. Hrsg. und übertragen von Hannelise Hinderberger. Gerlingen: Lambert Schneider, 5. Aufl. 1992. Gedicht aus „Amour", veröffentlicht 1888.)

B 31. Ernst Stadler (1883 – 1914): Ziellos durch die Meere (1912)

Zwiegespräch

[Die Seele spricht:]

Mein Gott, ich suche dich.
[...]
Und keine Antwort kommt.
  Ich fühle, was mein Bord an letzten Frachten trägt,
In Wetterstürmen
  ziellos durch die Meere schwanken,
Und das im Morgen kühn und fahrtenfroh sich wiegte,
  meines Lebens Schiff zerschlägt

An dem Magnetberg eines irren Schicksals
seine Planken. –

[Gott spricht:]

Still, Seele! Kennst du deine eigne Heimat nicht?
Sieh doch: du bist in dir. Das ungewisse Licht,
Das dich verwirrte, war die Ewige Lampe,
die vor deines Lebens Altar brennt.
[...]

(Das Gedicht „Zwiegespräch" ist 1912 entstanden und wurde veröffentlicht in „Der Aufbruch", 1914. Zitiert nach: Ernst Stadler: Gedichte und Prosa. Frankfurt a.M., Hamburg: Fischer Bücherei 1964, S. 69 f.)

B 32. Giuseppe Ungaretti (1888 – 1970): „Freude der Schiffbrüche" (1917)

Allegria di naufragi

E subito riprende
il viaggio
come
dopo il naufragio
un superstite
lupo di mare

(Versa il febbraio 1917)

Freude der Schiffbrüche

Und plötzlich nimmst du
die Fahrt wieder auf
wie
nach dem Schiffbruch
ein überlebender
Seebär

(Aus: Giuseppe Ungaretti: Gedichte. Übertragen von Ingeborg Bachmann. München, Zürich: Piper, 1995, S. 64 f.)

B 33. Hermann Hesse (1877 – 1962): Sehnsucht nach dem fernen Hafen (1921)

Einmal den letzten Tod gestorben sein,
Den traumlos tiefen Schlaf zu tun.
Oft winkt er dir aus goldnem Dunkel her,
Oft sehnst du ihn heran,
Den fernen Hafen, wenn dein Kahn,
Von Sturm zu Sturm gehetzt, treibt auf dem Meer.
[...]

(Zitiert nach: Hermann Hesse: Aus Indien. Frankfurt a.M.: suhrkamp taschenbuch 562, 1980, S. 228.)

Das lange Gedicht, dessen Anfang hier zitiert ist, entstand 1921, ein Jahr vor Erscheinen des neuromantischen Indien–Romans „Siddhartha". Es hatte ursprünglich den Titel „Sansara" (Kreislauf von Tod und Wiedergeburt), später erhielt es die Überschrift „Media in vita" (Mitten im Leben).

B 34. Stefan George (1868 – 1933):
Traum von der untergehenden Barke (1925)

DIE BARKE

Unsere barke tauchte und hob sich ächzend mitten auf dem meer in nässendem sturm. Ich war am steuer hielt es mit krampfender hand meine zähne standen fest auf der unterlippe und mein wille kämpfte gegen das wetter. So trieben wir ein stück selber still im rasenden lärm. Da aber erschlaffte der frost meine finger mein wille lahmte so dass ich losliess. Und die barke sank und die wellen schlugen drüber und wir werden alle sterben.

(Zitiert nach: Tage und Taten. Aufzeichnungen und Skizzen von Stefan George. Zweite erweiterte Ausgabe. Berlin: Georg Bondi 1925. Abteilung Träume. S. 30.)

B 35. Rudolf Hagelstange (1912 – 1984): „Nächtliche Fahrt" (1943)

Nächtliche Fahrt

Nun flieht mein Herz gleich einem Boot,
Das leise sich vom Ufer löst,
Und alle Last und Tagesnot,
Die über meinem Haupte droht,
Entschwinden sacht.

Es braucht nicht eines Sternes Schein,
Der mich nur auf die Erde stößt.
Und find ich nicht den Weg allein,
So mag der Wind mein Fährmann sein
In dieser Nacht.

Kein Tropfen fällt von Ruders Rand.
Nun bin ich weit im Strome drin
Und lege faltend Hand in Hand.
Ich bin so wunderlich entbrannt
Von dieser Fahrt.

Die Freuden, die ich Freunde pries,
Verlassen mich mit leichtem Sinn.
Die Schmerzen, die ich gern verstieß
Und immer meine Feinde hieß,
Sind brüderlicher Art.

Sie steigen ein und klagen nicht.
Wie viele trägt das Boot!
Und sieh, ein Stern durchs Dunkel bricht.
Ich neige Haupt und Angesicht
Vor seinem Bild.

Wie ist die Fahrt so wundersam,
Als ging es über Zeit und Tod ...
Der Mond stieg auf, und Friede kam,
Indes ich still das Ruder nahm
Und landwärts hielt.

(Aus Rudolf Hagelstange: Es spannt sich ein Bogen. Gedichte. Leipzig 1943, S. 57 f.)

B 36. Wolfgang Borchert (1921 – 1947): „Ich möchte Leuchtturm sein" (1940/45)

Ich möchte Leuchtturm sein
in Nacht und Wind –
für Dorsch und Stint,
für jedes Boot –
und bin doch selbst
ein Schiff in Not!

(Zitiert nach: Das Gesamtwerk. Hrsg. von Bernhard Meyer–Marwitz. Hamburg: Rowohlt, 1949 u.ö., S. 13.)

Diese Verse sind der kleinen Sammlung von Gedichten Borcherts vorangestellt, die zwischen 1940/ 45 entstanden sind.

B 37. Gottfried Benn (1886 – 1956): Die Hafenfrage (um 1949)

RADAR

Ein Nebel wie auf See –
und meine Belle–etage
fährt ohne Takelage
von Quai zu Quai.

Sie findet keinen Ort,
daran das Tau zu schlingen,
denn neue Wellen bringen
sie wieder fort.

Wie weit sind Sund und Belt
und schwer die Hafenfrage,
wenn, ohne Takelage,
noch Nebel fällt.

(Zitiert nach Gottfried Benn: Gedichte. Gesammelte Werke in vier Bänden, hrsg. von Dieter Wellershoff. 3. Band. Wiesbaden: Limes 1960, S. 447. Entstanden vermutlich 1949.)

B 38. Bertolt Brecht (1898 – 1956): Wind und Segel (1953)

Ginge da ein Wind
Könnte ich ein Segel stellen.
Wäre da kein Segel
Machte ich eines aus Stecken und Plane.

(Diese Zeilen dienen als Motto für die „Buckower Elegien", 1953.)

B 39. Paul Celan (1920 – 1970): „Inselhin" (1955)

Inselhin

Inselhin, neben den Toten,
dem Einbaum waldher vermählt,
von Himmeln umgeiert die Arme,
die Seelen saturnisch beringt:

so rudern die Fremden und Freien,
die Meister vom Eis und vom Stein:
umläutet von sinkenden Bojen,
umbellt von der haiblauen See.

Sie rudern, sie rudern, sie rudern –:
Ihr Toten, ihr Schwimmer, voraus!
Umgittert auch dies von der Reuse!
Und morgen verdampft unser Meer!

(Zitiert aus: Paul Celan: Ausgewählte Gedichte. Zwei Reden. Nachwort von Beda Allemann. Frankfurt a.M.: edition suhrkamp 262, 6. Aufl. 1975, S. 50. Erstmals erschienen in der Gedichtsammlung „Von Schwelle zu Schwelle", Stuttgart 1955.)

B 40. Christa Wolf (geb. 1929): Unser kleiner Kahn (1963)

„Ich hab geträumt", sagte Manfred, „wir beide sitzen in einem kleinen nassen Boot und schwimmen durch die Straßen einer Stadt. Es regnet und regnet. Die Straßen sind von Menschen leer, das Wasser steigt unaufhaltsam. Die Kirchen, die Bäume, die Häuser versinken in der Flut. Nur wir beide schaukeln noch auf den Wellen, ganz allein in einem sehr zerbrechlichen Kahn."

„Wer dir solche Träume beigebracht hat!" sagte Rita vorwurfsvoll. Sie blieben aneinandergelehnt stehen und sahen hinaus.

Auf einmal blinkte ein Licht über dem Fluß auf, schwach, aber unverkennbar. Aufgeregt griff Rita nach der Tischlampe, hielt sie hoch ins Fenster, knipste sie an, aus, an, aus.

„Was tust du?" fragte er.

„Wir sind der Leuchtturm. Dort draußen, auf dem Meer, ist unser kleiner Kahn. Er gibt Notsignal. Wir erwidern seine Zeichen."

Manfred nahm ihr die Lampe ab, hielt sie hoch und ließ sie brennen.

„Wird er den Hafen erreichen?" fragte er.

„Unbedingt", sagte Rita.

„Und er findet noch Menschen in der untergegangenen Stadt?"

„Ja", sagte sie. „Die Stadt ist nicht untergegangen. Der Kahn war zu weit abgetrieben."

„So sieht jeder, der in Not ist, unseren Leuchtturm?"

„Ja", sagte Rita. „Jeder sieht ihn, wenn er will."

„Und keiner wird mehr einsam untergehen?"

„Nein", sagte sie. „Keiner."

Sie löschten die Lampe. Das fremde Licht über dem Fluß war verschwunden – versunken oder heimgekehrt? Über ihren Köpfen rauschte der Regen weiter, als sie längst schliefen.

[...]

Neun Monate später war das Boot untergegangen. Sie standen an verschiedenen Ufern. Hatte niemand ihre Zeichen erwidert und ihre Not bemerkt?

(Aus Christa Wolf: Der geteilte Himmel. Ende des 15., Anfang des 16. Kapitels. Luchterhand Verlag)